CASAMENTO, TÉRMINO E RECONSTRUÇÃO

O que acontece antes, durante e depois da separação

Maria Tereza Maldonado

CASAMENTO, TÉRMINO E RECONSTRUÇÃO

O que acontece antes, durante e depois da separação

INTEGRARE
EDITORA

Copyright © 2009 by Maria Tereza Maldonado
Copyright © Integrare Editora, 2008

Publisher
Maurício Machado

Assistente editorial
Luciana M. Tiba

Produção editorial e diagramação
Nilcéia Esposito / ERJ Composição Editorial

Preparação de texto
Maria Fernanda Regis

Revisão
Lucrécia Maria de Barros Freitas
Adriana Parra

Capa
Fábio Uru

Dados Internacionais de Catalogação na Publicação (CIP)
(Câmara Brasileira do Livro, SP, Brasil)

Maldonado, Maria Tereza
     Casamento, término e reconstrução: o que acontece antes, durante
e depois da separação / Maria Tereza Maldonado. -- São Paulo :
Integrare Editora, 2009.

     ISBN 978-85-99362-42-6

     1. Amor 2. Casamento 3. Conflito interpessoal 4. Relações
interpessoais 5. Separação (Psicologia) I. Título.

09-08869   CDD-158.2

Índices para catálogo sistemático:
1. Casamento : Relações interpessoais : Psicologia aplicada   158.2

Não é permitida a reprodução do conteúdo desta obra, ainda que parcial, sem a autorização
por escrito da Editora.

Todos os direitos reservados à INTEGRARE EDITORA LTDA.
Rua Tabapuã, 1123, 7º andar, conj. 71/74
CEP 04533-140 – São Paulo – SP – Brasil
Telefax: (55) (11) 3562-8590
Visite nosso site: www.integrareeditora.com.br

Mensagem da APASE

*A*APASE – Associação de Pais e Mães Separados – é uma Organização Não Governamental fundada em 12 de março de 1997 em Florianópolis – SC. É uma sociedade civil sem fins lucrativos e pioneira no Brasil. As APASES do Brasil tiveram origem na APASE de Florianópolis.

O fundador, com sua ativa atuação, vinculada ao site da APASE, conseguiu chamar a atenção da mídia, dos operadores do direito e da sociedade brasileira para a problemática dos filhos de casais separados. O levantamento e a discussão do problema trouxeram como uma das primeiras conquistas a percepção, por parte da ala mais bem informada e mais preparada do judiciário brasileiro e dos operadores do direito, e o interesse pelo assunto, que os levou a estudar melhor o problema e a tomar atitudes e decisões mais de acordo com a nossa legislação já existente, que de certa forma era ignorada. Também principalmente pelo seu esforço e dedicação foi apresentado e dado andamento ao projeto de lei que cria a guarda compartilhada.

Área de atuação

1) Defender os direitos de igualdade filial entre pais e mães estabelecidos na Constituição da República Federativa do Brasil e em outros dispositivos legais, quando houver preconceito ou discriminação praticados por pessoas ou instituições, cujas consequências representem qualquer tipo de prejuízo às crianças, filhos de pais separados;

2) Divulgação de estudos, trabalhos, teses e semelhantes, de matérias que tratem sobre a guarda de filhos;

3) Compilação de jurisprudência sobre guarda de filhos;

4) Elaboração de sugestões para projetos de lei que aperfeiçoem a legislação sobre a guarda de filhos;

5) Compilação de bibliografia;

6) Debates sobre temas ligados a guarda de filhos;

7) Acompanhamento e avaliação dos trabalhos das autoridades e instituições que se envolvem em conflitos de pais separados cuja causa sejam os filhos dos(as) associados(as) da APASE;

8) Orientação sobre procedimentos para o pleno exercício de cidadania de genitores separados em conflitos cuja causa sejam os filhos, junto a instituições ou representações de classes profissionais que tenham envolvimento;

9) Formação de grupos de autoajuda para pessoas que estejam envolvidas em demandas judiciais ou em conflitos decorrentes da guarda de filhos;

10) Qualquer outra atividade que vise o benefício de filhos de pais separados em quaisquer circunstâncias.

A ONG APASE desenvolve atividades relacionadas à igualdade de direitos entre homens e mulheres nas relações com seus filhos após separação ou divórcio, difunde a ideia de que filhos de pais separados têm direito de serem criados por qualquer um de seus genitores sem discriminação de sexo e promove a participação efetiva de ambos os genitores no desenvolvimento dos filhos.

Atenciosamente,

Analdino Rodrigues Paulino

Presidente Nacional da ONG APASE

(Associação de Pais e Mães Separados)

Para saber mais, entre em contato conosco pelo site www.apase.org.br

Sumário

APRESENTAÇÃO DA OITAVA EDIÇÃO... 11

INTRODUÇÃO 15

1. SEPARAÇÕES, TRANSFORMAÇÕES 19

O auge da crise 21

A separação pelo término do casamento 23

2. AS PESSOAS FICAM CASADAS POR TANTOS MOTIVOS... 27

Casamentos por conveniência 28

Pressões familiares — elementos poderosos............................ 30

O vínculo é construído com castelos no ar 31

A diferença de expectativas 33

Infernizando a própria vida.. 36

A deterioração do vínculo 40

Vidas paralelas... 45

O escudo protetor 47

3. JÁ DECIDI: VOU MESMO ME SEPARAR 53

Dúvida e hesitação 54

Apresentação
da Oitava Edição

A obra *Casamento, término e reconstrução* foi escrita, originalmente, na década de 1980 e passou por uma primeira atualização na década de 1990, abordando as mudanças na sociedade e na organização das famílias, que se refletiram também na Constituição de 1988 e no Estatuto da Criança e do Adolescente de 1990. No início do século XXI, prosseguiram as transformações: o índice de separações e de novas uniões, inclusive homoafetivas, continuou aumentando, e, assim, gerou a necessidade de mudanças na legislação, contempladas no Código Civil que passou a vigorar em 11 de janeiro de 2003. Daí a revisão e atualização da obra.

Revendo a trajetória das leis desde o início do século XX (com o Código Civil de 1916), podemos refletir acerca das enormes transformações da organização social, das relações de gênero e dos laços familiares. Naquela época, a família só poderia ser constituída pelo casamento, que era indissolúvel, e somente os filhos decorrentes dessa união eram considerados legítimos.

Além disso, o desquite impedia um novo casamento. Os outros vínculos afetivos eram qualificados como concubinato e os filhos eram ilegítimos, sem os direitos que têm hoje. O homem era o chefe da família e o cabeça do casal; já a mulher não podia trabalhar sem o consentimento do marido, que administrava até mesmo o que ela porventura herdasse, conforme previa o regime de casamento comum em vigor — a comunhão universal de bens. Nesse contexto, havia uma clara divisão de papéis: o homem era responsável pelo sustento da família e a mulher era encarregada de cuidar da casa e dos filhos, devendo obediência ao marido.

Somente no início da década de 1960, com o Estatuto da Mulher Casada (1962), foi concedida legalmente à mulher a plena capacidade civil, embora o homem ainda fosse considerado o "cabeça do casal". Mais de uma década se passou até que houvesse a possibilidade de dissolução do casamento e de legalização de outra união, com a Lei do Divórcio (1977). Essa lei difundiu o regime da comunhão parcial de bens. A partir de então, tornou-se possível pôr fim ao matrimônio pela separação consensual ou judicial (que substituiu o desquite); e após cinco anos, a separação poderia ser transformada em divórcio.

Com a Lei n. 7.841, de 17 de outubro de 1989, o prazo para a obtenção do divórcio foi reduzido para dois anos após a separação. Nesse período, a participação das mulheres no mercado de trabalho, bem como a luta pela igualdade de gênero, já estava expandida e consolidada, e se refletia, inclusive, no porcentual de mulheres chefes de família, que acumulavam sozinhas, não raras vezes, as funções de provedora e de cuidadora. No aspecto legal, essas profundas transformações da sociedade e dos vínculos afetivos se refletiram na ampliação do conceito de família, garantindo a proteção dos direitos de famílias constituídas com base na união estável, bem como das monoparentais (mãe e filhos ou pai e filhos).

Ao valorizar o vínculo afetivo, procurou-se promover a dignidade dos membros da família e os interesses das crianças, que passaram a ser reconhecidas como detentoras de direitos. A evolução dos procedimentos de fertilização assistida, juntamente com o reconhecimento dos diferentes tipos de organização familiar, ampliou o leque da maternidade e da paternidade: o vínculo biológico deixou de ser prioritário e o compromisso de amar e de cuidar passou a definir a relação que une as pessoas.

O problema legal da união estável é a dificuldade de se definir objetivamente o momento em que essa união deve ser reconhecida de maneira formal: muitas pessoas passaram a ter medo de assumir qualquer tipo de compromisso, até mesmo um simples namoro, ou se apressam a assinar um contrato de união estável para garantir que seus bens não sejam reivindicados após o término da relação. Esse problema tampouco foi resolvido com a adoção do atual Código Civil, pois a união estável é definida como a convivência duradoura e pública, mesmo sem coabitação, sem quantificar o prazo mínimo de duração, e é prevista a partilha dos bens adquiridos a título oneroso no decorrer da união, caso haja falta do contrato de convivência estipulando as cláusulas desejadas.

Além disso, a preocupação com uma paternidade responsável contribuiu para o reconhecimento da importância não apenas do sustento material, mas também da presença do pai e de cuidados: não basta pagar a pensão alimentícia, o convívio é indispensável. Pai e mãe passaram a ser considerados igualmente importantes e corresponsáveis pelo sustento e pela criação dos filhos.

Esse novo olhar propiciou mudanças na questão da guarda dos filhos: se antes o cônjuge considerado culpado pela separação poderia perder a guarda dos filhos, hoje o mais importante é justamente o conceito da corresponsabilidade. É possível perceber isso na mudança de alguns termos jurídicos, que refletem o posicionamento do olhar social na direção da equidade de gênero. Assim, o "pátrio poder", típico do conceito de família patriarcal, foi substituído pelo "poder familiar", mostrando que cabe tanto ao pai quanto à mãe o exercício da autoridade familiar, em colaboração.

Embora, na maioria dos casos, a mãe ainda seja a guardiã dos filhos de tenra idade após a separação, tem aumentado a incidência da visitação livre (fora da rigidez do contato quinzenal, que corta a continuidade do convívio) e da guarda compartilhada, em busca de um equilíbrio de tempo de convívio dos filhos com o pai e com a mãe, com a intenção de proteger o vínculo afetivo e atenuar os efeitos da separação. O "direito de visita" evoluiu para o "direito de convivência", pautado no "melhor interesse dos filhos", e, dessa forma, homens e mulheres passaram a ser provedores e cuidadores da prole. Igualdade conjugal e corresponsabilidade parental: mesmo com o fim da relação conjugal, é indispensável manter a integridade do vínculo entre pais e filhos. Pai e mãe são igualmente importantes para, com amor e carinho, contribuir para o crescimento saudável de seus filhos, dentro ou fora do casamento.

Rio de Janeiro, 2009.
Maria Tereza Maldonado

Introdução

A primeira edição deste livro foi escrita com a ajuda de 400 pessoas — homens e mulheres que se separaram, filhos de pais separados, pais, parentes e amigos de pessoas separadas — que compartilharam comigo as repercussões, as transformações, as mudanças enfrentadas e os diferentes rumos possíveis após a separação, desde a experiência de viver sozinho até o recasar-se com o ex-cônjuge ou com outra pessoa. Para realizar as entrevistas com essas pessoas, contei com um grupo de alunos de Psicologia da PUC–Rio, onde lecionei, e com o auxílio de uma bolsa de pesquisa do Conselho Nacional de Desenvolvimento Científico e Tecnológico (CNPq).

A vida de todos nós envolve separações, transformações, perdas e ganhos. Casamento e divórcio também acarretam um período de adaptação às inúmeras mudanças de estilo de vida, valores, hábitos e rotinas. Na escolha do parceiro, entram em jogo muitos fatores, alguns dos quais sequer temos consciência. Nem sempre é o amor que faz com que as pessoas se casem ou permaneçam casadas; nem sempre as trajetórias da vida do homem e da mulher possibilitam que continuem juntos e vivendo bem.

Há pessoas que optam por arrastar um casamento — e uma vida — com infelicidade crônica, indiferença ou ódio; outras decidem enfrentar o começo do fim, tanto com a intenção de dar novo sentido ao casamento quanto por chegarem à conclusão de que as dificuldades são insuperáveis.

Nem sempre é possível separar-se "civilizadamente". Muitas pessoas passam por sentimentos e ressentimentos muito violentos, em meio a dores, ódios, culpas e acusações na gangorra da vítima e do algoz. Acusar ou se arrasar de culpa parece muito mais fácil do que avaliar como ambos contribuíram para a construção e para o término do casamento. É difícil encarar a frustração de um projeto interrompido e a sensação do fracasso de uma intenção.

Poucos casais se separam com real consenso. Embora os dois sejam responsáveis pelo começo e pelo término do casamento, quase sempre é um deles que explicita o desejo de separar-se ou que concretiza a decisão. Muitas divisões passam a ficar mais claras e mais intensas: a divisão dos bens, das famílias, dos filhos, dos amigos. Chantagens, desonestidade, mesquinhez, ameaças, violências — aspectos duros da relação às vezes encobertos até então — surgem com força total no processo de separação. O vínculo do ódio, da vingança e da perseguição pode arrastar-se durante anos, tornando difícil refazer a vida e perpetuando a ligação em uma estranha forma de fidelidade.

Os primeiros tempos após a separação costumam ser tumultuados. Muitos se surpreendem com a intensidade do ódio, da euforia, do alívio, do desespero, da culpa, do rancor, do atordoamento, da falta e dos altos e baixos que a mistura de tudo isso acarreta. Há quem tente anestesiar-se na indiferença do "não estou nem aí", há quem se recolha para tentar se reorganizar, há quem busque avidamente as experiências de que sentiam falta. De qualquer modo, por pior que tenha sido o casamento, algo de bom existiu ou existe — surge, então, o luto pela perda das coisas boas e de tudo aquilo que poderia ter sido, mas não foi.

A convivência envolve a formação de hábitos, rotinas, modos de vida e valores comuns. Logo, a separação acarreta um rompimento de tudo isso, provocando mudanças em hábitos, estilos de vida, valores pessoais... Há mudanças também no relacionamento com filhos, familiares e amigos. Tudo isso envolve a busca de um novo equilíbrio. Há quem sinta esse processo de mudança como um novo nascimento, a saída da casca do ovo, principalmente quando, no casamento, a pessoa renunciou a muita coisa importante, se encolheu e murchou.

Em uma separação, é grande a mobilização entre familiares e amigos, principalmente em famílias que colocam a preservação do casamento como um valor acima até da felicidade ou em grupos sociais que marginalizam as pessoas separadas. Nesses contextos, a separação gera nos familiares sentimentos de vergonha, humilhação, constrangimento. Frequentemente, formam-se facções entre familiares e amigos: alguns tentam promover a reconciliação, alguns apoiam a separação, alguns se colocam a favor de um e contra o outro, e alguns conseguem ajudar e compreender o ponto de vista de cada um.

A separação provoca repercussões importantes nos filhos, mas nem sempre catastróficas ou traumáticas. A atmosfera hostil, tensa e opressora de um casamento cronicamente insatisfatório não é benéfica para ninguém, e é comum que os filhos sejam o alvo de descarga da irritação e da frustração dos pais. Após a separação, algumas crianças e adolescentes ficam mais descontraídos.

No entanto, assim como no casamento, na separação os filhos também costumam ser alvo de descarga das tensões e hostilidades entre pai e mãe. Ficam, de certo modo, "no meio da linha de fogo": disputados como aliados, solicitados como espiões, utilizados como armas de ataque ou de chantagem nas negociações de pensões e de visitas. Em reação às mudanças e à falta de disponibilidade emocional dos pais — eles próprios atordoados pela avalanche de sentimentos mobilizados pela separação —, as crianças apresentam sintomas e alterações de conduta até que um novo equilíbrio seja alcançado. Embora a revolta e a tristeza pela separação dos pais possam perdurar por muito tempo em alguns filhos, outros surpreendem — mesmo quando pequenos — pela clareza com que percebem a deterioração do casal e pela capacidade de compreender a separação e ajustar-se à nova realidade.

O casamento terminou, a pessoa está diante de novos caminhos: em meio a tantas coisas desfeitas, surge a necessidade de refazer-se. Para alguns, é preciso um tempo de solidão, de ausência de compromisso amoroso; outros se atolam na culpa e na autopunição, entrando em ligações que só acabam em sofrimento ou repetindo os padrões que resultam no mesmo final infeliz. Há quem consiga refazer o casamento com o ex-cônjuge em bases diferentes e satisfatórias; há quem finalmente encontre uma pessoa compatível para uma união amorosa. Na questão dos filhos, um novo casamento pode recuperar — ou dar pela primeira vez — a noção de casal que se entende, se ama e se harmoniza.

Sem dúvida, é bem complexa a rede de relacionamentos dos filhos com os pais, seus respectivos parceiros e famílias. A família recomposta é a nova espécie de família extensa, que está se tornando cada vez mais comum com o crescente índice de separações e novos casamentos.

Capítulo 1

Separações, Transformações

O nascimento inaugura a série de separações pelas quais passaremos no decorrer da vida: perdemos uma situação confortável, à qual já estávamos habituados, e entramos num mundo de novas perspectivas, fazendo coisas que mal sabemos para tentar organizar o caos do novo, sobreviver e viver.

O *desmame* é outra grande separação: o bebê se desprende, em outro nível, do corpo da mãe para se nutrir de outras fontes e fazer novas descobertas. Perdas e ganhos se entremeiam em cada passagem da vida. Partos e desmames se sucedem: "A separação desencadeou um parto em mim mesma. No meio da dor e do sofrimento, me senti nascendo de novo, com outra beleza, com outro potencial, descobrindo um mundo que nem desconfiava que existia".

A cada transição do desconhecido para o novo, são reavivadas sensações e emoções de separações e perdas anteriores, até mesmo as mais arcaicas: "Semanas depois da separação, me senti tão angustiada, deprimida, desesperançada e abandonada, que comecei a desconfiar de que tudo aquilo que eu estava vivendo com tamanha intensidade não podia ser apenas porque meu marido tinha saído de casa. Estava misturando muita coisa da minha época de criança, a sensação de não me sentir segura com minha mãe, a dor do abandono, da ausência".

A reativação das perdas — remotas ou recentes — refere-se a vínculos idênticos ou análogos: "Quando minha mulher foi embora, senti de novo uma dor aguda pela perda de todas as outras mulheres da minha vida".

Um dos temas básicos das transições é o da *morte* e do *renascimento:* a morte de aspectos nossos e a abertura de novas possibilidades. Para muitos, isso se traduz pela sensação de estar no escuro, dentro de um túnel — "e não se pode dar marcha a ré dentro do túnel". Ainda não se vislumbra a saída: "Sinto que me falta o chão"; "O mundo desabou"; "Sou um náufrago, não tenho onde me segurar". São momentos em que predominam o desespero e a desesperança, a impressão de ter chegado ao fim da linha; é um período em que ainda não dá para acreditar que o inferno tenha porta de saída. A crise, na verdade, é um purgatório, um período de passagem que irá consolidar uma situação melhor ou pior.

É preciso juntar forças e refazer-se, revendo e reavaliando um mundo de coisas. O contraste entre a constatação do que é e do que tem sido e a necessidade de reformular o que for preciso revela o eterno conflito entre o desejo de mudar e a resistência à mudança.

Para quem está deprimido e desalentado, a sensação de não ter saída é tão forte ou se prolonga por tanto tempo que dá lugar a pensamentos ou atos suicidas, tentativas desesperadas e desesperançadas de encontrar a saída, desistindo de ir à luta pela vida, se matando literalmente, se maltratando, se expondo a perigos e acidentes.

Na transição, não podemos mais contar com os antigos pontos de referência e ainda não dispomos de outros. É o momento do vácuo no salto do trapezista: não sabemos se vamos conseguir alcançar o outro trapézio ou se vamos nos esborrachar no chão do circo. É a encruzilhada — ir para melhor ou para pior —, já que a mudança é inevitável. Nesse voo, há os que se lançam mais facilmente, com menos medo de correr riscos, com uma confiança interior de que tudo vai dar certo no final; há também os que passam por uma mistura de medo, excitação, curiosidade, apreensão; e outros se deixam dominar pelo medo e acabam se encolhendo ou permanecendo num eterno vai não vai, parados no tempo e no espaço com a ilusão de movimento.

O AUGE DA CRISE

No auge da crise, temos reações imprevisíveis, completamente fora do habitual, surpreendendo ou chocando os que nos cercam: "Nunca o vi chorando"; "Foi terrível vê-la com aquela cara de ódio, ameaçando quebrar tudo". É uma sucessão de surpresas com a gente mesmo e com os outros. Na busca de um novo equilíbrio, passamos por um período de *desequilíbrio*, com sintomas de "loucura", condutas estranhas, sensação de perseguição, depressão e angústia.

Nos estados depressivos, as horas se arrastam, as menores providências exigem os maiores esforços, só pensamos no pior, remoendo o que aconteceu de ruim. É duro enfrentar as perdas e tudo perde a graça e o sentido, em meio a crises de choro, desespero e descrença. Quando a poeira começa a baixar, a depressão pode arrastar-se para um estado crônico, no qual predomina a apatia, o desinteresse, a falta de objetivos: a vida passa a ser cinzenta.

Outras pessoas, ao contrário, passam a ter insônia ou não alcançam um sono profundo — "a cabeça está a mil, 24 horas por dia". É um sono que não descansa, uma preocupação constante, inquietação, estado de alerta e sobressalto, prontidão permanente, hipersensibilidade, "pele fina".

Nos estados de angústia, a tensão nos oprime: músculos enrijecidos provocando dores de cabeça, de estômago, nas articulações, assim como cansaço, falta de ar, agitação, vulnerabilidade a inflamações, infecções e outras doenças. Sentimos medo de enlouquecer e perder o controle: "Fiquei com todos os encargos, cuidando de tudo sem dar conta de nada".

A vivência do *tempo* é peculiar, pois, na rotina do dia a dia, o tempo interno flui com certa regularidade; no turbilhão de emoções e mudanças que caracterizam as passagens da vida, o tempo voa: "São tantas coisas novas e fortes que duas semanas equivalem a dois anos".

Difere, também, a percepção de nós mesmos. No auge da crise, ficamos "no ar", desligados do cotidiano. A energia vital é consumida pelas dúvidas, indecisões, conflitos e temores e também pela preparação para efetuar mudanças.

Durante a crise, a capacidade de trabalho diminui em decorrência da ansiedade, do desânimo ou da confusão; no entanto, há quem mergulhe de cabeça no trabalho para "queimar" angústias, buscando um refúgio ou uma válvula de escape nos períodos de maior tensão.

A cabeça trabalha incessantemente, computando, reavaliando, reinterpretando fatos presentes e passados. Coisas antes estranhas agora se encaixam, sobretudo quando o oculto vem à tona e da suspeita passa-se à certeza: "Agora dá para entender por que as reuniões de trabalho terminavam tão tarde, por que eram tão frequentes as viagens de negócios".

Muita coisa passa pela cabeça: planos e alternativas, choros e dores, tudo em intensidade redobrada. A cabeça trabalha também quando dormimos, para "digerir" as perdas: às vezes sonhamos com o que desejamos que estivesse acontecendo, às vezes com o que está de fato acontecendo, às vezes com a solução de uma dificuldade que estamos atravessando.

A transição pode acontecer a partir de uma escolha: mudar de profissão, de país, casar, descasar, ter filhos. A crise é desencadeada por algo que acontece à nossa revelia: a morte de uma pessoa amada, acidentes e doenças, por exemplo. As transformações surgem em momentos em que nos confrontamos com aspectos difíceis de aceitar em nós mesmos: a capacidade de sentir ódio, a revisão do passado, a destruição de mitos, crenças e ideais, um novo entendimento de antigos acontecimentos e relacionamentos. Essas revisões podem provocar revoluções internas, embora, aparentemente, tudo continue igual.

O período de reconstrução da identidade é difícil e fascinante — antigos recursos são atualizados, velhas lacunas podem vir a ser preenchidas, novas aprendizagens se fazem necessárias. Quando a angústia e a depressão são aliviadas, conseguimos olhar de outro modo para as novas perspectivas e andar para a frente.

A SEPARAÇÃO PELO TÉRMINO DO CASAMENTO

A separação pelo término do casamento se assemelha a outras separações que enfrentamos nas perdas de cada passagem da vida — término de um namoro, de uma amizade ou de uma sociedade profissional. Passamos pelas mesmas fases: a esperança de reformulação ("Vamos rever nossas metas de trabalho, quem sabe conseguimos fazer um plano comum"), barganha ("Faço qualquer negócio para que você fique"), raiva, revolta e ressentimento, que levam, por exemplo, a difamar o colega ("Quando comecei a trabalhar, me juntei a um grupo e fizemos um projeto bonito, com a intenção de bolar coisas juntos, estudar, crescer.

Nos primeiros anos, isso funcionou a contento, mas depois, de repente, o pessoal foi se acomodando, se desinteressando pelas reuniões, e o trabalho foi deixando de ser de equipe, cada um se isolou num canto, que nem marido e mulher em um casamento que já não tem mais a ver. A insatisfação foi crescendo, eu me sentia sozinha. Até que comecei a me encontrar com outros colegas também insatisfeitos com os lugares em que trabalhavam. Nossas reuniões se tornaram mais frequentes e de novo eu senti aquela explosão incrível de criatividade, a sensação boa de poder pensar junto com outras pessoas. Resolvemos sair dos lugares onde estávamos e partir para outro casamento").

Coisas semelhantes acontecem quando um filho adolescente ou adulto resolve sair de casa, formando outros vínculos de intimidade e convivência fora do círculo familiar. Alguns sentem-se culpados por estar "abandonando" os pais para cuidar da própria vida, e esse sentimento, muitas vezes, é reforçado pela família quando acusa o filho de ingratidão e egoísmo por querer sair da casa "onde sempre teve tudo". O ciclo vital da família segue um curso evolutivo em que os acontecimentos da vida de cada um dos membros repercutem em modificações de rotinas e tradições dessa família. Na medida em que crescem, os filhos se abrem para o mundo e constroem outros vínculos, interesses e atividades fora do círculo familiar.

O contexto mais amplo — da comunidade, do país, do mundo — influencia a vida de cada um de nós mais do que costumamos suspeitar. Como mostra o sociólogo Zigmunt Bauman em seu livro *Amor líquido*, vivemos numa época em que nada mais é feito para durar para sempre; tudo leva a marca do precário, do transitório, desde televisores, automóveis e casas, até trabalho e casamento. Com o mundo em tensão pelos ataques terroristas e em crise econômica, com a ameaça de catástrofes ambientais devido ao aquecimento global, fica ainda mais difícil construir uma perspectiva sólida

Separações, transformações

de um futuro longínquo. Viver no agora, deixar para trás o que não está dando certo, passa a ser uma necessidade muito forte; o medo de, a partir da metade da vida, arrepender-se de como se está vivendo e já não ter muito tempo para alterar o que está insatisfatório é outro fator importante no desencadeamento de crises conjugais. Nesse contexto, torna-se mais comum passar por vários casamentos, em vez de ficar trabalhando arduamente para manter ou salvar uma relação complicada. Investir num casamento para durar uma eternidade já deixou de ser uma meta para muita gente.

Crises e passagens da vida são períodos de ebulição. As mudanças emergem do incômodo, da inquietação, da insatisfação, da impossibilidade de continuar estagnado, paralisado, conformado ou adaptado. Quando a mudança deixa de ser sinônimo de catástrofe, passa a ser menos temida e transforma-se em oportunidade, em perspectivas de atingir outro patamar.

Na passagem de uma situação para outra, uma das tarefas básicas é formular novas pautas de conduta para aprender a lidar com as novidades que surgem, criando disposição para reformular o que for preciso. Nesse aspecto, há grandes diferenças entre as pessoas: algumas negam a si próprias oportunidades de se lançar na vida, aprisionando-se em obstáculos, limitações, regulamentos e proibições autoimpostas; sentem-se amarradas, sem saída. E então se queixam de que nada dá certo. Por outro lado, as pessoas que expandem seus recursos interiores descobrem forças e possibilidades: "transformam merda em adubo". Em situações que pareciam sem saída, surgem caminhos.

Capítulo 2

AS PESSOAS FICAM CASADAS POR TANTOS MOTIVOS...

*E*scolhemos o parceiro que podemos, nem sempre é quem queremos ou quem gostaríamos de poder querer. Fatores conscientes e inconscientes determinam a escolha do parceiro, a decisão de casar-se e a manutenção do casamento: amor, complementação, carências e necessidades neuróticas.

A principal motivação para começar ou manter um casamento é, por vezes, o *medo da solidão*: "Já não sei se estou com ele porque gosto ou pelo medo de ficar só". É um pedido de socorro, pré-requisito de sobrevivência: "Como não conseguia viver sozinho, resolvi me casar". Há homens que se casam, em certo sentido, mais em busca de uma empregada do que de uma mulher: "Já estava cheio de morar sozinho, de ter de pregar os botões das camisas, de fazer bainha nas calças; cansado de comer fora de casa. A ideia de me casar veio dessa vontade de ter uma mulher para cuidar dessas coisas, para ter o conforto de chegar em casa e não fazer nada, já encontrar tudo pronto".

É comum buscar no outro um *messias* que vai nos resgatar de dificuldades: "Imaginei que, escolhendo uma mulher forte, conseguiria me livrar do domínio de minha mãe". E o outro quase sempre acaba concordando em cumprir uma missão impossível. Porém, apenas nós mesmos podemos nos salvar; esperar que outra pessoa ocupe esse lugar é uma missão falida. Na busca do messias, não enxergamos a realidade do outro, até dar de cara com a frustração e o desapontamento: "Ela não é aquilo que eu esperava".

Um misto de ilusão, autoengano e lampejos de lucidez nem sempre é suficiente para nos fazer mudar de rumo e desistir do casamento: "Quando me casei, já sabia que tinha 90% de chance de não dar certo. Porém, me senti pressionado por todos os lados, pela família dela, pela minha, por ela também. No dia do casamento, tive vontade de não aparecer na igreja. Fiz a barba e me vesti com a sensação de um condenado caminhando para a guilhotina. Três meses depois, estourei. O pior é que nem tinha do que me queixar da parte dela. Comecei a tomar horror a tudo; até o sexo perdeu a graça. Na família, ninguém entendeu: como é que um cara, em plena lua de mel, diz que quer se separar?".

CASAMENTOS POR CONVENIÊNCIA

Há casamentos por conveniência, que unem nomes e interesses de duas famílias, como um investimento para expandir o patrimônio ou, simplesmente, para dividir despesas. E aí é difícil separar-se, porque economicamente é mau negócio desfazer a sociedade comercial que vigora no casamento. Significa perder o emprego ou a renda mensal.

E, assim, a pessoa permanece "casada" com os filhos, a casa, as posses, o estilo de vida: "Para que me separar? O que me espera numa cidade de interior em que o decente é ser casado? Não importa o quanto se transe por fora, a fachada é o que importa. Aqui, ter é mais importante que ser. Mulher bem-sucedida é a que arranjou um marido rico que lhe dê uma linda casa, carro do ano e muitas joias. Eu me sinto em uma prisão perpétua, com piscina, os almoços de domingo com a casa cheia e muitas horas de sono na base de tranquilizantes". Morar bem, viver mal.

A raiva, a revolta e a indignação passam a ser companhia constante quando não se vê a porta de saída: "Mulher pobre não tem opção, tem de se submeter até na cama. Outro dia, numa hora de revolta, eu disse que não sou latrina para ele descarregar dentro de mim. É aquele sexo sem carinho, com pressa, como é que eu posso sentir prazer? É só mesmo por obrigação. Eu não tenho coragem de sair de casa e largar as crianças, não tenho como sustentar os filhos". É a *prostituição doméstica*: o sexo torna-se um dever conjugal, para não perder o marido ou para pagar o que recebe em sustento.

Pior ainda é a luta interna para se ensurdecer e se cegar, no esforço de não dar ouvidos nem enxergar a extensão da própria insatisfação. Dessa forma, a pessoa permanece onde está. Na atitude conformista do "é... não tem jeito, a vida é assim mesmo", a pessoa engole em seco a própria infelicidade, contando as horas e os dias de uma vida sem perspectivas.

As *fantasias de catástrofe* com relação à separação conservam muitos casamentos. A relação, em processo de deterioração, vai crescendo em desrespeito e desprezo: por exemplo, desejar que o parceiro morra, "ajudar" uma tentativa de suicídio, colaborar para a manutenção de doenças crônicas (oferecer doces a um diabético ou salgar a comida de um hipertenso). Há maneiras sutis de "matar" o parceiro. Uma delas é armar um esquema de vida em que o cônjuge não aparece, como se morto fosse: posta de lado, a pessoa é usada apenas como um cartão de apresentação, quando conveniente. O cônjuge "funcional" é mantido na medida em que traz vantagens. Contudo, cresce a falta de respeito por si mesmo e pelo outro nessa relação entre dois objetos.

Pressões familiares — elementos poderosos

Vínculos de dependência afetiva e/ou econômica com a família de origem também dificultam a formação da nova família: "Meu genro não queria nada com o trabalho; moravam lá em casa e eu sustentando os dois. Comecei a fazer pressão em cima dele, disse que se continuasse sem trabalho eu ia convencer minha filha a se separar". A pressão familiar a favor ou contra a separação pesa muito em conflitos conjugais: "Acho que para meus pais seria o caos se eu me separasse. Sempre fui a filha modelo; meus pais vivem dizendo que eu sou a última esperança deles, que nenhum dos meus irmãos deu certo na vida".

Problemas conjugais podem se originar de conflitos de lealdade com a família: "Ele é filho único de mãe viúva. Ela conheceu outros caras, mas nunca quis se casar por causa dele, só pensava em criar o filho. Quando ele começou a namorar, nenhuma moça servia. Há uma rivalidade enorme entre mim e ela. Afinal, lutamos pelo mesmo homem". Nesse conflito de lealdade, o homem "trai" a mãe quando escolhe outra mulher, pois, supostamente, deixa de pagar a dívida de gratidão.

A competição com familiares do cônjuge provoca tensões significativas no casamento: "Sou pobre, casada, com três filhos e com muita reclamação do meu marido. Ele só dá ouvidos pra mãe dele, eu sempre fico de lado, ele resolve tudo com ela sem me consultar. Perdi o interesse por ele; quando a gente tem relações fico rezando pra que acabe logo. No começo, não era assim, não. A gente gostava, fazia todo dia. Depois, os aborrecimentos foram aumentando, não deu mais vontade, não".

Quando a família interfere em excesso na vida do casal é porque encontra campo para isso — o homem e/ou a mulher não conseguem colocar a relação conjugal como prioritária e continuam dando mais peso à relação filial. Em geral, é a mulher que permanece mais ligada aos pais, deixando o marido de lado; e é o homem, cuja relação com a mãe é muito forte, que acentua a competição entre sogra e nora: "Eu o coloquei no mundo e não é qualquer intrusa que vai roubá-lo de mim".

É comum reproduzir os padrões de interação das famílias de origem, por exemplo, evitar brigas e discussões, engolindo mágoas ou, ao contrário, brigar e gritar por qualquer motivo. Há os que se esforçam para fazer exatamente o oposto do que presenciaram: "Meus pais brigavam horrores e eu morria de vergonha dos escândalos que eles aprontavam. Quando me casei, jurei que não brigaria com minha mulher. Esse esforço durou alguns anos, mas depois eu me via berrando e xingando, e aí achei que era hora de me separar".

O VÍNCULO É CONSTRUÍDO COM CASTELOS NO AR

Enxergamos o outro através das lentes da nossa criação, até o momento em que somos confrontados com o real e, então, sentimos a dor da diferença: "Eu confiava mais na minha fantasia do que na minha percepção". Enquanto predomina a fantasia, aumenta a tolerância à frustração: a pessoa se pendura no sonho, na esperança de que um dia tudo vai melhorar, nas promessas e nas boas intenções. Entretanto, fantasia se alimenta de falsas satisfações. Limitações, dificuldades, características indesejáveis são negadas em vez de enfrentadas.

Há os que se casam com uma *idealização do casamento*: "Meu casamento já começou errado. Eu queria brincar de casinha, me vestir de noiva, dar uma festa inesquecível, sem pensar muito com quem eu ia fazer isso". Sobre essas bases frágeis, o casamento se sustenta apenas quando tudo corre bem. Quando surgem dificuldades, em vez de companheirismo e apoio, predominam queixas, agressões e acusações.

Na visão mágica dos contos de fada ("e aí se casaram e viveram felizes para sempre"), a ideia do amor eterno e da indissolubilidade do matrimônio reforça uma imagem estática do vínculo, como se o casamento viesse com selo de garantia. O "até que a morte vos separe" é uma promessa às vezes impossível de cumprir. Como garantir que quem se escolhe hoje continuará sendo escolhido daqui a alguns anos? As transformações dos que hoje formam um casal podem levá-los a trilhar um caminho compartilhado, enfrentando dificuldades, conflitos e problemas que inevitavelmente surgem; contudo, também podem levá-los a trilhar caminhos incompatíveis. O desnível, a defasagem e a distância passam a ser a tônica do relacionamento, rompendo o equilíbrio anterior e impossibilitando a recomposição: a separação acena com a possibilidade de renovação e reconstrução das duas pessoas.

Outro aspecto importante é o teatro da perfeição. Acreditamos que, se fizermos o que é preciso, vai dar tudo certo. Tentamos modelar o vínculo de acordo com a imagem do "casal 20" e das pessoas bem-sucedidas na vida. Tudo passa a ser feito em torno dessa imagem de uma vida "pra ninguém botar defeito". Mas que nem sempre corresponde aos nossos reais anseios. O tédio profundo revela "a falta de alguma coisa que eu nem sei o que é".

Quando um "casal perfeito" acaba se separando, boa parte dos familiares e amigos se espanta — ninguém vê o trabalho de esconder a sujeira embaixo do tapete, ninguém se dá conta da estagnação de uma relação "sem problemas". O faz de conta pode durar muito tempo até que, um dia, caia por terra a ilusão de ter um casamento maravilhoso.

A DIFERENÇA DE EXPECTATIVAS

Um dos motivos mais comuns do desencontro é a diferença de expectativas. Em todo vínculo, há um contrato explícito e um implícito, e o que está nas entrelinhas tem muito mais peso do que aquilo que é dito: "Quando eu propus morarmos juntos, ele aceitou naquela de que não ia mudar muita coisa. Achou que poderia continuar saindo com os amigos até altas horas e levar a vida dele como sempre. Mas eu comecei a me revoltar contra isso. Passei a me intitular mulher dele e ele continuou a me tratar como namorada, sem maiores obrigações". A base desse casamento é um grande mal-entendido.

O contrato implícito de um casamento pode exigir, por exemplo, que a mulher se rebaixe e se submeta, enquanto o marido domina e controla. Em troca, a mulher recebe sustento. Quando a mulher começa a se conscientizar dessa situação e a querer mudar, quebra o contrato vigente e instalam-se os conflitos. É comum o *jogo da gangorra* entre o casal — um na posição superior, ocupando o lugar de destaque, enquanto o outro permanece na sombra. Uma variação desse jogo é um cônjuge ser visto como inadequado, doente e complicado, enquanto o outro é bem-sucedido, sem problemas. Ainda é comum que a mulher ocupe o lugar da "lata de lixo", onde se deposita tudo o que não presta. Casam-se as neuroses, e o vínculo é mantido pela complementação das loucuras de cada um. Quando chegam os filhos, é provável que um deles passe a preencher essa função de "lata de lixo" para que todos fiquem a salvo e consigam manter um convívio doentiamente equilibrado.

Difícil é construir uma relação em que os aspectos saudáveis de cada um se complementem, em que ambos possam ser o que são, duas individualidades em uma parceria. O jogo de fazer um parecer forte e definido e o outro inexpressivo e amorfo dá uma ilusão de segurança e de controle, mas também dá a sensação de estar levando o barco sozinho, sem proteção e sem companhia.

Outro tipo de contrato secreto que acaba resultando em acúmulo de cobranças e exigências é o *pseudoaltruísmo*: precisamos de que o outro precise de nós, aparentamos total disponibilidade, encobrindo a exigência de retribuição em termos de gratidão e dependência. O parceiro passa a sentir-se oprimido e aprisionado, muitas vezes sem saber por quê.

Nas diferenças entre o contrato explícito e o implícito, acumulam-se ressentimentos, expectativas não cumpridas, frustrações e desilusões. Os dois iniciam a união já desunidos, cada qual com uma imagem do vínculo que não casa com a do outro. Com o correr do tempo, o casal continua se emaranhando numa teia de suposições recíprocas, num jogo sem saída sobre "o que um acha que o outro acha" em que ambos se perdem cada vez mais. A relação passa a ser um jogo de estratégias e dissimulações, tão arraigado no funcionamento do casal que prossegue mesmo depois da separação: "Tenho medo de continuar me encontrando com minha ex-mulher. Semanas atrás, ela só queria transar comigo se eu voltasse para casa, agora está toda amorosa, me convidando para sair, aceitou transar comigo, sem nenhuma exigência. Estou desconfiado, não fico à vontade porque acho que isso é jogo dela para acabar me pressionando a voltar e eu não quero".

É interessante observar a interação entre *dinheiro* e *poder* no funcionamento do casal, bem como as repercussões que as modificações dos ganhos de um e de outro passam a ter na composição do vínculo: "Um dia, resolvi começar a trabalhar para ajudar meu marido, que era operário em uma fábrica. Aí aprendi a pintar tecido e comecei a ganhar dinheiro com isso. E sabe o que aconteceu? Em vez de ficar contente com a divisão das despesas, ele começou a se encostar e a se acomodar. Ficou desempregado e não se virou para arranjar outro emprego. Fiquei muito decepcionada, passei a sustentar a casa, apesar de não achar justo".

A facilidade do dinheiro dá às pessoas determinadas prerrogativas, com as quais o parceiro não concorda e tenta manipular com outro jogo de poder: "Meu marido faz reformas, então, de vez em quando, ganha um dinheiro a mais e cisma de comprar carro. Aí fica insuportável: acha que pode tudo, começa a paquerar as mulheres na rua, se acha um rei. Começa a reclamar de tudo dentro de casa. Aí, arranjo um jeito de faltar dinheiro de novo para ele precisar vender o carro e voltar a ser como era antes".

A divisão de poder no casal depende, em grande parte, da renda de cada um e das respectivas contribuições ao orçamento doméstico. No casal tradicional, o homem tem maior poder econômico, sendo o único ou o principal provedor. A mulher o segue e o respeita, embora quase sempre arme jogos de poder "por baixo do pano".

Quando essa posição se inverte, o homem fica com menos poder: "Eu tenho muito mais do que ele. O apartamento está em meu nome e somos casados com separação de bens. Se eu não quiser que ele continue morando na minha casa, ele vai ter de sair". Quando se intensificam os conflitos, o homem se transforma em hóspede indesejável.

Sem dúvida, o fator produção e ganho de dinheiro é muito forte na questão do poder entre o casal: problemas de competição, tentativas de dominação, poder de decisão e de impor as próprias escolhas, autonomia de fazer uma vida própria — tudo isso está muito ligado ao poder econômico.

O encaixe do casal fica fortalecido quando está de acordo com o padrão predominante no contexto social. Por exemplo, na época em que a mulher era criada para se casar, saía do domínio do pai para o do marido, não desenvolvia sua autonomia; o homem, criado para ser o provedor, o dominador, procurava casar-se com uma mulher submissa e disposta a fazer renúncias (parar de trabalhar quando casar, deixar o emprego para acompanhar o marido transferido para outra cidade, não fazer cursos à noite). Quando as mulheres começaram a refletir sobre essa postura de Bela Adormecida na vida, isso estimulou mudanças: ficaram mais empreendedoras e menos submissas.

Muitos homens ficaram confusos: por um lado, acham bom ter uma mulher independente com quem dividir despesas e responsabilidades; por outro, ficam inseguros quando percebem que seu "reino" ficou vulnerável. Então surgem reações contraditórias entre estimular o crescimento da mulher e "cortar-lhe as asas": "A gente tem brigado muito. Estou insatisfeito no trabalho, não consigo progredir e não gosto do que faço; e ela, logo que se formou, arranjou um ótimo emprego e está felicíssima. É horrível o que eu vou dizer, mas a verdade é que sinto inveja por ela estar sendo bem-sucedida, por estar até mais bonita. É o medo de que ela me largue se ficar independente demais. Aí eu ataco, critico tudo o que ela faz. Ela fica magoada, com raiva e fica um clima péssimo lá em casa".

Infernizando a própria vida

Há casais que cultivam um vínculo de ódio, desprezo mútuo, ataques, maus-tratos. Tecem uma relação do tipo "beco sem saída": nada que o parceiro faça é satisfatório, sempre está sujeito a críticas e a exigências. Esses relacionamentos são instrumentos de tortura. As pessoas emaranhadas nessa teia não conseguem desgrudar-se uma da outra. Precisam ficar infelizes, pagando eternamente uma dívida de culpa com sofrimento e frustração. Não aguentam coisas boas e acabam estragando o que conquistaram. Quando a relação começa a estabilizar-se e ficar agradável, aciona-se o comando de destruir — começam as desavenças, a indiferença, os mal-entendidos, o afastamento, as acusações: "Se, ao menos, ela não exigisse tanto a minha presença", "Se ele fosse mais compreensivo" e assim por diante. Ao destruirmos compulsivamente o que está bom, torna-se impossível viver com tranquilidade: inquietos, fazemos tragédias.

Perpetuando a infelicidade, construímos não apenas um casamento, mas toda uma vida de becos sem saída, como mostra um trecho de poema de Fernando Pessoa:

Se estou só, quero não estar

Se não estou, quero estar só

Enfim, quero sempre estar

Da maneira que não estou.

Casam-se os jogos infernais, que se reforçam, cimentando o beco sem saída. A *tortura* pode vir sob a forma de ameaça constante de rompimento, de modo que um mantenha o outro sempre "na corda bamba". Isso também reflete o medo de amar e de assumir um compromisso, pois a pessoa deixa sempre aberta a porta de escape nesse beco sem saída. As brigas constantes garantem o "mantenha distância", evitando a ternura e a entrega.

A tortura pode expressar-se, ainda, por meio da perseguição pelo *ciúme* e pelo *controle* — um se transforma na sombra do outro: "Minha vida virou um inferno de tanto ciúme. Eu ando na rua olhando pro chão. Outro dia, estava conversando com uma amiga e ele brigou comigo porque cismou que a gente estava falando de homem". O ciúme exagerado pode ser fundamentado na realidade (o cônjuge foi pego em flagrante ou é uma pessoa sedutora e insinuante) ou construído com pequenos recortes do real: são acentuados determinados aspectos em detrimento de outros para confirmar suspeitas. Em grau extremo, há os delírios de ciúme, a perseguição e a desconfiança, que envenenam a relação, tornando-a insuportável para ambos.

O casamento pode ser mantido como um *ato de heroísmo*. Quando nos valorizamos pelo martírio, exaltamos a capacidade de suportar a dor e o sofrimento: "Você nem imagina os horrores que sofro com esse homem! As noites em que ele não vem para casa, os telefonemas de outras mulheres, os maus-tratos, as grosserias, as humilhações...". A tolerância à insatisfação varia muito de pessoa a pessoa e há quem aguente coisas que outros nem sonhariam em suportar.

Às vezes, "engolimos sapos" durante anos a fio, acumulando mágoa e rancor, adoecendo com tanto ressentimento. Podemos cultivar uma depressão crônica, um desânimo geral, ou então ficamos mal apenas na presença do parceiro: "Longe dele, sou outra: extrovertida, bato papo com todo mundo, tenho assunto, converso sobre tudo; mas, quando ele está por perto, me encolho, me calo, não me sinto à vontade".

Podemos passar longos períodos *hibernando*, fora de nós mesmos e do fluxo da vida, em contraste com épocas anteriores ao casamento, quando éramos pessoas vitalizadas. Nesses casos, a separação pode ser um retorno à vida, o fim da autossabotagem. Percebemos que ficar sem luz própria para tentar viver bem com o parceiro é um preço muito alto: "Entre nós, nunca houve briga, mas também nunca houve intimidade". O casamento se cristaliza na *conspiração do silêncio* — ele e ela já não têm mais o que conversar: não brigam, não se odeiam, não se desentendem, mas também não se abraçam, não se amam, não se entendem.

As pessoas ficam casadas por tantos motivos...

O sofrimento eterno não é destino de ninguém. Durante anos, a pessoa ameaça ou planeja separar-se, mas nunca dá o salto: não trabalha no sentido de recompor uma relação conjugal satisfatória, nem se separa para tomar outro rumo, apenas ensaia indefinidamente a separação, preparando-se para uma peça que jamais será encenada. É a dificuldade de lidar com a própria raiva, oculta sob o temor de machucar o outro ou fazê-lo sofrer. O medo, nesse caso, é do *sofrimento agudo*, que faz a pessoa agarrar-se a um sofrimento crônico quando arrasta eternamente um casamento infeliz. Quem tem medo de fazer o outro sofrer não se dá conta de quanto provoca de sofrimento por outros meios, quanto se maltrata e maltrata o outro, insistindo em manter uma situação que já não faz mais sentido. No entanto, o medo de fazer sofrer pode ser apenas a capa do medo de expandir-se, de trocar a segurança da estabilidade pelo imprevisível da liberdade. Outros, ao fim de muitos anos, resolvem romper com tudo e terminam casamentos de quase meio século.

Há mulheres que passam anos a fio massacradas por um casamento insatisfatório do qual não saem por medo ou culpa, até enfrentarem a *viuvez*. E eis que, de repente, vendo-se sozinhas e sem a culpa de ter decidido separar-se, aproveitam a oportunidade para descobrir que podem viver bem. Muitas viúvas, após um longo casamento ruim, descobrem que podem divertir-se viajando, fazendo cursos, arrumando emprego, vendo os amigos ou tendo um novo companheiro. Diante da separação inevitável e involuntária provocada pela viuvez, descobrem que ficar só não é sinônimo de catástrofe, mas uma oportunidade para descobrir novos horizontes.

Construímos prisões interiores ou damos a outras pessoas e instituições o poder de nos aprisionar: "Eu sei que não gosto dele, mas na minha religião e na nossa família, a separação é condenada. Então, tento me conformar. É uma tristeza permanente, uma insatisfação total, embora materialmente nada me falte. Sinto nojo dele, o sexo é uma tortura. Vivo com dor de estômago e uma pressão aqui no peito; fico sufocada".

Muitos casamentos se mantêm apenas por não serem totalmente insuportáveis, embora não sejam satisfatórios. Compensamos a frustração do casamento com relações extraconjugais, excesso de trabalho ou de dedicação aos filhos: "Cheguei à conclusão de que é melhor ficar casada. Ele é ausente, mas me dá mordomias que não quero dispensar. Tenho a minha vida, saio com os amigos, transo com os homens que quero e ele me proporciona estabilidade, que mantém minha imagem de senhora respeitável".

As relações extraconjugais atenuam a sensação de estar aprisionado na "gaiola dourada" do casamento e compensam uma relação conjugal desbotada, destemperada ou morta. Muitos toleram a existência de amantes, contanto que sejam preservados os privilégios do casamento: "Estou casada há dezenove anos, sei que meu marido não é santo, mas o que os olhos não veem, o coração não sente. Não me falta nada, tenho tudo o que preciso, nem me incomodo". É o jogo do eu sei que você sabe, você sabe que eu sei, mas vamos fazer de conta que ninguém sabe.

A DETERIORAÇÃO DO VÍNCULO

Por vezes, a deterioração do vínculo é agravada pela autodestruição de um dos membros do casal: "O dia em que eu resolver me separar não vai ser por falta de aviso. Há anos que eu venho dizendo a ele para cuidar da saúde, mas não adianta. Bebe e fuma feito louco, come mal, não faz exercícios, vive deprimido e, de uns tempos para cá, impotente. Nós não nos tocamos, não há carinho. Sou uma pessoa alegre, cuido da minha alimentação, faço ginástica, vivo cheia de energia. Estou cansada de ficar arrastando um marido desanimado. E não estou a fim de fazer como minha mãe, que há quarenta anos reclama dos defeitos de meu pai".

Por outro lado, manter o casamento com um cônjuge problemático traz ganhos secretos tão importantes que, no fundo, a pessoa deseja manter a situação da qual se queixa. Se o cônjuge é problemático, fica mais fácil fechar os olhos às suas próprias complicações.

Há casamentos que se mantêm por força de *ameaças*, chantagens expressas por *doenças*, principalmente as de natureza cardíaca. O cônjuge se sente preso por medo de causar transtornos ou de "provocar um infarto". Isso pode envolver ameaças de suicídio, como "Se ele me abandonar, eu me mato". Cria-se uma situação de mútuo aprisionamento: na ameaça de suicídio, o aprisionamento pela culpa; na ameaça de matar, o aprisionamento pelo terror. A ameaça de ficar doente e morrer é também um jogo eficaz de confinamento, no qual ambos ficam sem saída.

As doenças são, muitas vezes, a única expressão possível de outros problemas, conflitos e insatisfações crônicas. A pessoa não ousa encarar as reais dificuldades e vive à procura de tratamentos para os sintomas, sem atacar a raiz do problema. Toma, então, remédios para dor de cabeça, ansiolíticos para dormir e adormecer a consciência de tudo aquilo que não vai bem.

Um casamento morto pode ser mantido por conveniência e também por *culpa* e *acomodação*: "Estou casado há doze anos, numa relação sem sal. Não tenho do que me queixar: ela é boa amiga, eu faço o que quero; às vezes ela é chata, quando começa a reclamar das coisas. O problema é que não consigo sentir tesão por ela como sinto pelas outras com quem eventualmente me envolvo. Não sei, não dá. Até que ela é bonita, mas sinto que transo com ela por concessão, para cumprir o calendário. Ela vem, me agarra toda melosa, me dá horror".

Sob a capa de doçura e bondade, podemos encontrar uma pessoa tirânica, exigente e hostil, que deixa o outro paralisado pela culpa e pelo remorso, "sem coragem de fazer maldade com a coitadinha". O outro não tem nem sequer espaço para sentir raiva e revolta, a não ser quando esses sentimentos são transformados em indiferença e afastamento, e continua aprisionado na situação insatisfatória.

A chama que mantém muitos casamentos não se apaga, mas também não aquece. A relação vai desbotando, ficando insípida, incolor e inodora. É a *estabilidade insatisfatória*: "Está muito claro que meu casamento já acabou. O que mantemos é um contrato funcional, uma espécie de prestação de serviços". Permanecem juntos até que outra morte os separe.

"Lá em casa, a televisão fica ligada o dia inteiro, e a gente mal se fala". Às vezes, é o parceiro que preenche a função da televisão: é apenas uma presença, uma companhia, alguém já conhecido: "Meu casamento está péssimo, mas, quando penso em me separar e ter o trabalho de descobrir outra pessoa, me dá um desânimo incrível, aí acabo ficando". "Não me imagino vivendo sozinha" é bem diferente de "não me imagino vivendo sem ele". É o desejo da companhia e não do companheiro.

Assim, muitos casamentos são separações mascaradas, não assumidas pela falta de coragem, pela falta de empenho em lutar com recursos próprios, a ponto de faltar o respeito por si mesmo.

A separação dentro do casamento assume, em certos casos, aspectos muito concretos: dormir em quartos separados com suspensão da atividade sexual, "casamento aberto em mão única", no qual o homem tem permissão implícita ou explícita de transar com outras, enquanto à mulher só resta esquecer o sexo. A dessexualização da mulher passa a expressar-se visivelmente; a obesidade e o descuido com a aparência são manifestações comuns. A isso corresponde um estado depressivo e de baixa autoestima: a mulher se sente "um lixo" e incapaz de "prender" o homem.

Para muitos casais, o declínio da sexualidade e do erotismo se acentua após a vinda dos filhos. A superdedicação às crianças restringe o espaço do casal. O casamento com filhos passa a ser "santificado". O declínio da atração pode ser uma reprodução inconsciente dos modelos parentais, já que, muitas vezes, os próprios pais são percebidos como assexuados. Vivemos muitos anos com nossa família de origem, portanto, inevitavelmente, internalizamos características pessoais, estilos de comunicação, modelos de construção de relacionamentos de acordo com o que vimos, vivemos e sofremos. Em grande parte, a escolha do parceiro é determinada pela necessidade inconsciente de reproduzir os modelos familiares que estão arraigados dentro de nós.

A vinda de cada filho altera a organização familiar. Na maioria dos casos, a mudança mais profunda ocorre com a vinda do primeiro filho. Quando há flexibilidade, contudo, o lugar do filho não anula a boa relação conjugal: os aspectos "homem e mulher" coexistem com "pai e mãe". Mas, quando predomina a rigidez, só há lugar para duas pessoas: quando nasce o filho, alguém fica sobrando. Se é o casal que continua prevalecendo, a criança sobra; se mãe e filho formam a dupla principal, quem sobra é o homem, que passa a ser e a sentir-se um estranho dentro de casa.

Não apenas a chegada, mas também a saída de cada membro altera a dinâmica familiar. Quando os filhos saem de casa, homem e mulher se confrontam com uma *casa vazia*. Pode ser uma oportunidade para o casal recuperar com alegria a predominância da relação a dois, mas também pode instalar uma crise séria, expondo conflitos disfarçados pelo movimento da casa cheia, principalmente para os casais que se mantiveram juntos em função da criação dos filhos.

Quando estes crescem e se tornam independentes, o vínculo conjugal se rompe, já com a "missão cumprida".

Para evitar a crise que vem com o crescimento dos filhos, há pais que estimulam a dependência dos filhos adultos. Alguns pais, sem os filhos aglutinados em volta, se sentem náufragos na vida, com muito medo de não conseguir manter um casamento dissolvido. Com isso, vem o terror de se aposentarem como pais, provedores de sustento e de cuidados. Há filhos que, inconscientemente, atendem a esse apelo de parar o crescimento interrompendo os estudos, não conseguindo trabalho, casando-se sem condições de sustentar a família.

Os filhos são encomendados para atender várias necessidades, algumas das quais só percebemos claramente tempos depois: "Eu queria muito ter outro filho e ele também, mas logo depois nos separamos. Sinto esse filho como meu e dele, não como nosso. Ele já nasceu com a separação". E há os casos de casamentos funcionais, voltados para garantir a procriação: "Estou a fim de me separar, mas com 33 anos acho melhor esperar mais um pouco e ter um filho casada. Não é mais o homem que eu quero como marido, mas tenho certeza de que será um ótimo pai".

A separação dentro do casamento comumente se reflete na relação com os filhos, quase sempre sob a forma de marido e pai ausente, que resulta, na prática, numa vivência de mãe solteira e mulher sem companheiro: "Não vejo diferença entre ser casada do jeito que eu sou e ser separada. Todo fim de semana ele está cheio de coisas para fazer e eu fico sozinha com meu filho. É chato ir a almoços e festinhas, onde quase todas estão com os maridos e eu sempre só. Outro dia, ele passou o dia numa pescaria e à noite ia a um jantar sozinho e o garoto ficou aos berros, dizendo que queria ficar com o pai. Meu filho não sabe o que é sair com pai e mãe juntos".

São inúmeras as repercussões da separação dentro do casamento no vínculo entre pais e filhos. É comum o menino assumir o lugar do pai ausente-presente, intensificando as vivências edipianas, agindo com a mãe como esta gostaria que o marido fizesse. O filho passa a preencher o desejo da mãe — tenta apossar-se dela, com ciúme que a gratifica, a controla, a vigia, mas, por outro lado, a elogia, a acaricia, a seduz. Preenche parcialmente o desejo da mãe de ter um homem: "Ele é uma pessoa maravilhosa com todo mundo, os clientes o adoram, é incansável no trabalho. Só se cansa comigo. Chega sempre muito tarde, sai cedinho. E eu fico sozinha com a casa e com as crianças. Meu garoto, principalmente, é muito agarrado comigo. Não tenho junto de mim um companheiro".

VIDAS PARALELAS

Os dois nunca se encontram e, assim, não há convergência nem sintonia: "Vivemos há mais de trinta anos sob o mesmo teto, mas sem ter nada um com o outro, mal nos cumprimentamos". Em geral, acham importante manter a fachada, seja pelos filhos, seja para não perder as vantagens sociais, financeiras ou profissionais do casamento. Desconhecem-se; as vidas não se tocam. Esse processo pode ter início até mesmo antes do casamento: casar para não casar implica a escolha de um cônjuge com o qual não há possibilidade de formar uma relação de intimidade amorosa. Não percebe que está escolhendo um companheiro incompatível: "Todo mundo via que não ia dar certo, alguns se atreveram a desencorajar abertamente, outros se calaram ou deram falsos incentivos". Mas a pessoa não ouviu, não viu. Há casais que se separam sem nunca terem se casado emocionalmente.

Inventamos motivos para manter um casamento falido, mentindo para nós mesmos. As possibilidades de autoengano são infinitas: sabemos com clareza que já não dá, mas tentamos renovar esperanças infrutíferas, sustentadas por muitos medos. Ficamos presos ao "se" de um passado que não houve e de um futuro que provavelmente não haverá: "Se eu fosse vinte anos mais nova, não estaria casada com ele, mas agora é tarde demais para recomeçar".

Às vezes nos cegamos, como na *manobra do avestruz*, que enfia a cabeça na areia para tentar fugir do perigo. No faz de conta de que está tudo bem, aparentamos algo que não somos ou que não sentimos. Fazemos planos para o futuro quando a situação já não tem conserto, e para o parceiro é chocante perceber tamanha cegueira: "Quando é que ele vai acordar? Eu canso de dar sinais de que não estou bem e ele não percebe meu desinteresse".

Para evitar perceber as dificuldades, a pessoa não leva a sério o que o outro diz: "Ela vive fazendo tempestade em copo d'água, me enche o saco com aquela mania de querer conversar". Quando um procura falar sobre os problemas, o outro foge do confronto. Para não se aborrecer, acha que está tudo bem, que o outro está exagerando. Assim, o diálogo fica paralisado e, então, vem o silêncio, o clima pesado, a raiva e o ressentimento engolidos ou extravasados pela indiferença, pela diminuição do carinho, pela recusa discreta ou ostensiva de fazer amor. No entanto, para alguns, a própria busca de maior atividade sexual faz parte da manobra do avestruz: "Uma boa transa na cama e a gente esquece todos os problemas". A boa transa sexual num relacionamento caótico disfarça os conflitos e tenta diluir as dificuldades do vínculo.

Fechando os olhos, perdemos o parceiro de vista. Somos pegos de surpresa com um pedido de separação. O parceiro fica, durante muito tempo, pendurado entre a esperança e a frustração diante das condutas contraditórias quando dizemos que queremos salvar o casamento, mas continuamos

As pessoas ficam casadas por tantos motivos...

fazendo tudo para destruí-lo. O agravamento da apatia ou a fuga do diálogo sobre as dificuldades acaba fortalecendo a construção de vidas paralelas.

Fugir dos problemas, contudo, não os faz desaparecer. Eles se expressam por vias indiretas, em condutas ou em nosso próprio corpo (em problemas sexuais, cardíacos, gástricos). Mas não é fácil tirar a cabeça da areia e começar a olhar em volta para ver o que realmente existe: "Quando parei de me enganar, tive de me enfrentar".

Há quem atribua à terapia a causa de conflitos conjugais ou de separação. Na verdade, trata-se de um caminho para o autoconhecimento, um meio de abrir os olhos. A pessoa deixa de agir como avestruz e passa a ser honesta consigo mesma. Na medida em que assume responsabilidade por sua própria vida, começa a se modificar-se, e isso tem repercussões, muitas vezes positivas, na relação conjugal.

O ESCUDO PROTETOR

Sem o escudo protetor do casamento ou do parceiro, muita gente tem medo de enfrentar o mundo. Isso pode ser um bom motivo para manter o casamento — trocar a liberdade pela segurança, mesmo quando esta vem acompanhada de frustração e aprisionamento.

Tais casamentos funcionam como um escudo contra a vida, especialmente quando garantem estabilidade financeira e muitas mordomias. Há mulheres que escolhem homens fracos e dependentes que, ao ficarem atrelados a elas, funcionam como freios; outras escolhem homens dominadores e controladores pelos mesmos motivos. Ficam assustadas com o próprio potencial de crescimento, expansão e autonomia. É o medo da própria força, da capacidade produtiva e da criatividade. É o medo de ficar sem freios e perder o controle. Quando perdemos o medo de correr riscos, a proteção do escudo perde o sentido. É a oportunidade de encarar o casamento com base em outros fatores ou a ameaça de rompê-lo por ter deixado de preencher sua função.

Não é fácil conciliar o *espaço compartilhado* da vida a dois com a necessidade de preservar um *espaço individual*. Tradicionalmente, as mulheres seguiam o marido, como expressa o antigo ditado popular, "onde vai a corda, vai a caçamba"; mas, atualmente, muitas se recusam a exercer esse papel e refazem os acordos de convívio, como acontece nos casos em que o trabalho as transfere para outra cidade e elas deixam marido e filhos, mantendo o casamento em novas bases. No entanto, ainda há quem renuncie a si mesmo e escolha não crescer para dar espaço ao outro. Por outro lado, essa aparência de total disponibilidade dá margem a cobranças e controles e, nesse clima, o parceiro se sente oprimido e obrigado a recompensar, de algum modo, tanta renúncia.

Há momentos em que surgem divergências importantes quanto aos projetos de vida de cada um. Cria-se o impasse: os dois seguem seus caminhos, separando-se ou refazendo o acordo inicial do casamento, ou um deles faz uma renúncia importante, colocando a relação como prioritária. O problema da renúncia é acabar exigindo que a relação seja gratificante o suficiente para compensar a frustração, caso a pessoa não consiga fazer outro projeto de vida. Quando não acontece a recompensa esperada, acumulam-se mágoas, ressentimentos, cobrança e raiva: "Estamos há doze anos fazendo pesquisas e tratamentos para infertilidade. Agora, estamos em crise porque ele desistiu de continuar se tratando e não quer mais ter filhos, já que nem ele nem eu pensamos em adoção. Mas eu não me conformo, a gente tem discutido muito, eu não quero desistir dos tratamentos até conseguir engravidar".

A questão do *espaço potencial* do vínculo é muito importante. Há acontecimentos que não "cabem" no atual espaço da relação e acabam provocando distensão e, às vezes, rompimento. São os casos, por exemplo, de casamentos entre adolescentes por conta de uma gravidez. O casal não possui um mínimo de maturidade para entrar num casamento, e muito menos para ter um filho poucos meses depois. O espaço da relação pode até ser suficientemente elástico para conter tudo isso, porém, em muitos casos, não é.

Há casais cujo espaço vincular não dá para uma criança. Porém, insistem em ter filhos por uma questão de "obrigação" social, familiar ou religiosa. Há casos em que o casal busca um tratamento para a infertilidade, mais para limpar a consciência do que propriamente pelo desejo de ter filhos. Se estes chegam, às vezes, rompem de forma desastrosa o equilíbrio da vida a dois construída há tantos anos ao redor da infertilidade.

Muitos casais vivem bem e apaixonadamente enquanto namoram, ficando cada um em sua casa com seus filhos. Quando decidem morar juntos, os problemas do convívio diário com os filhos do outro e as complicações que surgem entre os dois grupos de filhos podem ser tão grandes que o casal se perde no meio dessas dificuldades; então, a paixão acaba, o amor não resiste e a relação, que funcionava tão bem no espaço de namoro, passa a ser um pesadelo infernal no espaço do recasamento.

Quando o homem e a mulher pertencem a contextos culturais muito diferentes, o espaço vincular após a vinda dos filhos pode sofrer muito com a incompatibilidade das orientações com relação à criação dos filhos: "Imagine só, eu, baiana, com aquele jeito de deixar as crianças bem à vontade, como eu e meus nove irmãos fomos criados, e ele suíço, bem rígido e disciplinador. Quando nasceu a criança, começaram as complicações: eu queria dar de mamar quando o nenê tivesse vontade, ele achava que tinha de ser de três em três horas, marcadas no relógio. E por aí foi: as discussões eram tantas que a criança ficou cheia de problemas e o casamento acabou".

O espaço próprio de cada relação determina as possibilidades e as impossibilidades das duas pessoas, que podem piorar e se tornar medíocres, compondo um determinado casal, ou podem se ampliar e ser mais criativas, fazendo parte de outro casal. Na defasagem de desenvolvimento, nem sempre é possível crescer junto, às vezes um fica para trás. Chega-se a um ponto em que a evolução pessoal fica travada pela coexistência com o cônjuge.

E aí se inserem as buscas por outras gratificações como, por exemplo, as relações extraconjugais, para dar vazão temporária a um acúmulo de energias não vividas no espaço vincular, tentando recuperar precariamente um equilíbrio, numa tentativa de evitar uma explosão pelo excesso de tensão. Outra solução é dar prioridade à expansão individual, sair da casca do ovo, o que muitas vezes resulta em separar-se e partir para um novo tipo de vida, "construir outra casa em outro terreno", com a possibilidade de estabelecer novo vínculo com espaço mais amplo, no qual a expansão individual possa acontecer.

Há também a questão dos *espaços oficiais e oficiosos*. Em geral, o espaço de uma relação amorosa extraconjugal é limitadíssimo pelo oculto, mas, em essência, pode ser uma relação com um espaço imenso, que oferece grandes possibilidades de encontro e de desenvolvimento mútuo. Já no casamento, oficialmente, o espaço é grande, mas, oficiosamente, pode ser um espaço apertado, opressor, limitante. Vale considerar, nesse contexto, a noção da *fidelidade* e da *monogamia*. É grande a diferença entre a monogamia espontânea, consequência natural de um envolvimento profundo e significativo, e a monogamia autoimposta, derivada do dever e da repressão e não do desejo.

A pessoa faz o relacionamento e o relacionamento faz a pessoa, porém, o todo é mais do que a soma das partes: as duas pessoas que compõem o vínculo têm determinadas características, e a relação em si tem feições próprias que transcendem o somatório dos parâmetros individuais, repercutindo no espaço pessoal de cada um. Como diz Ortega, "eu sou eu e minhas circunstâncias". Não somos exatamente a mesma pessoa nos nossos diversos relacionamentos.

Há casais que, ao oficializarem a união, passam a ser personagens, deteriorando o relacionamento com o desempenho de papéis estereotipados "porque é assim que deve ser". Nessa interpretação, perdem a espontaneidade e os pequenos toques de carinho: "Quando éramos namorados, de vez em quando ele me mandava flores e, depois, nunca mais. Eu sinto falta e reclamo, mas ele diz que agora já passou da época de fazer essas frescuras". É surpreendente a interferência do modelo do papel instituído que, por ser internalizado, passa a provocar modificações de condutas e expectativas: "Quando amantes, as roupas iam ficando pelo chão; casados, penduramos as roupas nos cabides antes de deitar e fazer amor. É um tremendo corta-tesão".

A diferença entre *viver juntos* e *casar oficialmente* ou entre *viver juntos em casas separadas* e *passar a morar na mesma casa* envolve um jogo de papéis determinados pelos códigos sociais: "Quando vivíamos juntos, eu era fiel a ele naturalmente. Sentia tesão por outros homens, mas não queria transar com nenhum. Quando casei, comecei a me sentir culpada por sentir tesão por outros homens, como se isso fosse pecado. A fidelidade, antes espontânea, passou a ser obrigação. Passa pela minha cabeça a vontade de me separar para recuperar a liberdade; ao mesmo tempo, sei que o amo e que não quero perdê-lo". O desejo é de separar-se não do cônjuge, mas desses conceitos que atrapalham: "Descobri que não quero me separar dele, vivemos juntos tão bem esses anos todos. O que eu quero é me separar dessa ideia de casamento".

"Namorei três anos, me casei há seis meses e não estou bem. Nós éramos pessoas cheias de vida, mas largamos quase tudo. Passamos a ter um tempo de convivência muito maior, ele fica totalmente disponível para mim. Acho que o problema está aí: não tenho mais que batalhar para conquistá-lo e isso é vital para mim. Perdi o encantamento".

A relação se desvitaliza quando achamos que conquistamos o parceiro para sempre com a assinatura de um papel ou quando, legalmente, a convivência já está caracterizada como união estável. O casal deixa de cuidar do relacionamento, começam os maus-tratos, as desatenções, a falta de sensibilidade, das pequenas surpresas e dos carinhos inesperados, além da indiferença que vai minando e corroendo a relação amorosa. O campo está aberto para uma relação extraconjugal — que traz o risco e a nova conquista na tentativa de dar novas cores à vida. A falta de cor reflete-se, quase sempre, na vida sexual, que fica estereotipada, empobrecida e sem graça. A relação esfria, silencia com a falta de vibração. As áreas de silêncio, marcadas por coisas que não podem ser ditas, vão aumentando, limitando a conversa, murchando o contato. Para muitos, esse é o destino inexorável dos casais após alguns anos de convívio.

O eterno se constrói *todos os dias*, num vínculo dinâmico, em movimento, com as pequenas atenções, com os agrados e os desagrados falados em vez de engolidos. É a diferença entre o gerúndio e o particípio passado: "estamos nos casando" e "somos casados". Se o casal encara sua relação como um constante fazer, que deve ser cuidado todos os dias, tem mais possibilidades de construir um casamento bom, gratificante, renovado, revitalizado. É saber se cuidar, cuidar do outro, cuidar do amor.

Capítulo 3

JÁ DECIDI: VOU MESMO ME SEPARAR

ecisões importantes envolvem sentimentos contraditórios, dúvidas, confusão. No jogo do ganha-perde, nem sempre é fácil admitir as perdas, principalmente quando os ganhos ainda são uma promessa, uma expectativa: "Eu não quero mais viver com ela, mas sinto ciúme quando a imagino com outros homens. Eu não quero abrir mão de coisa alguma: quero tê-la só para mim, me esperando, e curtir com as mulheres que eu quiser".

A mistura de desejo, medo e culpa pela separação resulta em condutas ambíguas, que deixam o cônjuge confuso: "Não entendo mais nada. Ele diz que vai sair de casa, que não me quer mais, mas continua me chamando de meu amor e me abraça forte quando me vê. Ele diz que é o hábito, mas não pode ser só isso...".

DÚVIDA E HESITAÇÃO

Depois da decisão, encaramos o risco da escolha e pensamos: "Será que é mesmo o melhor caminho?". A separação se concretiza, na maioria dos casos, após várias tomadas de decisão: "Há quatro dias decidimos nos separar, mas eu estou muito confuso. Não sei se quero voltar, se não quero, muda tudo a cada meia hora, não tenho certeza de coisa alguma. Não sei se quero voltar por pena, porque ela vai ter de morar com a mãe, com quem ela não se dá bem. Também não sei se ela quer voltar porque gosta de mim ou porque é o menos ruim".

Há casos em que a decisão de separar-se acontece antes de um exame mais detalhado das dificuldades e da busca de alternativas para o convívio: "Quando me perguntam se gosto dele, a resposta é sim, eu o adoro, mas não consigo mais suportar a convivência. A gente fica junto o dia inteiro, trabalhamos no mesmo lugar e eu estou sufocada, quero me separar".

É comum também a oscilação entre manter a decisão de separação e tentar desfazê-la ou negá-la, sem abrir mão da posse e do controle, o que inferniza a vida do outro: "Preferi alugar outro apartamento para poder ter meu canto, porque ele costumava entrar pela casa adentro, sem a menor cerimônia. Ele tinha a chave e se recusava a devolvê-la, se achava no direito de aparecer na hora em que bem entendesse. No domingo passado, fiquei chocada: chegou com o menino, colocou-o para dormir e depois tentou me agarrar à força".

Em alguns casos, a decisão de separar-se acontece por um real *consenso*: "Depois de vinte anos de casamento, nós nos sentíamos sem individualidade. Resolvemos nos separar e dar um tempo para ver o que acontece. Talvez a gente até se case de novo, mas é preciso respirar". *Dar um tempo* pode ser um ensaio, querer ver como vai ser ou fazer um contrato provisório antes de firmar o definitivo. A relação fica numa encruzilhada: mantê-la em "banho-maria", reestruturá-la ou rompê-la. É menos pesado quando a separação resulta de uma decisão compartilhada, em que ambos saem achando que vai ser melhor assim.

A decisão pode fazer parte de um jogo de ameaça e dominação. É uma decisão de faz de conta, pois, muitas vezes, a pessoa não quer se separar, apenas controlar o outro, que entra no jogo e se submete: "Ela não acreditava que eu pudesse me separar e conseguir viver sem ela. As amigas dela diziam isso também. Com essa confiança absurda, ela tripudiava — mandava, eu cedia; dominava; eu me submetia; ela dava as cartas. Até que eu fui ficando realmente cheio de viver nessa corda bamba e, por fim, consegui me separar. E aí, para minha surpresa, a tirana se reduziu a pó: implorava de joelhos, aos prantos, para que eu voltasse, porque, no fundo, ela não queria se separar, mas aí já era tarde demais".

Às vezes, *ruminamos secretamente* a decisão de separação, sem que o outro perceba com clareza, ou por recusar-se a enxergar as dificuldades ou por não haver no casal sintonia suficiente para que um perceba o que está acontecendo com o outro. Nessas circunstâncias, o cônjuge é "o último a saber", é pego de surpresa: "O que dói é que os amigos agora dizem que ele já estava maquinando a ideia de se separar. Mas é difícil saber o que está se passando dentro dele. Foi um choque para mim, não acompanhei essa história crescendo dentro dele, fui comunicada de uma decisão da qual não pude participar".

A CONSCIÊNCIA DA INEVITABILIDADE DA SEPARAÇÃO

A consciência da inevitabilidade da separação pode surgir em um momento de "iluminação": "De repente, terminou o nevoeiro e eu comecei a ver tudo tão claro, fiquei espantada e me vi perguntando: o que é que eu estou fazendo aqui?". Os obstáculos, antes percebidos como intransponíveis, são removidos, e a separação deixa de ser sinônimo de catástrofe; é a paz, junto com a inquietação de preparar-se para enfrentar grandes mudanças, dores e dificuldades. A cabeça começa a funcionar a mil por hora: "Eu não me sentia recebendo coisa alguma que me deixasse satisfeita, em termos financeiros, afetivos, sexuais. Subitamente, me vi com as desvantagens da mulher casada e com as desvantagens da mulher sozinha, sem benefícios".

A "iluminação" acontece quando questionamos aquilo que considerávamos verdadeiro: "Minha família sempre afirmou que sou egoísta e eu nunca havia percebido quanto ele também se aproveitava disso para me cobrar coisas. Um dia, tive a coragem de me perguntar se eu era mesmo egoísta e o que ele estava me dando. Foi duro perceber que eu estava recebendo muito menos do que precisava. Ficou bem claro que a carapuça de egoísta não me cabia; pouco a pouco, a culpa foi diminuindo e eu consegui me separar".

E, então, percebemos que mantínhamos um relacionamento com o parceiro do desejo, mais do que com o parceiro real: "No fim das contas, construí um vínculo de sonhos com pedacinhos do real e que logo, logo virou pesadelo". A montagem de uma imagem idílica custa o esforço da cegueira e da distorção dos sentidos que nos faz ignorar sinais e características, enfatizar excessivamente pequenos detalhes ou momentos perdidos no passado.

Chega-se a um ponto em que sentimos que não há retorno: "É como trabalho de parto, chega uma hora que não dá mais para segurar, tem mesmo de sair".

Velhos fantasmas de culpa são reativados por ocasião da decisão de separar-se: "Toda a família me acusou de só pensar em mim e não me importar com ele nem com as crianças.

Diziam que ele sempre tinha sido um marido tão bom, um pai tão dedicado, e ninguém conseguia entender quanto eu me sentia infeliz". É difícil enxergar a agressividade oculta das pessoas "boazinhas": "Ele sempre foi tão bom, cordato, solícito, disponível, repartindo encargos e tarefas, cuidando dos filhos. Como alguém poderia entender que eu me sentia mal com a dependência e a hostilidade disfarçadas em bondade e solicitude?".

A culpa é paralisante. *O sentimento de responsabilidade* ("De que jeito eu contribuí para criar essa situação?") é que leva à reflexão e à ação que possibilita a mudança. Examinar com cuidado nossa responsabilidade no término de um casamento ajuda a evitar repetições na união seguinte.

Quando tomamos *por impulso* a decisão de separação, evitamos enfrentar as dificuldades. Outros vínculos são buscados com sofreguidão na esperança de que, ao fugir de uma situação ruim, automaticamente virá algo melhor. Assim, casamentos são desfeitos de forma impensada, quando surgem as primeiras dificuldades, sem que os parceiros se disponham a pensar, a agir e, juntos, a buscar uma reestruturação. Conviver com outra pessoa não é fácil: individualidades, hábitos e metas muitas vezes se chocam. Momentos de conflito são inevitáveis e, muitas vezes, superáveis com um empenho conjunto. Mais cedo ou mais tarde, sentimos remorsos ou arrependimento pela separação precipitada. É dura a sensação de que nem tudo foi tentado, de que talvez houvesse uma possibilidade de reconstrução, junto com a percepção de que a hora já passou.

As separações impulsivas vinculadas à expectativa de "ficar numa boa" carecem de elaboração e, portanto, tendem a entrar em um ciclo de repetições. Ou o casal fica no vaivém de separar-se e juntar-se, ou então os parceiros subsequentes são escolhidos de acordo com os mesmos parâmetros. Os relacionamentos começam e terminam sempre do mesmo jeito, guiados por conflitos inconscientes e pelas matrizes arcaicas dos relacionamentos familiares que a pessoa não consegue modificar, limitando-se a repeti-las. Como disse uma mulher, já no quinto casamento: "No fundo, tudo se resume a uma troca de nomes".

Assim como acontece no ciclo vital individual, os ciclos vitais dos casais e das famílias apresentam períodos de dificuldades e de crises. Em alguns deles, empacamos, repetindo as mesmas queixas, acusações e reclamações. Frequentar grupos de casais, fazer uma psicoterapia de casal ou de família pode ajudar muito a ampliar o entendimento das dificuldades e os recursos de ação para "sair do atoleiro".

DECISÕES REPENTINAS

Há decisões repentinas que parecem impulsivas, contudo, são simplesmente a gota d'água que transborda o copo: "Cansei de ficar em último lugar. Depois de muitos anos de vida doméstica, ela resolveu trabalhar e estudar. Passou a sair cedo e chegar tarde, sempre exausta, sem tempo para mim". A pessoa, durante anos, acumula renúncias, amarguras, decepções, concessões; engolindo em seco, se sacrifica e se atola em mágoas até explodir e "chutar tudo para o alto". Chega a um ponto de tamanho desespero que nada pode ser pior do que a situação em que está. O que aparentemente é uma decisão impulsiva e impensada ("mas tudo parecia tão bem entre eles!") pode ser apenas o resultado de um longo processo que estava incubado.

"De repente, ele me trocou por outra": o casamento não estava péssimo, mas também não estava bom. Além disso, não incomodava muito, não havia brigas nem sofrimento agudo, apenas o tédio crônico. É um terreno propício para o surgimento de uma relação com as cores da paixão. Para quem olha de fora, a outra pessoa destruiu um casamento. Como um armário infestado de cupins que aparentemente está intacto, mas desprende uma poeira discreta, denunciando a corrosão interior, até que apodrece e se desmantela. Muitas vezes, o "outro" é o que faz contraste, o que sacode a inércia, o que aponta perspectivas de saída da acomodação.

A existência de uma relação amorosa com outra pessoa sinaliza coisas importantes na vida, especialmente necessidades pessoais ou conjugais não satisfeitas, algumas das quais conscientes. As *racionalizações* são comuns: "O homem é poligâmico por natureza, monogamia é só para a mulher". Mas os motivos da busca de relações extraconjugais são muitos. Por exemplo, para um homem de meia-idade, deixar a mulher por outra bem mais jovem pode representar um alimento da autoestima, um modo de revitalizar-se; essa mesma necessidade de afirmar-se como homem pode expressar-se pela compulsão de buscar outras mulheres, em grande quantidade.

A traição ativa *sentimentos de culpa* com os quais lidamos de diversos modos: negando ("Não estou nem aí"), deprimindo-se, compensando. Quando o adultério era considerado crime, isso pesava nas vivências pessoais. O adultério feminino, em especial, sempre foi passível de penalidades maiores, pela necessidade de criar garantias contra o perigo de introduzir filhos de outros homens na família legalmente constituída. Com a separação, a comprovação do adultério costumava ser um argumento de peso na perda da guarda dos filhos. Em 2005, o adultério deixou de ser considerado crime, cuja pena era detenção de quinze dias a seis meses para o traidor e para o/a amante. No entanto, atualmente, há sentenças que consideram procedentes as ações movidas pelas pessoas traídas demandando indenização financeira por danos morais, uma vez que a fidelidade recíproca faz parte do contrato de casamento e a quebra dessa cláusula provoca, na pessoa traída, sentimentos de humilhação e constrangimento.

Há mulheres e homens que ficam transtornados com o impacto de uma relação extraconjugal importante e com medo de assumir a decisão de terminar o casamento: "Durante os seis meses que transcorreram entre conhecer minha atual mulher e a separação, fiquei com os cabelos completamente brancos. Foi terrível ver minha ex-mulher afundada na depressão, precisando até de tratamento psiquiátrico". Há quem deseje intensamente que o cônjuge também tenha um "caso" para se absolver do próprio sentimento de culpa.

Ligações paralelas

As ligações paralelas deixam rastros e, com frequência, são captadas por um cônjuge sensível. Quem trai costuma ficar mais distanciado ou fechado por culpa ou diversificação do afeto. O cônjuge pode suspeitar de que algo diferente existe no ar, às vezes com a sensação de não entender exatamente o que se passa. Quando o "caso" é revelado, é como se a peça central do quebra-cabeça fosse colocada e tudo fica mais claro. Muitas coisas, antes obscuras, passam a fazer sentido; tudo passa a se encaixar.

As reações do cônjuge variam muito: alguns preferem não tomar conhecimento; outros se magoam, mas tentam conviver com a vida dupla do parceiro; outros partem para um esquema de "empate" e buscam também uma relação extraconjugal por uma questão de vingança ou de igualdade de direitos. Para algumas pessoas, no entanto, a infidelidade é motivo de separação, e traz consigo revolta e indignação: "Ele era tão bom, um santo, jamais desconfiaria de que pudesse me trair com a vizinha que vivia lá em casa. Quando descobri, parecia que o mundo vinha abaixo. Senti um ódio tão grande, cheguei a pegar uma faca para enfiar nele, depois não tive coragem. Peguei os dois, dei um tapa na cara dela com toda a força, mas não deu para descarregar a raiva toda, não. A vontade que eu tinha era de matar os dois. Fiquei quase um ano assim, vivendo em desespero, chorando com um ódio mortal. Hoje, três anos depois, refiz a minha vida e acho até bom não estar mais com ele!".

O tão falado "amor à primeira vista" é, muitas vezes, ilusório e efêmero, fruto de um tecido de desejos em que o outro real não é percebido, mas funciona como instrumento de nossas fantasias. No entanto, há casos em que uma ligação forte e repentina — que acontece até mesmo no decorrer de um casamento já em decomposição — passa a fazer muito sentido na vida de uma pessoa, a ponto de fazê-la tomar uma decisão impulsiva de separar-se e arcar com uma carga enorme de desaprovação de familiares e amigos. Diz um homem que deixou a mulher e o filho pequeno para viver com uma mulher mais velha: "Assim que nos conhecemos, tivemos uma sintonia total, a necessidade de nos ver, nos falar, nos amar várias vezes por dia. Um contraste tão grande com um casamento monótono, desgastado, sem vida. E aí veio a escolha que tanta gente achou absurda: em duas semanas deixei tudo e fui viver com ela. Estamos juntos e felizes há seis anos. Não foi fácil enfrentar o escândalo, a desaprovação de todo mundo, mas foi a decisão mais acertada, embora repentina. Foi muito, mas muito melhor enfrentar isso do que viver arrependido de ter deixado passar a oportunidade de viver melhor por falta de coragem".

A relação extraconjugal é um vínculo de contraste, ilusório ou real. O terreno da ilusão é fértil, por se tratar de uma relação recortada, romântica, de poucas horas, para trocar só o que é bom, como uma ilha da fantasia. Mas pode também significar o encontro de uma pessoa com quem se possa, efetivamente, construir uma relação boa.

Quando, no decorrer de um casamento, acontece uma relação extraconjugal, os caminhos são muitos. Essa relação pode permanecer enquistada por muito tempo, existindo, mas impedida de se expandir. Pode ser efêmera, dentro de uma sucessão de "transas" sem compromisso. Pode crescer em importância, e ainda assim continuar mantida durante anos como uma relação realmente paralela. Pode também crescer tanto em importância, a ponto de despertar o desejo de terminar o casamento. Nesse caso, dois processos são elaborados ao mesmo tempo: o término do casamento, com tudo o que envolve de dor, culpa, pesar e sentimentos de destruição, e a construção de uma relação de amor, com tudo o que envolve em termos de felicidade, necessidade de estar junto, dificuldades de aparar arestas.

É comum que a outra pessoa tenha a função de *trampolim* para a decisão, ao balançar as bases da acomodação e mostrar outra perspectiva. Essa relação pode solidificar-se e fazer sentido, mas, muitas vezes, termina logo após ter cumprido sua missão: "Eu sei que essa relação não vai durar muito tempo; ela é uma pessoa ótima, a gente se diverte demais, mas tem muita coisa entre a gente que não combina para ser uma união duradoura".

Muitos criam a expectativa de ter uma garantia de que, após a separação, a relação extraconjugal continue satisfatória. No entanto, o equilíbrio mantido quando um ou ambos estavam casados se rompe. A separação de pelo menos um dos membros do par extraconjugal pode quebrar a estabilidade ou até mesmo romper o vínculo, cujas fronteiras não são suficientemente elásticas para conter as transformações. Cada relação tem um limite que, quando extrapolado, ameaça a continuidade do vínculo. Assim, a relação entre amantes pode ser maravilhosa enquanto existe oficiosamente, mas pode não aguentar ocupar um espaço oficial.

Uma paixão intensa imediatamente antes ou após a separação costuma ser passageira, porque o outro exerce, nesse momento, a função de *tábua de salvação*: sustenta a autoestima, "dá força", transmite a esperança de construir em meio às ruínas, estimula a euforia em meio às dores da perda e do luto pelo casamento terminado.

Às vezes, as ligações paralelas são homoafetivas. Há homens e mulheres que passam muitos anos em conflito, lutando contra a atração por pessoas do mesmo sexo, sem coragem para enfrentar a pressão e a reprovação da família, de amigos ou de companheiros de trabalho. Muitas pessoas se casam e têm filhos na esperança de consolidar uma união heterossexual até que, a certa altura, se envolvem de forma mais profunda com uma pessoa do mesmo sexo.

Mesmo após a separação, muitos preferem manter a ligação homoafetiva na clandestinidade, em especial quando tiveram filhos no casamento: "Desde que me separei, não quis mais saber de homem e acabei me envolvendo com uma colega de faculdade. Mas não tenho coragem de contar isso para ninguém e morro de medo de que meus filhos descubram. Agora, estamos até com vontade de morar juntas, mas ainda não sei o que vou fazer". Outros assumem a relação, inclusive para os próprios filhos, refletindo com eles sobre a questão do preconceito de uma sociedade ainda homofóbica que não aceita as relações afetivas fora dos padrões convencionais, preparando-os para lidar com as manifestações preconceituosas de colegas e de vizinhos.

DECISÕES QUE NUNCA SE CONCRETIZAM

Há decisões que nunca se concretizam, mesmo quando a pessoa está profundamente insatisfeita: "Eu quero me separar, mas não consigo...". Surge o medo de enfrentar as perdas, a tristeza, a dificuldade de renunciar a coisas importantes: "Nosso apartamento é lindo; é claro que vou levar algumas coisas, mas não vai mais ser um apartamento inteiro, nem para mim nem para ele". Surge também o medo de enfrentar as próprias fragmentações, as vivências de abandono, rejeição e desproteção vindas do passado e reativadas pelo término do casamento. Às vezes, fica mais fácil tomar a decisão quando há um motivo forte e concreto para ser colocado como "causa" da separação: "Descobri que ele tem outra"; "Eu me apaixonei por outro homem".

"Passei mais de dez anos querendo me separar, mas ele me dizia que, se eu o deixasse, ele morreria. Eu tinha medo de que ele se suicidasse ou provocasse um acidente qualquer para se destruir. Até o dia em que não deu mais para aguentar. Para minha surpresa, depois de um período muito difícil, ele ficou bem melhor do que antes". Concretizamos a separação quando percebemos que a catástrofe é o agora, com tudo o que acarreta de limitações, infelicidade e mutilação da vida. Porém, quando no contexto social e familiar a separação é considerada inaceitável, as fantasias de catástrofe estão alicerçadas na realidade, porque a pessoa será discriminada e isso poderá tornar a sua vida infernal.

A decisão pode estar tomada, mas o outro, ao não concordar, coloca todos os obstáculos possíveis — o contrato do aluguel só termina daí a um ano, e ele se recusa a sair de casa; ele pode escapar da pensão e ela não ganha o suficiente para sobreviver por conta própria, e assim por diante: "Enquanto não posso sair, o jeito é juntar dinheiro aos poucos e evitar a convivência. Tenho passado os fins de semana sozinha com as crianças na casa de meus pais, e, em casa, nos falamos o mínimo possível; passei a dormir na sala".

Quando a decisão já está tomada, mas ainda não foi concretizada, pode ocorrer uma *separação de corpos* dentro de casa: "Só falamos pelo telefone, em casa não trocamos uma palavra"; "Comecei a ter vergonha de trocar de roupa na frente dele, que passou a ser um desconhecido indesejável". A transformação da sexualidade pode atingir extremos inacreditáveis: "Nos últimos meses do casamento, nossa relação tinha chegado a um tal ponto de agressão e desrespeito que comecei a sentir horror de olhar para ele. É chocante o contraste: foi meu primeiro homem, despertou meu sexo aos pouquinhos. No início, eu não conseguia gozar direito, depois fui me soltando até ficar ótimo. E, no final, veio toda essa aversão".

O adiamento de uma decisão inevitável passa a gerar um profundo *mal-estar*: "Sinto uma opressão permanente aqui no peito, uma angústia imensa. Estou em casa com a sensação de que já não pertenço àquele lugar, mas ainda não sei onde me sentiria bem. Só sei que em casa não é".

Também o clima familiar sofre as consequências da tensão do adiamento quando o casal nem se separa nem consegue reconstruir uma convivência satisfatória, até que algo aconteça para "dar um empurrãozinho" para a decisão de separar-se: "Houve um episódio que me impressionou muito e me levou a concretizar a separação decidida há tanto tempo. Meu filho de 12 anos disse que queria morar com a avó porque se sentia mal com o clima da nossa casa. Só então percebi que ficar protelando a decisão estava fazendo mal a todo mundo".

A demora em concretizar a decisão de separação relaciona-se, em alguns casos, à pena e à culpa por estar *abandonando* o parceiro. Isso acontece com casais que funcionam em nível de mãe-filho ou de pai-filha, em que um aparece como forte e adulto e o outro como frágil e infantilizado: "Eu olho para aquele homenzarrão e morro de pena de sair de casa. Fico pensando que ele não vai conseguir se virar sozinho, não vai conseguir nem providenciar comida para ele". A culpa é a de estar abandonando uma criança à sua própria sorte, sozinha em casa. Com isso, disfarçamos nossa própria dependência, o medo de não conseguir sobreviver por conta própria.

A culpa e a falta de coragem tornam difícil a *comunicação da decisão* de separar-se. Acabamos "fazendo sujeira" com o parceiro, adotando atitudes cruéis, estranhas, chocantes: "Depois vim a saber que ele tinha se apaixonado por outra mulher, montou casa com ela às escondidas e, um dia, quando estava tudo pronto, me telefonou avisando que não voltaria mais para casa e que depois passaria para me dar mais explicações". São reações comuns: o fechamento, a comunicação lacônica, a fuga, o sumiço, a estranheza, a frieza.

A reação brusca e inesperada é chocante para o outro. Para a própria pessoa pode ser a única maneira de enfrentar a situação: "Um belo dia, cheguei pra ela e disse 'estou indo', saí, tomei um porre incrível e nunca mais voltei pra casa".

É pesada a culpa e o remorso de *fazer o outro sofrer*. Ao desaparecer, evitamos ver o "estrago" que provocamos. Quando o outro se torna vítima, a sensação é de o estar matando e essa culpa costuma ser mascarada com irritação, pena ou desprezo. Daí a tendência a nos afastarmos para não ver a destruição, a raiva dos filhos, os lamentos de quem abandonamos. Sumir fisicamente, falar de forma lacônica pelo telefone, aparentar que está tudo bem, mostrar-se insensível ao sofrimento dos outros é uma maneira de acolchoar-se: "Como é possível, depois de tantos anos de casamento, que tanta coisa em comum desapareça assim, de repente?".

É crescente o número de mulheres que toma a iniciativa da separação, sobretudo quando elas têm meios de se sustentar financeiramente. Mais vale viver sozinha do que permanecer numa relação que já não faz sentido. Para muitos homens, ficar casado é conveniente. Evitando tomar conhecimento das dificuldades, fica incômodo ouvir a mulher falar disso. A desatenção torna-se crônica e a necessidade de ser ouvida aumenta. Um dia, a mulher explode com uma decisão irreversível. O homem se espanta, fica chocado, não entende como isso pode acontecer, já que as coisas, afinal, não estavam tão mal.

Surge, então, a *lucidez tardia*. Desespero, barganhas e promessas se alternam, mas os bons propósitos já não surtem mais efeito: "Cansei de acreditar em promessas; sei que se eu voltar atrás tudo vai ser como antes. Ele só pensa em mudar quando a gente está no sufoco; quando eu concordo em ficar, ele se acomoda e minha insatisfação permanece".

A guerra mantém o vínculo pelas brigas, pelo ódio, pela provocação. Não se chega a uma conclusão sobre a divisão dos bens, a pensão, o esquema de visita aos filhos: "Há dois anos nos separamos e até hoje não conseguimos chegar a um acordo. Eu me sinto amarrado, não posso comprar nem vender nada, tenho de continuar morando num apartamento alugado, tendo condições de comprar um para morar".

A SEPARAÇÃO OFICIAL

Assinar oficialmente a separação provoca um abalo, pois é um passo a mais para assumir a situação, diminuindo o faz de conta de estar separado. "Casar de papel passado" e "separar de papel passado" representam outro nível de compromisso, o de estar e o de não estar juntos. A demora da oficialização pode funcionar como um período de teste, "para ver se é isso mesmo" que se quer e para se aclimatar à nova situação, digerindo o temor de que a decisão tenha sido precipitada. A legalização envolve aspectos importantes de mudança de identidade, refletida na mudança de estado civil. Para algumas pessoas, isso envolve, inclusive, mudança de sobrenome.

Uma reação comum é fazer uma *retrospectiva* do vínculo: pensar em como foi, nos bons momentos, no começo do fim, como seria se outras coisas tivessem acontecido, e assim por diante. Para muitos, a "cerimônia da separação" é cruel:

"O homem com quem eu vivi tantos anos estava ali como um estranho indesejável, assinamos um papel e pronto, estava liquidado o assunto. Que contraste com o 'sim' do casamento, tão cercado de pompas e festejos. E depois, em vez de sair de braços dados, vai um para cada lado".

A decisão pode se concretizar após um longo período em que o relacionamento se deteriora progressivamente: "Ele perdeu o emprego e ficou quase um ano em casa. A gente vivia do dinheiro do fundo de garantia e do meu salário. A convivência foi ficando insuportável. Resolvi fazer um concurso e comecei a fazer um curso atrás do outro. Era uma maneira de ficar fora de casa. Ele me acusava de estar abandonando a casa e a criança. Eu me sentia muito culpada e foi muito difícil tomar a decisão. Ele nunca me levou a sério, até o dia em que procurei um advogado. Aí ele desmontou e ficou com muita raiva de mim. Foi difícil porque eu me senti a única responsável pela separação e tive medo de arruinar a vida do meu filho com essa decisão".

Ir contra os papéis sociais pré-moldados tem um peso na composição e na decomposição de um vínculo amoroso. Por exemplo, há mais tolerância para a infidelidade masculina do que para a feminina: em alguns contextos, repudiar e separar-se da mulher adúltera ainda é uma questão de honra. Quando levada ao extremo, resulta em crime passional: "Eu a matei porque ela queria a liberdade". Passa a ser preferível aniquilar a pessoa desejada a vê-la disponível para outro. E há até mesmo os casos de assassinato seguido de suicídio: a pessoa aniquila e se aniquila para não continuar enfrentando a dor da separação e da perda: "Sem ela não posso viver e ela não tem o direito de continuar vivendo depois de me abandonar".

A decisão de separar-se pode ser a etapa final de um longo processo de *desagregação* do casal: a separação vai sendo construída passo a passo, de modo progressivo e inexorável.

Mágoas engolidas e acumuladas, que não se dissolvem e se transformam em rancor, discussões não resolvidas, brigas intermináveis — tudo isso vai, pouco a pouco, minando o vínculo, trazendo uma transformação dos sentimentos, bem como intolerância e distância.

Os dois vão se perdendo e se desconhecendo: "Como é que uma coisa antes tão boa fica tão ruim?". No processo do término do casamento, o contraste entre a situação ruim que se experimenta e o bom que existiu é doloroso. Há pessoas que revivem intensamente as boas recordações por meio de sonhos, expressão do desejo de que tudo aquilo voltasse a acontecer: "Nessas últimas semanas, só consigo sonhar com as fases boas do nosso casamento: as viagens, a época em que as crianças nasceram, a construção da casa. Outro dia, ele comentou que me viu sorrir dormindo. Aí eu acordo, mas quero continuar sonhando porque me vem uma tristeza horrível, a certeza de que esses momentos já deixaram de acontecer há muito tempo e a gente está decidindo se separar".

O diálogo se perde numa trama de acusações, queixas e distorções. Esse processo é poeticamente descrito em trechos da letra de *Grito de alerta*, de Gonzaga Jr.:

São tantas coisinhas miúdas, roendo, comendo, arrasando aos poucos o nosso ideal

São frases perdidas, num mundo de gritos e gestos, num jogo de culpas que faz tanto mal

Não quero a razão pois eu sei o quanto estou errado, o quanto já fiz destruir

Só sinto no ar o momento em que o copo está cheio e já não dá mais pra engolir

Quando perguntam qual foi o motivo, fica difícil dar uma resposta clara e concreta: são as coisinhas miúdas que se acumulam, corroendo o amor.

Há quem tome a decisão de separar-se quando sente que realmente "esticou o elástico até o fim", após um longo tempo de tentativas de consertar a relação: "Foi uma agonia terrível passar quatro anos vendo aquele homem se destruir, se recusando a enfrentar os problemas, bebendo a noite toda e usando drogas. Eu aguentei muito tempo porque gostava dele e ele dizia que me amava. Mas essas declarações de amor só aconteciam quando ele estava de porre. Do contrário, me tratava com indiferença. Quando eu queria conversar sobre os nossos problemas, ele se recusava, dizendo que eu tinha de aceitá-lo assim, que ele não ia mudar. E aí resolvi sair de casa".

O alcoolismo deteriora a pessoa, acarretando condutas de maus-tratos e violência que tornam a convivência insuportável para o cônjuge: "O motivo principal da separação foi a bebida. A bebida é a pior coisa que pode acontecer com um homem. No início, a gente nem percebe: o marido chega em casa mais alegre e brincalhão. Ele me botava no colo ou nos ombros e a gente caía no chão dando risadas. Essa é a primeira fase. Depois, veio a segunda, já mais séria, que é a fase do choro. Ele chegava em casa abatido e começava a chorar e a se queixar da vida e de mim. Eu ficava desesperada vendo aquele homem chorando e me perguntava: meu Deus, o que foi que eu fiz? Onde falhei? Era horrível, eu ficava me recriminando. Depois, veio a terceira fase, a mais trágica. É a fase da agressão: ele chegava em casa e me dizia o diabo e partia pra me bater. Depois, queria ter relações e me obrigava a aceitá-lo. É a pior coisa que pode acontecer a uma mulher. Um homem bêbado não é um homem, é um animal, uma besta, a relação sexual assim é uma agressão. E, com a bebida, ele acabou ficando impotente. Nós ficávamos horas tentando até ele ficar exausto. Eu terminava arrebentada. É terrível conviver com um homem que bebe, porque a gente nunca sabe como ele vai chegar. Às vezes, ele estava bem, era o homem que eu tinha conhecido e gostado, mas, às vezes, era um bicho. Nessas horas, eu tentava ver o homem que eu gostava, porém esse conflito horroroso acabou comigo. No final, ele começou a ter alucinações, via pessoas dentro de casa, achava que eu o traía. Já não era um homem, era um trapo de gente".

Em alguns casos, a convivência torna-se insuportável devido a surtos *psicóticos* no cônjuge — a loucura que envolve delírios de ciúme, perseguição, ameaça de morte, tocaia, criando um clima de horror e de temor pela própria segurança. A separação, nesses casos, também é vivida em clima de terror.

A culpa pelo abandono se intensifica ainda mais quando permanecer casado se torna insustentável diante de problemas de doença grave prolongada e as repercussões que isso acarreta no relacionamento, tais como perseguição, agressão, ataque invejoso às pessoas saudáveis: "Eu me sentia envergonhada de dizer para as pessoas que me separei porque não suportei lidar com a doença dele. Ficou horrível, ele me maltratava demais com a desconfiança, as suspeitas. Era um inferno total. Até que resolvi optar pela minha própria salvação, mesmo me expondo a ser considerada um monstro, uma filha da puta que abandona o marido com uma doença grave". Há situações em que o parceiro, cuja doença o deixa inválido, passa a ser uma carga insuportável para a mulher com filhos pequenos: "No fim das contas, era um bebê a mais dentro de casa. Pedi a ele que voltasse para a casa da mãe; vou visitá-lo sempre com as crianças. A separação foi uma questão de sobrevivência".

As trajetórias existenciais, que até então eram convergentes, podem tornar-se tão divergentes a ponto de resultar em um *impasse*, a exigir uma renúncia importante que, ao não ser feita, acaba em separação: "Quando nos casamos, foi com toda a pompa, uma festa enorme e muita expectativa. Tudo ia correndo bem, até que ela começou a se interessar pela vida artística. Eu era muito careta, convencional, não consegui aceitar o fato de trabalhar de dia e ela de noite e a gente raramente se ver. Acabei dizendo a ela que se quisesse ficar comigo teria de largar aquela vida, e ela preferiu me largar. Aí deu mesmo para ver que nossos caminhos não se tocavam mais".

Outro problema que comumente culmina em separação é a defasagem do desenvolvimento. Pela vida afora, sempre há oportunidade de crescimento pessoal, de expansão e de amadurecimento, mas também há o perigo de paralisação ou de regressão. No início, o casal pode estar em etapas semelhantes de desenvolvimento pessoal e, com o passar do tempo, apenas um prosseguir num caminho evolutivo e o outro não: "Eu cresci e ele continuou adolescente, um garotão. No momento em que passei a cobrar dele, a exigir que ele amadurecesse, as coisas entre nós começaram a complicar. Eu tinha passado a ser um ídolo para ele, uma deusa, ele era vidrado em mim. Mas eu cansei de ser locomotiva puxando vagão. Tinha horas em que eu até queria ser mandada, conduzida, o oposto do que acontecia, porque ele não tinha iniciativa para coisa alguma".

Na época da euforia da paixão, os obstáculos são irrelevantes. A pessoa sente-se poderosa para superar todas as dificuldades, o que quase nunca acontece. Os entraves assumem, então, suas verdadeiras proporções e o vínculo não resiste: "Larguei praticamente tudo: trabalho, estabilidade, hábitos de vida, minha casa e me mudei com ela para um lugar estranho. Quase não tinha tido contato com os filhos dela e, de repente, passamos a morar todos juntos em um lugar novo. Ainda por cima, tive a maior dificuldade de arranjar trabalho por lá. Foi muita mudança. Voltei para cá, tentando achar um lugar de novo, e ela ficou por lá".

Por outro lado, atribuir ao parceiro a culpa pelo que acontece conosco nos deixa cegos para perceber nossa parcela de responsabilidade na construção e no término de um casamento. Essa atitude contribui, inclusive, para criar motivos de separação completamente ilusórios. Opiniões como "Quero minha liberdade e o casamento me cerceia" propiciam a ilusão de que basta livrar-se do casamento para ser livre, o que é raro acontecer, pois a própria pessoa se aprisiona, independentemente das circunstâncias. "Ele destruiu a minha vida" também é outra maneira de evitar responsabilizar-se, pois, na verdade, ninguém tem o poder de destruir a vida do outro, a menos que seja convidado.

É difícil colocar as coisas em seus devidos lugares. Acusar é mais confortável e também cria a ilusão de que, ao descartar o "parceiro mau", terminam os problemas. É complicado deixar de se queixar para começar a assumir a responsabilidade na construção de tudo o que não deu certo. As limitações e as dificuldades da própria pessoa são ignoradas, como se não existissem. Em vez de enfrentar-se, prefere livrar-se do parceiro.

A separação pode acarretar o risco de tornar crônica uma postura de vítima acusadora e construir uma vida de infelicidade permanente, ou pode ser uma oportunidade de fazer um bom casamento com a gente mesmo e, desse modo, preparar o terreno para uma união amorosa.

Capítulo 4

VÍTIMA E ALGOZ

$\mathcal{N}$ inguém se separa de repente: o término, assim como a formação do vínculo, é construído por ambos. No entanto, raramente a decisão é explicitada pelos dois. O mais comum é o jogo da vítima e do algoz, no qual quem enuncia a decisão de separar-se assume o papel de vilão, com a carga de culpa, crítica, acusação. Assim, quase sempre acaba vestindo a carapuça da culpa e se sente uma pessoa má e egoísta.

No decorrer do relacionamento, o casal vai estruturando jogos interpessoais e complementando tendências de cada um. Na maioria dos casos, as características da separação refletem o funcionamento do casal: "Ele sempre se acomodou, nunca foi de tomar iniciativas, eu é que sempre tomava a dianteira. Quando já estava óbvio que não dava mais para vivermos juntos, ele continuou naquele jeito passivo e eu acabei tendo de tomar a decisão. Ele ficou isento de tudo, no papel da vítima. O grande problema é que as pessoas não percebiam que ele tinha duas caras: na frente dos outros, me tratava bem; quando estávamos sozinhos, era agressivo e implicante".

Se no código de valores pessoais o casamento é indissolúvel, a pessoa, por mais insatisfeita que esteja, terá dificuldades de tomar a iniciativa da separação. A única alternativa será a de abrir caminho para que o outro execute a decisão. Dessa forma, a pessoa realiza seu desejo pelas mãos do outro, sem o ônus da culpa de ter desrespeitado seus valores.

A vítima tem participação na decisão e no desenrolar da separação, no entanto, não assume responsabilidade alguma: transforma seu sentimento de culpa e sua hostilidade em queixas e acusações. E quase ninguém percebe como a vítima *induz* o algoz a dar o golpe final, em desespero e em resposta a um jogo sutil de hostilidade encoberta: "Sempre achei que estava tudo bem, que ela era a insatisfeita, com mania de reclamar que a gente não se dava bem; agora, quando revejo tudo isso, penso que estava acomodado, deixando que só ela expressasse a insatisfação, quando, na verdade, eu também estava insatisfeito, só que, como nem percebia isso, conseguia me tapear. Quando ela decidiu se separar, fiquei profundamente chocado. Mas eu já sabia que as coisas iam estourar desse jeito".

QUEM DEIXA JÁ FOI MUITO DEIXADO

Na medida em que a separação é uma questão de corresponsabilidade, quem deixa já foi muito deixado, embora, aparentemente, os papéis de vítima e algoz sejam opostos: "Eu sei que o carinho e a ternura não sumiram, está tudo soterrado debaixo da mágoa e do ressentimento. Quem abandona, no fundo, se sentiu por muito tempo abandonado. Dói perceber que, durante anos, ele não se esforçou para me merecer. Eu apenas tomei a iniciativa e aí fiquei com o rótulo de mulher que largou o marido. Ninguém vê quanto eu fui largada e desatendida esse tempo todo. Acho que é por isso que quem deixa não consegue ficar totalmente numa boa. Por um lado, eu saí de uma situação frustrante, mas estou me sentindo desvalorizada e preterida".

No vínculo pais-filhos, é comum comentar que a criança pede para apanhar, quando se comporta de modo desafiador com o intuito de provocar raiva e irritação nos pais para que estes a castiguem, aliviando-a da culpa. Na relação de casal, o mesmo jogo pode ser montado: um dos parceiros provoca brigas, ofende, agride. Ou o jogo se perpetua e o cônjuge passa o resto da vida reclamando, ou acaba sendo induzido a tomar a decisão de separar-se: "Ele aprontou tantas, mas tantas, que eu desconfio que ele fez tudo isso para que eu tomasse a iniciativa da separação. Quase todos os dias, ele saía para beber com os amigos e chegava em casa às quatro da manhã. Mal falava comigo. Nos últimos anos, a gente passava meses sem transar. Ele fez tudo para ser deixado, não sinto remorsos, não".

A *raiva* e a *tristeza* por constatar como contribuiu para ser deixado doem muito. Por isso, há pessoas que preferem ignorar esses sentimentos para evitar a dor do confronto consigo mesmas: "Quando eu soube que ele estava feliz com outra mulher e, pior ainda, que até meus filhos gostavam dela, fiquei morta de raiva de todos eles, odiando a tal mulher que eu nem conhecia, revoltada por estar separada. Mas o pior foi descobrir que, no fundo, eu estava com raiva de mim mesma, por ter passado tantos anos sem me interessar pelas coisas dele, sem me aproximar com carinho". No momento em que a pessoa se dispõe a enfrentar a dor de refletir sobre si mesma, abre caminho para enxergar com mais clareza quanto contribuiu para ser deixada: "A decisão foi dele, mas gerada por mim. Eu, de certa maneira, o empurrei para tomar a decisão, embora nunca tivesse fechado a porta para uma reconciliação".

Na pessoa deixada, é comum surgir o sofrimento mesclado com a raiva pelo próprio sofrimento: "Eu em casa, sozinha, amargando a separação e ele lá, feliz com a nova mulher. Morro de raiva por estar sentindo tanta dor, pois ele não merece". Um novo relacionamento pode ser buscado como vingança e afirmação do próprio valor: "Quero mostrar a ele que tem gente me querendo". A dor do abandono se mistura também à raiva de si próprio por sentir a falta do outro e vontade de tê-lo de volta, apesar de todas as decepções. É difícil admitir que, apesar da dor e da revolta, ainda existe lugar para a reconciliação. É uma dupla sensação de humilhação e autodepreciação: por não ter percebido os problemas antes para cair fora primeiro, evitando sofrer o abandono, e por sentir que ainda gosta do parceiro e o quer de volta apesar de tudo.

Raiva e ciúme se misturam: "Como ele pode estar tão bem se me deixou tão mal?". O ciúme abrange até mesmo a relação do ex-cônjuge com os filhos: "Foi lá em casa ver os filhos, não vai deixar de ser o pai deles, só deixou de ser meu marido. Fiquei irritada com as crianças, aí percebi que era ciúme dele com os filhos".

"Se ele tivesse morrido, talvez eu não estivesse tão angustiada": seria a dor da perda, mas sem a dor de se sentir rejeitada. É desesperador sentir arrependimento e remorso juntamente com a certeza de que não haverá retorno. Isso envolve tanta raiva e desprezo por si própria que se transforma em aparente desprezo e desvalorização do parceiro. As uvas estão verdes...

Quem deixa e quem é deixado sentem diferentes tipos de dor. No polo da súplica — "Eu só quero mais uma chance, sou capaz de jurar que tudo vai ser diferente" —, a dor é a humilhação da recusa do outro que, aparentemente, está por cima, porém vivendo a desesperança e a descrença de uma reconstrução; é a dor do remorso, da sensação de que agora é tarde demais, é a impossibilidade da recuperação — "a dor de se dar conta de ter feito uma cagada irremediável". No polo da recusa, reside a dor de não conseguir mais acreditar nas promessas não cumpridas, a frustração de conviver com alguém que só consegue fazer promessas e pedir desculpas.

As etapas vivenciadas pela pessoa que supostamente é deixada são semelhantes às descritas por Elizabeth Kübler-Ross, psiquiatra suíça, ao falar dos pacientes quando descobrem que estão com uma doença incurável.

Na primeira etapa, há *choque* e *surpresa,* principalmente quando não são percebidas as dificuldades da relação ou quando o outro gestou a decisão de separação em silêncio e a anuncia de repente: "Não conseguia acreditar; achei que ela estava brincando ou que tinha ficado louca". Ficamos perplexos quando tudo acontece diferente do esperado: "Eu chegava ao cúmulo de guardar os lençóis com laços de fita. Um dia, sem mais nem menos, ele me disse que não suportava mais viver comigo. Eu não entendi, sempre cuidei tão bem de tudo...". Caem por terra as receitas de sucesso. O tombo é grande, mas é preciso reconstruir a vida.

Ao reformular valores e expectativas, às vezes adotamos atitudes opostas, para testar se desse jeito dá certo: "Meu segundo marido come comida congelada, porque acabou aquela mulher que fazia pãezinhos e adorava experimentar receitas novas. Pilotar fogão, nunca mais!".

Raiva e revolta

Na segunda etapa, *raiva* e *revolta* se misturam com perplexidade e indignação: "Por que ele resolveu me sacanear desse jeito? Por que isso aconteceu justamente comigo? Todo o amor que eu sinto por ele vai acabar se transformando no mais puro ódio!". Ao tentar negar a realidade do abandono, enchemo-nos de ódio e acabamos machucando o outro e a nós mesmos por meio de condutas do tipo recusar-se a sair de casa, infernizar a vida de ambos, chegar à agressão física: "Ele se recusava a sair, eu ficava chocada com a minha violência; ora eu o atacava, ora pedia desculpas, virava fera e ficava com pena, medo de dar o golpe mortal". Na separação, nos confrontamos com coisas "feias" de nós mesmos: sentimos e fazemos coisas de que jamais nos imaginaríamos capazes: "Eu gritei tanto, dei um tapa na cara dele nem sei como, depois o empurrei pra cima da cama. De noite, estava exausta, com o corpo todo doído. Tranquei a porta do quarto, as crianças batiam querendo entrar, mas eu precisava botar toda aquela raiva pra fora. Eu sentia a raiva saindo pela ponta dos dedos; uma coisa impressionante!".

Quando a dificuldade de separar-se é grande, insistimos em permanecer na mesma casa, apesar do clima de ódio, hostilidade e agressão. O desgaste chega a tal ponto que a linha divisória entre a dignidade e o desespero fica muito tênue: "Eu não me conformo em perdê-la. Tento não extrapolar, mas às vezes me vem um ciúme louco, uma raiva incontida, vontade de explodir, berrar, xingar, não deixar que ela vá embora, prendê-la dentro de casa, mas sei que não posso fazer isso".

Alguns adiam a decisão de separar-se por medo da brutalidade do cônjuge, que ameaça matar e/ou morrer. A violência desencadeada pela iminência de perda pode atingir intensidades aterradoras: o número de mulheres espancadas e de assassinatos motivados pela decisão de ir embora é expressivo, mostrando a dificuldade de segurar as rédeas do ciúme, da dor do abandono, do ódio incontido: "Quando a primeira mulher dele quis mesmo se separar, ele quebrou tudo dentro de casa e rasgou todas as roupas dela; agora, ele ameaça fazer o mesmo. Eu não estou mais suportando o convívio, mas morro de medo do que ele é capaz de fazer".

O jogo de sedução para tentar reconquistar o parceiro se mescla com desânimo, desesperança, ódio, rancor e vingança: "Não me conformo; ela ainda vai se arrepender e tentar voltar para mim. E aí vou ter o gostinho de não querer mais".

É o *triunfo final* de quem despreza por último, na batalha de salvar o orgulho ferido. Essas tentativas de reconquista não escondem a competição: quem fica por cima, quem fica por baixo, quem pisa, quem é pisado.

A sensação de incômodo vem junto com a satisfação de ainda ser querido, mesmo não querendo mais. Quando cessa a insistência, a reação é de espanto: "Ué, desistiu?". As tentativas desesperadas de reconquista horrorizam o parceiro, porque revelam nossa impotência diante da decisão irrevogável do outro: "Fiquei acordado, sem conseguir dormir durante quase uma semana, e toda hora perguntava a ela se não ia mudar de ideia. Eu me senti arrasado, sem chão". O parceiro não se sente amado, apenas necessitado: "Ela me abraçava desesperada, aos prantos, pedindo que eu não saísse de casa, mas eu sentia que aquilo não era amor, era medo de ficar sozinha".

Em muitas separações, a *violência* e as atitudes drásticas são meios de efetivar o rompimento. Isso acontece em outros tipos de separação, como o jovem que só consegue sair da casa dos pais brigando com eles. Sair de uma relação simbiótica provoca um ódio profundo e pode desencadear reações violentas, como o suicídio e o homicídio. A possessividade impede que a pessoa admita que o outro possa existir sem ela e construir outro rumo na vida.

Em meio ao ódio, ao ressentimento e à dor vem a tendência a depreciar o ex-parceiro, para convencer-se de que não perdeu grande coisa, apesar de ainda querê-lo de volta. Se acreditarmos que o outro se tornou desprezível, será mais fácil deixar de querê-lo, aliviando o orgulho ferido: "Ele não me merece". Os defeitos são ressaltados, as qualidades ficam em segundo plano: com isso, sentimos menos as perdas e não nos arrependemos da decisão de separar. Podemos "empacar" nessa etapa por anos a fio, até conseguir perceber o outro em suas reais dimensões e concluir que não é possível recompor o vínculo: "Ele

Casamento, término e reconstrução

se afastou de mim de uma maneira indigna e, por muito tempo, eu insisti em tê-lo de volta de uma maneira burra".

A frustração e a revolta de ser deixado são ainda mais intensas quando a pessoa ajudou a *fazer* o parceiro: a mulher que enfrentou com o marido tempos difíceis de início de carreira e depois é trocada por outra mulher que vai viver uma vida agradável ao lado dele; assim como o homem que contribuiu para a evolução da mulher que o deixa por outro experimenta esse mesmo tipo de frustração: "Ela era amorfa, dependente, sem vontade própria. Depois, começou a desabrochar, ficou linda; incentivada por mim, começou a trabalhar, voltou a estudar, descobriu nova vida... e outro homem. A dor maior é que eu preparei essa mulher e agora que ela está maravilhosa, foi embora com outro. Dói o orgulho ferido do macho que foi trocado; fui reduzido a pó".

Outra etapa é a *barganha*: "Faço o que ele quiser, aceito tudo, contanto que ele desista da ideia de se separar de mim". É a época das promessas e das boas intenções: "Já prometi dar tudo que ela quiser: viagens, joias, roupas, viro tapete, me transformo em outra pessoa, quero mais uma chance". Isso gera, no parceiro, um misto de pena e irritação quando já não crê na permanência das mudanças prometidas ou quando está firme em sua decisão. Ninguém muda da noite para o dia, e o que se tenta criar é um campo ilusório de transformação temporária que logo perde a validade.

Nessa etapa, é comum recorrer a poderes superiores — fazer promessas para santos, procurar videntes e guias espirituais, na esperança de fazer o ex-parceiro voltar ou para fazer com que ele se dê mal e nunca consiga recompor a vida amorosa: "trabalhos" para que o ex-companheiro fique impotente, aleijado, doente, desempregado ou que até mesmo acabe morrendo. É o desejo de destruir o outro por não estar mais conosco. Num período de tanta confusão, angústia e incerteza, os meios sobrenaturais representam a busca de segurança, controle e previsibilidade; é também a desesperada esperança de conseguir influenciar os sentimentos do outro, fazê-lo conduzir-se do modo que desejamos, num momento em que nos sentimos tão impotentes.

Virar ameba também faz parte da barganha — aceitamos nos despojar das próprias formas para evitar o abandono: "Quero ser como ele gostaria que eu fosse para que ele volte pra mim". No entanto, ao contrário do esperado, essa atitude tende a despertar um sentimento de desrespeito, desvalorização e horror. Instala-se um jogo destrutivo: o outro reclama, faz exigências; a pessoa faz promessas, começa a mudar e depois volta atrás. O ciclo se repete até que o outro vai embora; a pessoa rasteja e suplica, pedindo mais uma chance; se acontece, volta tudo de novo, num eterno repetir de promessas e desencantos.

A DEPRESSÃO

Quando a decisão do outro é irreversível, algumas pessoas mergulham em profunda tristeza, se depreciam e sentem pena de si mesmas: "Perdi a guerra, estou sem perspectiva; no fundo ela tem razão, sou um merda mesmo". Tudo se mistura: tristeza, autodesvalorização, raiva, ataques ao parceiro, vingança, hostilidade. Aliás, depressão e ódio são as duas faces da mesma moeda: há uma alternância entre atacar-se e atacar, ferir-se e machucar, destruir-se e destruir.

Surgem *vivências regressivas*, tais como "Se minha mãe não gosta de mim é porque eu não presto". Quando alguém nos abandona, nossa autoestima diminui: "Acho que nunca mais vou conquistar alguém". Se a pessoa amada deixou de nos amar, não valemos mais coisa alguma. Isso contrasta com uma percepção mais realista de si mesmo: "Sei que sou bonita, inteligente, interessante, mas me sinto um lixo, com a impressão de que homem nenhum vai querer ficar comigo".

Atravessamos essas etapas até completar o "ciclo da perda" ou, ao contrário, empacamos por muito tempo na raiva ou na depressão. O ciclo se completa com a *adaptação à nova realidade*: "É, não deu certo, tenho de reconstruir minha vida". O luto pela perda é um processo gradual, já que, com a desvinculação, a energia afetiva fica disponível para ser investida em outra relação: "Aos pouquinhos, a gente acaba se recuperando".

Passamos por essas etapas também quando nos impactamos com acontecimentos inesperados, como a morte súbita de uma pessoa querida e temos de aprender a viver sem a presença dela. A separação, como qualquer outra perda, envolve um trabalho de luto. São comuns as *reações de aniversário*: "Hoje a gente estaria fazendo dez anos de casados, estou muito triste". Datas marcantes são lembradas com tristeza, saudade ou mágoa; às vezes, há apenas a lembrança inconsciente e, sem que se dê conta, a pessoa se emociona ou age de modo inexplicável: "Semana passada, estava angustiada sem saber por quê. Depois, me lembrei que estava fazendo um ano de separada". Nosso inconsciente é um arquivo completo de recordações.

Às vezes, nos deixamos consumir pelo *remorso*, fazendo uma reconstrução fantasiosa do passado, na esperança de que a história pudesse ter tido outro desfecho. Caímos no atoleiro do "se...": "E se tivéssemos feito uma viagem naquela época?". O investimento de energia vital no "se..." pode ser tão alto que não conseguimos utilizar nossos recursos para trilhar outros caminhos.

A DOR DE SER DEIXADO

"Ser deixado é uma dor que não tem dimensões. A gente se sente partido em mil pedaços. É a dor de perder uma pessoa muito importante junto com a dor de não ser mais importante para ela. É a dor da impotência para alterar a situação. É a dor de ter de aceitar uma escolha tão diferente da nossa." A dor maior é a diferença dos tempos: "Ele é uma pessoa importante para mim e eu fui uma pessoa importante para ele". É a essência do desencontro.

O abandono traz consigo a sensação do apocalipse: "O mundo acaba, fica um buraco, um vazio". É a sensação de devastação, de ruína: "Quando ela me deixou para viver com outro, fiquei arrasado. Foi uma dor tão grande que doía o peito, dava vontade de morrer. Aí uma amiga me disse que é preciso ir até o fundo do poço, porque a gente percebe que nunca mais vai acontecer coisa pior. Daí pra frente, tudo é lucro. Quando consegui enxergar por esse lado, me senti mais confortado, mas ainda com a sensação de que a dor nunca ia passar".

Há quem se mantenha indefinidamente na esperança de uma volta e não consegue se ligar a mais ninguém; há ainda quem prefira suportar a dor de uma porta fechada a ter a esperança frustrada de uma porta entreaberta que nunca vai dar passagem. Para essas pessoas, é melhor digerir a perda após um corte definitivo: "Dói na hora, mas nada é pior do que as falsas esperanças. A gente fica oscilando entre a frustração e a esperança, sem conseguir se sentir feliz e sem conseguir sair da situação".

A dor profunda da separação é arcaica: refere-se à perda da relação e ao rompimento dos aspectos simbióticos. É a angústia da morte, da desintegração, da solidão, da loucura, da percepção de que o outro não é um pedaço da gente; é o fim da ilusão da união, do dois em um: "Eu me separei ainda gostando dela, mas com a certeza de que não dava mais para consertar. É como se tivesse que amputar uma perna para deter uma gangrena, para impedir que a doença se espalhasse mais ainda. A separação foi uma amputação, a perda da mulher amada. Mas o pior foi depois, quando vivi a perda da própria saudade, das boas recordações. Aí ficou tudo uma ruindade só".

A dor da separação é fisicamente sentida: "Três meses depois de separado, não me sinto alegre. Ainda tenho a sensação do corpo doído e machucado, saído de um desastre, ainda na fase de sentir as dores, fazer os curativos". Nessa etapa, são comuns as dores no peito, a sensação de peso, a falta de ar.

A separação envolve um processo de luto pelas perdas, como lembrar com saudade e tristeza das coisas boas, dos bons momentos, de tudo o que foi construído junto, das coisas compartilhadas, lado a lado, com o pesar de saber que não dá para recuperar e reconstruir tudo isso.

Há quem tente aniquilar essa dor, fazendo de conta que nada importante aconteceu: "O melhor é virar a página e, pronto, acabou"; algumas pessoas procuram fazer muito barulho em volta para não deixar o choro sair ou então se atolam eternamente na dor e na queixa, arruinando o resto da vida — "Ele me destruiu" —, permitindo que predominem o ódio, a acusação e o ressentimento. A pessoa se paralisa, remoendo a situação em vez de tratar de construir um novo rumo. É a encruzilhada da transição: pendurar-se eternamente na perda ou ultrapassá-la, renovando-se.

No processo de decidir separar-se, surgem os cenários imaginados, bem como a fantasia de alcançar o paraíso: "Acho que seria maravilhoso viver sem horário para chegar em casa, com liberdade de sair com quem eu quiser sem ter de prestar contas a ninguém". Por outro lado, vem também o medo da mudança, da solidão, de ficar pior do que já está, de ser discriminado, de passar por apertos financeiros, de perder a segurança e a proteção de ser uma pessoa casada: "Será que eu conseguiria viver sozinho, me encarregar de uma casa? Eu mudaria muita coisa, a começar pela arrumação dos móveis".

A etapa de hesitação pode durar décadas: "Desde que eu me entendo por gente, meus pais vivem dizendo que querem se separar". Há quem tente marcar uma data — "No ano que vem, vou me separar" —, que sempre acaba sendo adiada; há quem tente concretizar a decisão sem conseguir sustentá-la e o casal passa por um período de vaivém, repetindo os mesmos ciclos de problemas, conflitos e pontos cegos; há quem passe anos com a certeza de que a relação não faz mais sentido, mas nem assim consegue juntar coragem suficiente para ir embora.

Ao concretizar efetivamente a separação, entramos na etapa de adaptação à nova situação. Nem sempre a experiência real coincide com o que imaginávamos, seja no sentido da catástrofe ("Não aconteceu nem a terça parte das tragédias que eu imaginava"), seja no sentido do paraíso ("Nunca pensei que fosse tão difícil a vida da mulher separada..."). É a época de colocar em prática metas sonhadas, preencher lacunas antigas, consolidar novos aspectos de si mesmo. Enquanto alguns se afundam na culpa de ter largado o parceiro, proibindo-se de viver bem, outros buscam intensamente as possibilidades de viver mais feliz e realizado.

A *pena* pelo ex-parceiro resulta de uma mistura de culpa e ódio, uma maneira acolchoada de agredir e menosprezar. Isso resulta na depreciação do outro e numa supervalorização de si mesmo pela fantasia de culpa onipotente: "Se eu a deixar definitivamente, ela vai se afundar pelo resto da vida". Subjacente à culpa por ter abandonado o outro, está a descrença de que este venha a ser capaz de "se virar". É a ilusão de onipotência à custa do outro, a crença de ser tão importante a ponto de ser indispensável e insubstituível. O narcisismo se fortalece e torna-se difícil abrir mão da gratificação de ver as próprias forças na fraqueza do outro.

Quando sentimos pena e receio de que o outro se estilhace, podemos "caridosamente" permanecer no casamento, fazendo um acordo secreto de ter liberdade pessoal (sair com outras pessoas, fazer programas com amigos, dormir fora de casa). Com isso, escondemos nossa própria fragilidade e dependência: a presença do cônjuge na casa dá segurança, oferece proteção e cuidados difíceis de serem admitidos.

"Não posso fazer isso com ele": é a dependência da dependência do outro, o medo de descobrir que o parceiro pode acabar passando muito bem sem nós. E aí enfrentamos a baixa do narcisismo e da onipotência, ao perceber que não aconteceu desastre maior: "Logo ele arranjou outra ou achou bom viver sozinho". É, ao mesmo tempo, um alívio e uma dura experiência tomar ciência de que o outro funciona como tela de projeção das nossas necessidades de dependência e das fraquezas que não gostamos de admitir como nossas.

Não é fácil deixar de brincar de "mocinho e bandido" e passar da cômoda postura da queixa para a responsabilidade de encarar e enfrentar as próprias dificuldades. Quando acusamos o ex-cônjuge de arruinar nossa vida — "Ele me deixou tão mal que não consigo sair do lugar" —, recusamo-nos a assumir a responsabilidade pelo que estamos fazendo conosco. Ao olharmos o outro como a fonte do mal, ficamos impotentes, sofrendo passivamente as consequências de uma situação da qual acreditamos não ter participado.

O cônjuge, antes uma confortável tela de projeção, sai de cena. Não é mais ele o responsável por muitas das coisas que nós mesmos nos impedíamos de fazer. Quando não temos mais de lidar com a figura do opressor, confrontamo-nos com a auto-opressão. Se alguém nos oprime, é porque consentimos na esperança de atender a certas necessidades ou aliviar certos medos: "Depois que me casei, meu marido me proibiu de trabalhar". Embora muitos casamentos se mantenham confortavelmente com esse equilíbrio entre protetor e protegido, a opressão e o encolhimento são, muitas vezes, o preço que escolhemos pagar por uma sensação de proteção e segurança. Escudados contra a vida, passamos a ter existências monótonas, sem sal e sem cor por falta de coragem para correr riscos.

SOMOS NOSSOS PRÓPRIOS CARCEREIROS

É muito difícil admitir, mas somos nossos próprios carcereiros. É assustador se ver como diretor da própria vida, dono de si mesmo. Por isso, é comum procurar rapidamente outra tela de projeção, perpetuando a recusa de assumir a responsabilidade pelas próprias escolhas. Isso pode acontecer quando passamos diretamente da casa dos pais para o casamento: fazendo apenas uma *troca de guardiões*, não aprendemos a cuidar de nós mesmos com autonomia. O mesmo pode acontecer na passagem de um casamento para outro, em que meramente trocamos o parceiro, repetindo a mesma história. "Não me casei de novo por causa dos filhos" e "O que os outros vão pensar?" são outras facetas desse processo de buscar fora de nós mesmos o nosso ponto de referência.

Afastado o parceiro opressor, vem a surpresa e a decepção conosco. Não conseguimos aproveitar a esperada liberdade: "Descobri que não tinha mesmo vontade de sair de casa, mas antes vivia me queixando de que ele só queria ficar em casa como um velho chato. As mil oportunidades com que eu contava depois da separação foram sumindo uma a uma. Fiquei perdida e confusa. Nos fins de semana, ia para a casa de meus pais e descobri que quase não tenho amigos". É terrível descobrir a própria opressão: "Estou me proibindo mais coisas agora que me separei do que antes, quando era solteira e meus pais me prendiam como uma princesa num castelo medieval". O parceiro age como freio para fortalecer nosso censor interno.

Na relação simbiótica, aparentemente só há lugar de destaque para um. Surge, então, um aspecto de relação entre sufocador-sufocado, dominador-dominado, opressor-oprimido. A pessoa que parece levar desvantagem alimenta a situação de um modo ou de outro e também obtém lucros com isso. No par simbiótico, as aparências enganam e não mostram o cenário inteiro; assim, surge uma pessoa forte e outra fraca, dependente: "Eu me sentia o próprio ar que ele respirava, ele não conseguia ter vida própria, enquanto eu cuidava das minhas coisas. Era muito pesada a sensação de ter de carregá-lo nas costas". No entanto, esse equilíbrio pode manter o casal unido sem ameaça. É quando a pessoa fraca começa a se fortalecer e a tornar-se mais autônoma que a pessoa forte sente-se assustada. Revela-se, então, a dependência da dependência: a força de um depende da fraqueza do outro; o crescimento de um anula ou abala o do outro: "Ela era uma árvore cujo crescimento eu estava abafando como se, naquela época, eu fosse uma árvore muito maior, fazendo sombra demais. Ela só conseguiu crescer depois da separação".

Há muita diferença entre uma relação simbiótica e a interdependência de uma relação amorosa. Na simbiose, ressaltam-se a diluição da identidade pessoal, a fusão no outro, a inexistência de contornos próprios e a utilização do outro como oxigênio, sem o qual não se consegue viver. A confusão entre um e outro é tão forte que a pessoa perde a capacidade de autorreconhecimento: "Eu não podia confiar em minha própria percepção. Um dia, pedi a uma amiga para me dizer se a casa estava suja mesmo, como ele dizia. Eu tinha acreditado tanto que era doida que já nem podia confiar nos meus próprios olhos".

No âmago da relação simbiótica, há muitos medos: medo de se abrir para os outros, para a vida, para a novidade. Os dois se sufocam, se empobrecem, não podem se desgrudar. Isso é muito diferente de uma relação de companheirismo, de desejo de compartilhar, repartir.

Nenhum casal se escolhe à toa, pois no parceiro ficam depositadas expectativas, necessidades, partes nossas com as quais não conseguimos lidar. Há casais que conseguem uma complementação satisfatória, em que ambos crescem como duas árvores, sem que um atrapalhe o outro. Porém, o mais comum é a associação entre árvore e parasita: a árvore dá a seiva e o parasita só sobrevive quando encontra uma árvore. Por sua vez, a árvore escolhe um parasita como parceiro por uma necessidade de freio ou de segurança. Há uma troca complementar desses papéis: nesse contexto, o homem-árvore, empreendedor, dinâmico, capaz de chefiar e tomar decisões transforma-se num bebê-parasita dentro de casa, incapaz de encontrar as próprias meias; lá é a mulher que funciona como árvore, a que sabe das coisas, rainha do lar. A pessoa-árvore busca uma ligação com a pessoa-parasita por necessidade de ter alguém mais frágil para, por contraste, sentir-se mais forte. O medo de associar-se a outra pessoa-árvore é o de transformar-se em parasita, enfraquecer-se, submeter-se ou perder o poder.

A pessoa-parasita, em geral, carece de uma identidade definida e tem poucos recursos de autossustentação. Ela depende da árvore, envolve, seduz, amolda-se, deixa-se dominar e tira a seiva. "Eu me sentia totalmente sufocada, com dificuldade até para respirar. Depois que me separei, tudo isso acabou". A pessoa-árvore sente-se culpada quando explicita o desejo de separar-se: expulsa o parasita e fica mal por verificar que este não tem autonomia para construir vida própria.

A DECEPÇÃO

Comumente, idealizamos as situações de vida em que ainda não estamos: imaginamos, quando solteiros, que a vida dos casados é uma maravilha e, quando casados, que a vida dos separados é invejável. Qualquer escolha importante envolve perdas e ganhos e isso provoca conflito e confusão, em especial nas pessoas que lamentam o que perdem mais do que se alegram com o que ganham: "Quando casada, sentia inveja das mulheres sem compromisso, livres para viverem do jeito que quisessem; agora que me separei, fico com inveja de quem tem um companheiro estável, que dê segurança e proteção. É horrível ficar doente sem ter quem me traga um chá, ou quando quebra alguma coisa e não tem mais homem para consertar".

Pode acontecer também uma *reversão* das expectativas. Espera-se que quem deixa fique "numa boa" e quem é deixado fique "numa pior", o que nem sempre acontece: "Fui eu quem quis a separação, ele não queria. De repente, me vi deprimida, sem conseguir suportar a solidão, e comecei a ficar com raiva e inveja dele quando o vi se reestruturar melhor do que eu. Começou a usar roupas bonitas, planejou uma viagem, sai com os amigos e eu me sinto cada vez mais só".

A pessoa deixada, ao tentar mudar de rumo, precisa de tempo para se desvincular: quer aparecer bem, inclusive para mostrar-se triunfante, recuperando-se da sensação do abandono. Esse processo é descrito na letra de *Olhos nos olhos*, de Chico Buarque:

> *Quando talvez precisar de mim*
> *Cê sabe que a casa é sempre sua, venha sim*
> *Olhos nos olhos, quero ver o que você diz*
> *Quero ver como suporta me ver tão feliz.*

Quando o ex-parceiro está bem, fica difícil continuar desvalorizando-o. Surge o arrependimento, o sofrimento, a dúvida: "Será que não teria valido a pena tentar um pouco mais?".

O mais complexo é a troca de posições, no decorrer do tempo: o que tinha deixado pede para voltar e o outro se recusa, passando a assumir o peso de uma decisão que, a princípio, não tinha sido sua. A pessoa passa a acusar-se e a ser acusada exatamente das mesmas coisas que acusou: "E aí foi que ele começou a me acusar de não pensar na nossa filha, tão pequena e sem pai em casa".

Na trajetória do vínculo pós-separação, quando ambos conseguem ficar bem na reconstrução da vida, há até a possibilidade de preservar um vínculo de amizade que pode prosseguir após novo casamento de um ou de ambos. No entanto, quando um permanece indefinidamente se sentindo destruído e prejudicado com a separação, começa a armazenar inveja e rancor, investindo energia na destrutividade.

A *energia vital* pode ser utilizada de forma construtiva para a criação, o planejamento de ação, a harmonia interior e a busca de uma vida melhor, assumindo a responsabilidade pelas próprias mudanças. Mas, por outro lado, pode ser consumida de modo prejudicial, quando guardamos cronicamente rancor, ódio e inveja. A energia vital mal utilizada acaba se voltando contra nós mesmos, pois, ao dedicar-se a querer o mal do outro, nos impedimos de viver bem; ao querer mal ao outro, estamos, na verdade, *querendo mal a nós mesmos*. Ódio, rancor e inveja são sentimentos tóxicos.

A atitude de vítima também é um mau consumo de energia: ficamos aprisionados na queixa, produzimos menos no trabalho e os amigos se afastam, cansados de ouvir sempre as mesmas histórias. Há quem destrua a própria vida dedicando-se a infernizar o ex-parceiro, eternizando esquemas de perseguição, controle, vigilância, cartas anônimas contendo denúncias e difamações, escândalos, sem conseguir ligar-se a outra pessoa ou a outros interesses; a satisfação, nesses casos, consiste em atormentar a vida do outro, em fazer-se presente e importante, nem que seja de modo tão desagradável. Tais atitudes estão carregadas de inveja: o desejo de que as coisas boas do outro sejam destruídas, já que não conseguimos o que queremos: "Não admito que ela fique numa boa se eu estou numa pior. Ela precisa se dar mal também". Lado a lado com a inveja, está

Casamento, término e reconstrução

a gangorra da autoestima: para que um fique bem, o outro tem de estar mal.

Na verdade, o que acontece é a *complementação* das pessoas nos jogos de relacionamento, como os papéis de vítima e algoz. A pessoa que acusa e responsabiliza o cônjuge pelas desgraças de sua vida encontra no parceiro uma pessoa com facilidade de assumir culpas. É importante considerar que, em cada um de nós, existem ambas as facetas da polaridade (vítima-algoz, controlador-controlado, oprimido-opressor), mas cada membro de um par (em qualquer tipo de relacionamento) tende a escolher uma das facetas para mostrar mais, enquanto a outra só aparece às claras no parceiro. Por exemplo, um homem se queixa de que a mulher não se conforma com a separação, vive atrás dele, telefonando várias vezes por dia, sempre procurando estar nos lugares em que ele vai. Ao queixar-se de estar sendo controlado, não vê quanto está contribuindo para isso por meio de condutas sutis, tais como o simples fato de atender os telefonemas, de acabar dizendo onde vai estar, de não agir de modo firme e consistente para dar um "basta". No fundo, ele alimenta esse controle, gosta de saber que é procurado, que ela ainda não tem outro. É a satisfação de estar no controle, apesar de estar sendo controlado.

Um dos membros do casal pode concentrar em si as partes loucas de si mesmo e as do outro. Com isso, esconde a loucura do outro e deposita nele aspectos sadios. Com a separação, a loucura do outro passa a ficar exposta e a surgir com toda a intensidade. Quando alguém enlouquece com a separação está, na verdade, tornando visível algo até então latente. O parceiro, por seu lado, pode recuperar para si os aspectos saudáveis, embora sempre haja o perigo de escolher outra pessoa com todas as semelhanças necessárias para reproduzir o vínculo doentio.

O casal tem características próprias, o que faz com que os indivíduos sejam, em alguns aspectos, diferentes quando sozinhos ou quando passam a fazer parte de outro casal. A convivência pode acentuar intensamente traços e modos de ser das pessoas, num processo de indução recíproca. Em alguns casos, com a separação, esse "contágio" termina e a pessoa volta a ser o que era antes: "Só depois me dei conta de que estava completamente encolhida. Meus amigos estranhavam, eu passei a ser menos espontânea, contaminada pelo formalismo dele. Ele é um cara que está sempre aborrecido, entediado, de mal com a vida. Durante o tempo em que vivemos juntos, senti que murchei. Agora, quando olho para trás, fico horrorizada: como me deixei secar dessa maneira? Felizmente, agora me sinto revitalizada; recuperei a alegria de viver".

Pode acontecer que determinadas habilidades ou qualidades de uma pessoa fiquem abafadas e ocultas (por exemplo, a criatividade, a sociabilidade, a extroversão) nela mesma, mas expressas pelo parceiro: assim, é este que se torna ultracriativo (por utilizar, de empréstimo, a criatividade do outro) e se expande (enquanto o outro se encolhe e se paralisa). Com a separação, tende a haver uma recomposição dentro de cada pessoa, que reorganiza suas habilidades e limitações: "Eu me tornei muito mais independente e segura depois da separação; antes, não decidia nada sem pedir a opinião dele e nunca me dava a oportunidade de resolver o que quer que fosse". E, então, algumas pessoas alçam voo, como o pássaro; outras se afundam, como o tatu.

Capítulo 5

"Logo depois que a gente se separou..."

*A*chegada do dia de sair de casa é vivida com expectativa e apreensão pela maioria das pessoas, tanto pelas que permanecem na casa quanto pelas que saem: "Não sei se quero estar em casa na hora em que ele sair. Como será a última noite com ele em casa? Talvez a gente não tenha mesmo mais nada a se dizer. Hoje nem consegui trabalhar. Nossa empregada já percebeu tudo; de manhã saio do quarto com a cara inchada de tanto chorar. Tenho até tomado remédio para dormir, coisa que nunca fiz".

As *reações do dia* em que o cônjuge sai de casa são muito variadas. Pode ser uma catástrofe: "No dia em que ele saiu, o mundo desabou". Há quem prefira sair quando o outro não está para suavizar o impacto: "Fiz as malas dizendo a mim mesmo que iria para uma viagem". Algumas pessoas fazem uma saída melodramática, de vítima expulsa pelo outro, outras sentem alívio de ver o parceiro arrumando as coisas com raiva, querendo expeli-lo da casa o mais depressa possível: "Eu estava ao mesmo tempo desesperada e aliviada, como se o mal estivesse saindo da casa com ele". Há ainda aqueles que passam a "deitar-se na diagonal", para ocupar o lugar das duas pessoas na cama de casal, com um misto de paz e de tristeza. Há quem queira disfarçar a dor com festa, preenchendo o dia com atividades ou distrações.

A coexistência e a alternância de sentimentos diferentes e intensos são a tônica: "No dia em que ele saiu, nem dormi de tanta alegria e excitação. Eu vivia aterrorizada. Quando ele chegava, bêbado, eu já estava de porta trancada, só saía do quarto no dia seguinte. Já estávamos praticamente separados. Mas, no segundo dia, senti um enorme vazio. Olhei para minhas filhas e pensei que precisava lutar por elas. É muito duro, porque a mulher separada precisa ser a mulher e o homem da casa".

Para a maioria das pessoas, *os primeiros dias* depois da separação são um choque, mesmo para os que querem se separar. É uma quebra brusca da rotina familiar: "Sinto falta da mesa do jantar". Quando os filhos permanecem com a mãe, o homem vivencia, nesses primeiros tempos, a falta do convívio diário com as crianças: "No meu caso, foi pior porque ela voltou para a casa da mãe com o nosso filho. Foi dureza ver o quarto vazio; quase todos os brinquedos foram embora com ele". O mais comum é a reação de *atordoamento*: "Parece que deixei a minha vida; que sensação estranha!". E há quem se sinta totalmente perdido, sem pontos de referência, desnorteado e confuso: "Estou bem e estou uma merda".

O TURBILHÃO EMOCIONAL

No turbilhão emocional, tudo se mistura: perplexidade, euforia, depressão, atordoamento, embotamento, confusão, desorganização da conduta, distúrbios do sono, do apetite, dos ritmos vitais. É o processo típico das crises existenciais

— a desorganização e o caos para depois encontrar a reorganização em novo nível. É a "loucura normal".

Sentimentos, emoções e sensações chegam em avalanche: "É muita coisa junta, às vezes nem consigo acompanhar a velocidade de tudo o que sinto". Comumente, o turbilhão emocional resulta em perda de peso, insônia, tensão manifesta em problemas gástricos (dores de estômago, dificuldades digestivas e de funcionamento intestinal), dentários (inflamação das gengivas, às vezes em decorrência de dormir com os dentes cerrados), sudorese, palpitações. Ficamos mais suscetíveis a doenças, por estarmos mais vulneráveis, pois a perda do parceiro ativa as lembranças de perdas anteriores: "Ficava chorando, sentindo a falta dele e de tanta gente. Chorei por outras coisas que estavam acumuladas...".

É a sensação de estar numa montanha-russa: "Às vezes, sentia uma euforia incrível, o gosto da liberdade, a sensação de me pertencer; no momento seguinte, caía em depressão, com a sensação de estar despedaçado, desnorteado, sem rumo na vida, sem saber o que querer e o que escolher, como se tivesse perdido os pontos de referência". Os sentimentos se intensificam: "Fiquei mais exposto à dor e ao prazer, à alegria e à tristeza. Mas é melhor do que viver no tédio, embotado como se estivesse anestesiado". Nesse estado, são comuns as atitudes irracionais, ilógicas, impulsivas e intempestivas.

Para quem quis se separar, o que predomina inicialmente é alívio, às vezes euforia, por se ver livre da opressão, do peso e da tensão da situação infeliz. A sensação de alívio amortece o impacto, mas sempre há a novidade, as mudanças, a passagem de um passado conhecido para um futuro sem previsões. Depois, costumam vir culpa e tristeza, especialmente na época da definição legal da separação. Ressurgem aí, com toda a força, os bons momentos, os sonhos desfeitos, a tristeza pelo que poderia ter sido mas não foi e pelo que não foi possível manter:

"Não fui poderoso o suficiente para transformar toda aquela situação". Vem a sensação de ser uma pessoa destruidora: "Para tratar de viver melhor, atrapalhei a vida de tanta gente...".

Os sentimentos de ódio, frieza e dureza surgem para suavizar ou neutralizar os sentimentos de pesar e de culpa, que doem muito mais. Pensar com raiva só nas coisas ruins anestesia a dor de lamentar o que não deu certo. Mas o "se" costuma surgir como um fantasma perseguidor: "Se eu tivesse aguentado um pouco mais..."; "Se eu tivesse sido mais paciente...". Essas reações são semelhantes ao luto por uma pessoa querida: na retrospectiva da relação com quem morreu, o remorso de não ter vivido tanta coisa desejada, por ter deixado passar oportunidades de chegar perto, de fazer carinho, de compreender melhor.

Às vezes, nos protegemos do impacto emocional da separação fazendo uma defesa de *anestesia afetiva total*: "Estou tão estranha, não consigo sentir nem alegria nem tristeza. Estava louca para conseguir aquele emprego, fui entrevistada, não fiquei aflita. Quando me falaram que eu havia sido selecionada, recebi a notícia sem entusiasmo... Aí fui até nossa casa tirar mais um pouco das minhas coisas, pensei que ia ter vontade de chorar, de desabar mesmo, quando me lembrei das coisas boas, deitada na cama, vendo aqueles travesseiros e as roupas dele. Mas que nada, arrumei tudo tão friamente como se nada de importante estivesse acontecendo. Tenho medo de ficar assim para sempre, sem sentir nada de nada".

Há quem se *isole*, preferindo estar sozinho ou em contato com pouca gente, para mergulhar na tristeza ou na sensação de paz e alívio. A fase de recolhimento pode estar ligada a um medo muito forte: "Vivi um final de casamento muito tumultuado. Ele passou a ter crises de loucura cada vez mais frequentes em que eu era vista como traidora e ele me ameaçava de morte. Fugi para a casa de meus pais e de lá comuniquei

"Logo depois que a gente se separou..."

a ele que não voltaria mais. E aí passei um tempo recolhida, apavorada com o que poderia acontecer".

Algumas pessoas ficam mais sensíveis: "Não estou com tesão por ninguém. Estou me curtindo, me preocupando comigo, cuidando da minha alimentação. Curtindo sensações diferentes, parece que estou num mundo novo, descobrindo as delícias de ouvir rádio na hora de dormir, lendo na cama, tocando meu corpo. Ando muito sensível: quando as pessoas me tocam ou me abraçam, choro muito. Mas não estou triste, estou sensível, com pele fina". Outras regridem a etapas primitivas: "Imagine o que ando comendo: farinha láctea com banana amassada! Sinto-me como uma criancinha no meio da multidão: perdida, sozinha".

Outra maneira de anestesiar-se é fazer uma *fuga maníaca*. Quanto mais intensa for a depressão subjacente, maior será a necessidade de defesa: mudamos o visual de repente, usamos outro tipo de roupas, procuramos novas companhias e novos programas. A euforia maníaca disfarça o incômodo sentimento de culpa, por exemplo, de ver o ex-parceiro se afundando e os filhos sofrendo: "Estou bem, daqui a pouco eles vão estar também, não há problema de espécie alguma". A fuga maníaca se expressa por um excesso de atividades e programas — "Pra não parar pra pensar"—, anestesiando a sensação de vazio, da falta, das perdas.

A depressão e a baixa de autoestima acontecem quando o somatório de perdas é alto: "O que me resta na vida? Com 52 anos, o marido me troca por outra mais jovem, a melhor amiga se afasta porque acha que o marido está me paquerando, não tenho trabalho nem estudo, os filhos já casaram e cada um tem sua vida...". A sensação de desolação por estar muito só é terrível, é como ficar sem chão, sem apoio. Na depressão, o que predomina é a falta de perspectiva de reconstrução. No atordoamento, a tentativa de redefinir-se — "Quem sou eu?".

Além disso, a sensação de humilhação por ter sido deixada vem misturada com a noção do próprio valor. Porém, no clima depressivo, o caleidoscópio da percepção torna-se extremamente seletivo: só vemos destruição, não conseguimos vislumbrar melhores perspectivas.

O impacto da separação é maior quando, além da ruptura da convivência, há mudanças bruscas, tais como a queda do nível financeiro, a necessidade de procurar um trabalho depois de passar anos restrita às tarefas domésticas, a falta de apoio em casa (deixar de ter empregada, não ter mais quem conserte o que enguiçou). Com a sobrecarga, aumenta a frustração e a irritabilidade, que passam a refletir-se, sobretudo, na relação com os filhos. Muitos sentem um profundo desânimo por terem de enfrentar uma carga enorme de mudanças; outros se enchem de forças para "ir à luta" e enfrentar a dureza.

No processo de mudança do "quem sou eu?" passamos por uma reorganização, após ter passado até mais da metade da vida com o parceiro. De repente, ver-se solto na vida, sem boa parte dos referenciais conhecidos, provoca uma mistura de confusão, estranheza, depressão e euforia.

No turbilhão emocional, há *descobertas de si próprio*, muito dolorosas e desagradáveis: "Nunca me imaginei capaz de sofrer tanto, de sentir tanto desespero. Fiquei chocada comigo mesma, com minha capacidade de odiar e ser cruel. Fui muito má com ele, sei que o machuquei pra valer e jamais tinha feito isso com alguém. Não sou a pessoa boazinha que sempre pensei que fosse". Quem vive "engolindo sapos" reprime a raiva, no entanto, os sentimentos reprimidos não desaparecem: eles buscam outras vias de expressão ou se acumulam até o dia do estouro. Por isso, surpreende tanto que a pessoa que sempre foi vítima ou se encolheu de repente revele seu ódio, sua vingança, sua capacidade de torturar ou perseguir: "Sei até com que roupa ele saiu hoje de manhã; tenho bons informantes".

"Logo depois que a gente se separou..."

É chocante ver a facilidade com que o amor pode transformar-se em ódio ou, melhor, revelar o ódio escondido: "No fundo, dói ver que a pessoa que a gente tinha escolhido para viver o resto da vida de repente se transforma em alguém que a gente quer ver morto ou de quem a gente sente nojo e nem consegue chegar perto. Eu fiquei realmente estranha naquela época. Ele dizia que eu estava possuída pelo demônio e tentou me exorcizar para eu voltar ao normal".

Amor e ódio são polaridades do vínculo ainda muito carregado de afeto; na etapa do ódio, a pessoa ainda não pode abrir mão do outro para tomar novo rumo. Com conteúdos diferentes na paixão e no ódio, a pessoa continua ocupando nossa cabeça. Um trecho da letra da música *As aparências enganam*, de Tunai e Sérgio Natureza, expressa isso com muita clareza:

As aparências enganam aos que odeiam e aos que amam
Porque o amor e o ódio se irmanam na fogueira das paixões.

A transformação do amor em ódio e desprezo também tem por função acolchoar a dor da perda: "Ela engana todo mundo, se faz passar por uma mulher maravilhosa e não é nada disso; eu estava cego esse tempo todo". Quando um casal perpetua o vínculo por ódio, não consegue completar o processo da separação: ambos continuam se agredindo, se atacando e não conseguem se ligar a outras pessoas. A decepção profunda com o ex-cônjuge também serve para reforçar para si mesmo a validade da decisão de separar-se, diminuindo a culpa. Tudo isso gera sentimentos contraditórios: "Sentia alívio e raiva ao perceber meu ex-marido se comportando como um mau-caráter, mesquinho, sem dignidade. O alívio era sentir que de fato fiz bem em me separar; a raiva, por minha cegueira de tê-lo escolhido como marido e, mais ainda, por ter tido filhos com ele. E isso é que dói fundo: ele deixou de ser meu marido, mas não deixou de ser o pai das crianças...".

Casamento, término e reconstrução

Tudo oscila, principalmente a *confiança* e a *falta de confiança* nas nossas próprias capacidades; ora pensamos que vamos dar conta de tudo, ora sentimos que não vamos conseguir superar as dificuldades. O turbilhão emocional nos leva a buscar outras maneiras de lidar com a angústia, a incerteza e a insegurança, como tomar remédios para dormir, conversar com os amigos, beber e fumar demais, isolar-se de todos, escrever um diário, começar a fazer psicoterapia. Entre a esperança e o desespero, muitos buscam centros espíritas, astrólogos, tarólogos, cartomantes: a vida tão confusa, tão cheia de altos e baixos dá margem ao desejo de prever e controlar o imprevisto e a surpresa.

"Meu Deus, como pode ser tão mesquinho? Quis dividir até as toalhas de banho!" A imagem do parceiro desaba aos poucos quando cresce o desencanto: "O ódio que eu sinto dele, acho tudo monstruoso! É ridículo o jeito de ele comer, escovar os dentes, tudo, tudo, não sobra nada de bom!". Há também a desilusão e a decepção consigo mesmo: "Como foi que escolhi essa pessoa para viver comigo?". A decepção crescente ameaça destruir o pouco da dignidade e das boas lembranças que permanecem.

O fechamento dos canais de comunicação costuma ser tão forte a ponto de distorcermos tudo o que o outro diz, construindo uma verdadeira *torre de Babel*. Quando esse processo se instala ainda no casamento, a psicoterapia de casal pode ser útil: o psicoterapeuta atua como intérprete, esclarecendo os jogos interpessoais, os bloqueios e as distorções da comunicação, para que seja possível tomar uma decisão mais ponderada. No entanto, essa torre de Babel continua após a separação, por meio da rede de amigos e familiares e, sobretudo, envolvendo os filhos numa trama de ataque ao ex-parceiro. Nesses casos, o trabalho de mediação e a psicoterapia do divórcio podem ser de grande utilidade, pois uma terceira pessoa (psicóloga, advogada, padre, pastor, rabino, amigo, parente) atua como mediadora para facilitar a criação de acordos razoáveis para todos.

É fundamental prestar atenção ao *registro subjetivo*, o colorido pessoal que damos aos fatos. Em situações de alta mobilização emocional, os fatos se revestem das mais variadas cores. Quem conversa com o homem e com a mulher no período imediatamente anterior e posterior à separação, ouve duas versões completamente diferentes do mesmo fato. Quando as coisas estão "quentes", a inconsistência, a incoerência e a contradição dominam o cenário: "Dava vontade de gravar nossas conversas. Ele dizia uma coisa e cinco minutos depois dizia outra, negando totalmente o que tinha dito antes". A dificuldade de comunicação é profunda, o que um fala é sentido pelo outro como agressão e ataque: "Eu queria chamar pessoas para presenciar nossas brigas, para que servissem de testemunhas ou simplesmente para repetirem o que a gente dizia". O ódio e o rancor ensurdecem, cada um se fecha em sua perspectiva e se aferra às próprias argumentações.

A dificuldade de comunicação acontece quase sempre no período de separação e logo depois, mas às vezes cristaliza-se por muito tempo: o que um diz, o outro não escuta, devolve inteiro, rebate de modo instantâneo e irritadiço, numa esgrima entre dois monólogos, como se estivessem protegidos por um *escudo de vidro* que os torna impermeáveis. O outro não é visto como de fato é ou pensa, mas é fabricado com base em uma teia de suposições.

A comunicação fica emperrada, as palavras se repetem e se esvaziam, os argumentos se desgastam e vem a sensação da profunda inutilidade da conversa, a impressão de que já não se alcança o outro, de que não há muito a fazer. Nesse quadro, ninguém sai do lugar, com a repetição rígida e monótona das mesmas queixas, acusações, imposições e condições.

Casamento, término e reconstrução

É incrível também a *transformação da memória*: lembramo-nos dos fatos com distorção, omitimos alguns detalhes e ressaltamos outros para confirmar nossa versão sobre a separação: "Depois que resolvi sair de casa, ela imediatamente assumiu ares de vítima perante os amigos. Mas todos eles são testemunhas de que ela passou os três últimos anos me tratando mal, com rispidez, dizendo que queria se separar; tentou até me expulsar de casa. No momento em que eu decidi sair, ela passou a dizer que não era bem assim, que queria salvar o casamento e agora vive se fazendo de coitadinha".

Na transformação da memória, o filtro seletor funciona ativamente: ora são os maus momentos que tomam conta da cena, a desintegração do casamento, a lembrança das coisas ruins há muito vividas, porém ocultas e negadas até então; ora vem a saudade dos tempos de encantamento, até mesmo a criação de uma atmosfera idílica que talvez nunca tenha existido de fato, juntamente com a lembrança nostálgica dos momentos compartilhados de projetos e sonhos.

Sempre se diz que o passado nos constrói — as vivências com nossos pais, irmãos, os primeiros anos de infância imprimem muitas de nossas características. Pode parecer estranho dizer que nós fazemos o passado, mas isso ocorre à semelhança de um *caleidoscópio*: os mesmos elementos, ao mudarem de posição, compõem uma nova figura; os mesmos fatos passam a ter pesos e significados diferentes; nossa perspectiva vai mudando com o tempo, com as emoções, com as experiências vividas. A montagem de imagens e impressões torna-se, assim, ilimitada.

No caleidoscópio dos registros subjetivos, as versões variam não apenas entre o homem e a mulher, mas também em cada um deles em épocas diferentes. Desse modo, vivemos criando e recriando nosso próprio passado.

106

"Logo depois que a gente se separou..."

O ESTIGMA DA SEPARAÇÃO

O estigma da separação depende do contexto espaço-tempo. Há algumas décadas, a pressão contra as pessoas separadas era muito mais intensa. Em cidades menores e em sociedades conservadoras, a marginalização da pessoa separada ainda é ostensiva. Mesmo em cidades grandes, é comum que pequenos grupos (vilas, condomínios, grupos sociais mais restritos) se conduzam de modo conservador e punitivo, e, nesses casos, a pessoa separada torna-se alvo de fofocas, comentários maldosos ou depreciativos. Assim, também em contextos sociais mais progressistas, as pessoas separadas podem enfrentar a marginalização, embora isso ocorra de forma mais diluída ou disfarçada, mas nem por isso a discriminação é menos sentida.

Contudo, com o aumento da incidência dos divórcios, a sociedade, de maneira geral, tem aceitado melhor que a pessoa separada tenha pleno direito de manter seus vínculos sociais e de refazer a vida como quiser. De qualquer modo, a presença ou a ausência de suporte é um fator importante. Nesta segunda situação, as alternativas diminuem: ficar malcasada ou separada dentro do casamento passa a ser um mal menor do que ficar sem lugar num contexto social repressivo e conservador.

Quando se fortalecem os movimentos de legitimizar alternativas de vida fora dos padrões tradicionais (por exemplo, separar-se, formar uniões homoafetivas, ter filhos fora do casamento, o pai ficar com a guarda dos filhos), os novos padrões passam a ser vistos como aceitáveis, válidos e passíveis de serem adotados por um maior número de pessoas. Esse processo de redução dos preconceitos se acelera especialmente quando pessoas consideradas formadoras de opinião dentro de uma comunidade adotam essas alternativas.

Em contextos conservadores, a mulher separada passa a ser o símbolo de Eva: perigosa, tentadora, sedutora, "caçadora de homens" que, por não ter nada a perder, paquera indiscriminadamente, constituindo-se em uma ameaça às mulheres casadas e em má companhia para as solteiras. Os homens a encaram como tentadora, porém perigosa por ser um mau exemplo para as esposas.

A situação de separada pode ser vivida como um estigma quando a mulher se sente fracassada: "Eu sentia medo quando as pessoas me perguntavam se eu tinha filhos. Rapidamente, dizia que sim e mudava de assunto antes que começassem a perguntar o que meu marido fazia. Era terrível responder que não estava mais casada, que não tinha mais marido". Vem a vergonha por não ter sido competente para manter o casamento ou, pelo menos, para escolher a pessoa certa.

A vergonha de estar separada pode levar a uma demora em comunicar o fato até mesmo a parentes e amigos mais próximos; estes, por sua vez, podem ficar constrangidos de tocar no assunto, criando um clima de mal-estar. Muitos tipos de disfarces e desconversas são utilizados: "Era constrangedor quando telefonavam pessoas querendo falar com ele. No início, eu custava a dizer que ele estava no número tal; até eu conseguir dizer que ele não morava mais lá em casa e que estávamos separados foi um sacrifício". A demora e os disfarces também podem expressar a indecisão da decisão, a esperança de retorno.

A primeira aparição em público sem o cônjuge costuma gerar desconforto. Como se situar fora do casal? O que dizer quando encontrar conhecidos que ainda não sabem da separação? É comum o constrangimento, junto com o medo e o desejo de paquerar e ser paquerada. *Tirar a aliança* é também um aspecto importante desse processo, sentido de maneiras diferentes pelas pessoas, já que a aliança é o símbolo visível do compromisso do casamento. Há quem a tire na etapa final do casamento, como um modo de confirmar a decisão de separar-se; há quem continue usando aliança tempos depois da separação "por não ter ainda se acostumado com a ideia" ou mesmo como escudo protetor, que confere respeitabilidade; há quem devolva a aliança ao parceiro e há quem a guarde indefinidamente ou a transforme em outra joia.

Os primeiros tempos após a separação envolvem muitas mudanças, ajustes e adaptações. Uma mudança desencadeia outra: algumas pessoas partem para uma *reforma geral* de vida — modo de relacionar-se com os amigos, maneira de amar, de trabalhar, de cuidar da casa, dos filhos, dos negócios. Em geral, o *primeiro ano* depois da separação é o mais marcado pelas grandes reformulações e pelos grandes abalos: "Vivi quase um ano me sentindo estranha, como se estivesse solta no espaço. Era uma angústia vaga, mas muito forte. Pedaços faltando, não me sentia inteira nem coesa. Não conseguia ficar sozinha porque não conseguia ficar comigo. Era um tal de sair, de ver um monte de gente. Aos poucos, comecei a ficar mais calma. Minha casa passou a ser um lugar gostoso para receber os amigos. Ficou bom estar sozinha, redescobrir meu centro de equilíbrio. Diminuiu a angústia, a sensação de estar solta, perdida. Veio uma harmonia interior gostosa de sentir".

A separação *envolve desfazer projetos de vida* importantes e a experiência de luto por essas perdas: "Eu tinha o sonho de envelhecer com ele". Essa é uma etapa necessária para a elaboração de novos projetos. Para muitos, vem também a saudade de um passado que nunca existiu, a saudade de um sonho que nunca se concretizou. O luto não é apenas pela perda do parceiro, mas também pela quebra de expectativas e ideais sobre o casamento em geral e sobre aquele casamento em particular. A separação desmancha o ideal que vem da infância e dos contos de fada; em alguns casos, o príncipe vira sapo, muitas vezes provocando pena ou aversão. É dura a perda do sonho de um casamento feliz: "Fui criada para ficar casada a vida inteira". A separação é o aborto desse ideal.

A dor é intensa quando a separação desmancha um projeto longamente acalentado: "Ele me deixou para viver com uma mocinha de 22 anos, meses antes das nossas bodas de prata. Eu passei tantos anos sonhando com essa data, com a festa, nossos filhos entrando na frente lá na igreja, nossas famílias e nossos amigos reunidos... não consigo mais ter gosto por nada nesta vida". A dor decorre não apenas da perda, mas também da constatação da diferença entre o começo e o fim do caminho: "Nossa relação foi lindíssima" traz a dor da incapacidade de ter preservado o encantamento e a importância dos primeiros tempos, a dureza de perceber que aquele amor e aquele carinho deixaram de existir.

A DESVINCULAÇÃO

"No princípio, custei a me conscientizar de que já não precisava mais dar satisfações a ela. Que alívio não precisar mais mentir!". A separação concreta pode ser rápida, mas o processo de desvinculação é lento e gradual, pois, mesmo quando a pessoa se casa de novo logo depois, a desvinculação da relação anterior é demorada e acontece em paralelo à construção do novo vínculo. Perduram por algum tempo a necessidade de controlar, de descarregar raiva e ressentimento por meio de ameaças e críticas (principalmente quanto ao desempenho do papel de pai e de mãe) e de fazer cobranças (alterações de pensão, visitas).

Embora a existência dos filhos mantenha alguns aspectos do vínculo, às vezes isso serve como justificativa que mascara a dificuldade de completar o processo de desvinculação com o ex-cônjuge: "Ele não consegue me deixar em paz. Até hoje ele liga lá pra casa três vezes por dia para falar com as crianças,

"Logo depois que a gente se separou..."

que nem estão a fim de falar com ele tantas vezes. Ele já casou de novo, mas ainda se sente o grande perdedor".

Muitos se surpreendem com a lentidão do processo de desvinculação: "Primeiro, a gente fica descasado; só algum tempo depois a gente consegue ficar solteiro de novo". E há até quem ache que a separação é um processo que ninguém consegue completar inteiramente, sobretudo quando há filhos: o ex-marido não é ex-pai; a ex-mulher continua sendo mãe. O vínculo não acaba, apenas se transforma. No entanto, é preciso saber perder o outro para ganhar-se, recuperar os aspectos de si mesmo depositados no parceiro, em especial quando a pessoa não construiu uma identidade própria e viveu à sombra do parceiro, sem se firmar com os próprios pés.

Às vezes, entramos em conflito entre o que verdadeiramente sentimos e o que achamos que deveríamos sentir, de acordo com o que os outros dizem ou com o que aprendemos que deve ser o correto. Procuramos direcionar, julgar, censurar ou aprovar nossos sentimentos, em vez de permitir que eles emerjam de modo espontâneo. Tentamos nos impor um padrão de conduta, um "tenho que" em vez de "estou com vontade de", quando o mais importante é respeitar a nós mesmos, parando para refletir sobre o que está se passando dentro de nós.

Uma relação amorosa ativa núcleos profundos, coisas do "nós" mexendo com coisas do "eu". No desfazer de um amor, misturam-se coisas vividas antes, em outros vínculos, que não pertencem ao agora, mas que fazem parte de uma cadeia de dores acumuladas, de um passado de falta de chão. Surge, então, a sensação de estar partido, de estar faltando pedaços de si mesmo, e por isso vem a necessidade de juntar os cacos, de ficar inteiro de novo, de plantar-se na vida com nova perspectiva. Ficar sozinho pode ter o sentido de aprender a conviver consigo mesmo, de preparar-se para encontrar outra pessoa sem repetir a mesma história.

Mas a *recomposição da pessoa* é muito mais do que juntar os cacos; trata-se de poder se pertencer, de ser inteiro sem o outro: "Por estar bem comigo agora, o fato de tê-lo perdido torna-se menos terrível, embora ainda sinta muita falta dele. Mas já não tenho mais a impressão de que a vida acabou. Descobri, finalmente, que não me perdi quando o perdi".

Em todas as separações, há aspectos dolorosos. Para a maioria das pessoas que passou por vários casamentos, a primeira separação é a que dói mais. É como ter vários filhos: o primeiro quase sempre tem dimensões mais dramáticas; depois do segundo, tudo flui com mais naturalidade e confiança. A primeira vez é mais assustadora: como em outras passagens de vida semelhantes, acredita-se mais na possibilidade de resolução. Da primeira vez, achamos que a dor será eterna, o que torna o sofrimento ainda mais insuportável. Parece inferno, mais do que purgatório: "Quando não é mais a primeira vez, a gente já sabe que o túnel tem saída, que agora está escuro, mas vai ter luz de novo. O negócio é ter coragem de ir fundo na dor, com a certeza de que dói, mas passa". Ninguém se separa sem machucar o outro e a si próprio de algum modo.

Quando o amor é profundo, a separação dói muito mais, mesmo quando não é a primeira. A dor da perda deixa uma cicatriz que nunca fecha por completo: "Nunca mais consegui me apaixonar. Ele é o homem que eu mais amei e o que mais me fez sofrer. A grande bobagem foi a gente ter resolvido morar junto, com um monte de filhos em volta". Dá tristeza rever o passado, saber como e onde as coisas falharam e saber, também, que não há mais jeito de consertar.

Há *perdas* muito importantes numa separação, como a perda da possibilidade de assistirem juntos aos progressos dos filhos, de repartir problemas e momentos difíceis, espe-

"Logo depois que a gente se separou..."

cialmente quando a deterioração do vínculo chegou a tal ponto que nem é possível manter a amizade.

A pessoa é pega de surpresa sentindo coisas que não esperava: "Foi incrível perceber que eu estava sentindo ciúme dele depois que eu mesma decidi pela separação. Quando soube que ele estava namorando, fiquei louca de raiva. Eu sabia que não o queria mais, mas mesmo assim sentia ciúme". É o medo de ter deixado de lado alguém valioso, que passa a ser bem aproveitado por outras pessoas. Por outro lado, há quem se surpreenda ao sentir muito menos falta do ex-parceiro do que imaginava: "O que me arrasa é perceber que, apesar de ter passado vinte anos casado, não senti falta nem saudade da convivência, da casa. E o arrependimento de não ter saído antes, muito antes".

A pós-separação é a longa história da *transformação do vínculo*, que pode cristalizar-se em ódio, ressentimento ou perseguição, revelando a dificuldade da desvinculação. Há pessoas que permanecem "casadas" pelo ódio e pelo desejo de vingança: "O objetivo da minha vida é destruir a dele". Sob esses sentimentos, as pessoas perseguem, armam escândalos ou criam confusões inacreditáveis para perpetuar o inferno. Contudo, na maioria dos casos, com o passar do tempo, o vínculo pode evoluir para a indiferença ou para um contato amigável, formal ou informal, sujeito a oscilações: "A gente consegue manter uma relação de amizade e respeito. Em muitos momentos, ela é a minha melhor amiga, me dá força para eu realizar meus projetos, e eu faço o mesmo com ela. Mas isso só acontece quando a gente está bem em outros relacionamentos. Quando eu, por exemplo, estou mal de amores, me incomoda ver a cara de felicidade dela e aí começo a me ressentir do passado".

Com o passar do tempo, o arrefecimento do ódio e do ressentimento pode dar origem a uma indiferença com a pessoa que agora se tornou um *estranho familiar*: "Depois de quatro anos de separação, encontrei com ele na rua e não senti nada. Tudo acabou mesmo. Até o achei feio, sem graça, malvestido. Fiquei confusa, pensei que talvez nunca o tivesse amado. É incrível a sensação de estar diante de uma pessoa estranha que já foi tão familiar. Nem consigo me lembrar dele nu, nem da maneira como a gente transava. E foram muitos anos de casamento...". Para alguns, é chocante passar por essa transformação: "É incrível: dormimos juntos tantos anos, tivemos filhos, toda a intimidade... agora parece que a gente nem se conhece; fazemos tanta cerimônia um com o outro, a gente nem se toca, se cumprimenta de longe...".

Por outro lado, há pessoas que se surpreendem sentindo ciúme e raiva em ocasiões especiais, por exemplo, quando sabe que o ex-cônjuge vai se casar. É como um vulcão sem atividade durante algum tempo que, de repente, entra em erupção. Há casos em que ressurge uma intensa necessidade de controle: "Eu não a quero mais para mim, mas também não quero que ela seja de ninguém". É incrível a intensidade desse sentimento de posse: a pessoa secretamente espera que o ex-cônjuge passe a vida disponível, sem se ligar a mais ninguém.

Ver a transformação do outro pode ser doloroso, sobretudo quando toma o rumo que desejávamos na vigência do relacionamento: "Doeu muito quando ela descobriu outras coisas na vida. Eu tinha deixado de ser boêmio quando casamos e ela passou a fazer com outras pessoas o que não tínhamos feito juntos: tomar cerveja nos bares, ir a festas, dançar. Doeu mais ainda quando ela começou a sair com outros caras e eu ficava imaginando que ela curtia mais com os outros do que comigo, principalmente porque nos últimos anos de casamento ela já não sentia mais tesão por mim. Ficava arrasado vendo aquelas coisas, me sentia um fracasso de homem. Perdi a confiança em mim, fiquei achando que nenhuma mulher ia me querer. Com a primeira que apareceu brochei mesmo e isso continuou acontecendo por algum tempo. Até que consegui encontrar uma mulher legal e aí comecei a me ver com bons olhos outra vez".

Em síntese, no processo de desvinculação que se inicia nas etapas finais do casamento e perdura por algum tempo após a separação, ressaltam-se o desencanto, a desilusão, a decisão, o choque, a tristeza e a raiva, o ódio e o ataque, a vontade de que o outro se dê mal. Os primeiros sinais da desvinculação surgem com a diminuição da raiva, da pena, da necessidade de controlar e fiscalizar a vida do outro; com a possibilidade de "liberar" o ex-parceiro para viver longe da gente; com a perda progressiva da esperança de um retorno e com a disponibilidade para amar de novo.

OLHANDO EM RETROSPECTO

Quando se repensa e se reavalia o passado e a história do vínculo, muita coisa muda de figura e de colorido. A passagem do encanto para o desencanto altera profundamente nossa percepção a respeito do cônjuge.

Pensando de novo no início do relacionamento, é comum vermos que as dificuldades e as incompatibilidades já estavam lá, porém não as víamos ou não dávamos a elas a importância de agora: "Eu sabia desde o começo o que não estava bom; mas, quando a gente está apaixonada, essas coisas não contam. No entanto, na hora do ódio, elas ficam em primeiro plano e a gente esquece o que tem de bom. Eu fiquei tanto tempo esperando que tudo se consertasse...". Agora, podemos ver o passado sob ângulos que, antes, não enxergávamos. É a questão da *percepção seletiva*: filtramos o que nos convém ver num dado momento, ficamos cegos ou reduzimos a importância de outros aspectos. No momento da retrospectiva, lembranças esquecidas vêm de novo à tona: "Depois me lembrei de que todos falavam que ele era imaturo e que eu não devia me casar, mas eu não enxergava nem escutava nada disso".

São incríveis as diferenças de interpretação dos mesmos fatos em épocas diversas, dependendo do estado emocional e da perspectiva em que a pessoa se encontra num dado momento da vida. Quando nos apaixonamos, tudo na pessoa nos encanta; quando nos desapaixonamos, vêm o desencanto e a decepção. Tudo passa a ser visto sob ângulos desfavoráveis: o simples passa a ser simplório, o complexo e profundo passa a ser confuso e complicado, o gentil torna-se sufocante ou falso, o autoconfiante passa a ser olhado como narcisista e arrogante. É impressionante a trajetória da idealização da paixão, na qual só as coisas boas aparecem até a anti-idealização, em que tudo fica intolerável: "Não quero ver nem pintado quem antes era o homem da minha vida".

Observando em retrospecto, descobrimos que amávamos um ser imaginário, que havia sido inventado por nosso desejo: "No fundo, eu me casei apaixonada pela paixão. Ele não era nada daquilo que eu imaginava. Vivi em um mundo de sonhos, irreal e frágil, fechando os olhos às dificuldades, ao fato de que ele não estava muito disponível para mim". E, quando acontece esse despertar, vem a tristeza pelo que não foi. É doloroso dar adeus às ilusões que nossos desejos criaram e que nossa lucidez desmanchou.

Ao percebermos aspectos da relação que nunca tínhamos visto, compreendemos melhor o que se passou: "Cheguei à conclusão de que eu era a mãe dele e aí entendi por que fiquei tão indispensável e por que senti tanta culpa quando saí do casamento...". No entanto, costumamos nos separar mantendo as características do vínculo: "Tentei me separar sendo mãe dele de novo: planejei alugar outro apartamento, deixar o nosso para ele, com tudo arrumado, até mesmo com a empregada de quem eu tanto gosto".

A DIVISÃO DOS BENS

A divisão dos bens é um processo que mobiliza forte carga emocional. É comum a mesquinharia no momento de repartir bens e objetos, inclusive os de menor valor (nem sempre está em jogo a questão do "valor estimativo"). É um modo de expressar raiva e ressentimento, de falar das dificuldades de abrir mão dos pertences, de enfrentar perdas e renúncias. Pequenos objetos adquirem grande valor simbólico, assim, muitos querem ficar com tudo para sentirem-se menos lesados ou concordam em deixar tudo para indenizarem o outro, diminuindo a culpa: "Saí, mas assumi todas as dívidas e só levei roupas e livros. Ela também trabalhava, mas eu não quis levar coisa alguma, só a possibilidade de viver mais feliz com a mulher que eu estava amando de verdade".

Deixar tudo para o outro também é uma maneira de se livrar de um incômodo: "Dou tudo, contanto que pare de me perturbar!". Assim como é raro haver uma separação por real consenso, é muito difícil que um tenha real consideração pelo outro na hora da partilha: "A gente conseguiu se separar amigavelmente e tomamos cuidado para que tanto ele quanto eu ficássemos instalados de maneira confortável. Separamos nossos pertences numa boa, não houve briga para resolver quem ia ficar com o quê".

Frequentemente, a pessoa que sai demora a tirar tudo o que é seu da casa. Isso expressa a demora do processo de desvinculação, o conflito entre a decisão de separar-se e o desejo de que tudo permaneça no mesmo lugar, refletindo a esperança de um retorno. Demorar a tirar tudo é um jeito de tornar gradual a separação, mantendo o contato e o controle: "Uma semana depois da separação, a gente ainda se vê todos os dias. Ele saiu de casa com uma mala mínima e todo dia vem buscar mais uma calça, mais uma camisa ou um par de sapatos e o armário continua cheio. Tem muita coisa dele ainda no mesmo lugar, a casa continua sendo dele".

Demorar a retirar tudo o que pertence à pessoa é, às vezes, uma questão de pena do ex-parceiro, vinda da culpa de tê-lo lesado com a separação. No entanto, o outro pode acabar tomando posse de tudo: quando a pessoa decide reaver seus pertences, é surpreendida com reações de hostilidade e negativismo do ex-parceiro: "Agora, nada mais sai daqui desta casa". A pena, que por tanto tempo tinha colocado a raiva entre parênteses, explode em ódio. Começa a guerra para reaver pertences e rever pensões. É comum encontrar casais que se separaram "civilizadamente" digladiarem-se, tempos depois, pelo telefone ou no escritório do advogado: "A gente se separou sem brigas, mas a raiva ficou entalada. Um ano depois, tivemos o maior quebra-pau e agora a gente consegue até conversar".

No quarto do casal, a pessoa que fica passa a encarar a realidade de que o outro não está mais lá. Além da cama que dividiam, há a questão dos armários do quarto: "Onde estavam os sapatos dele, espalhei os meus para dar a impressão de que ele não está fazendo falta, de que não ficou buraco". A pessoa que sai também enfrenta o vazio, a falta das coisas que o casal tinha em comum, o despojamento de ter saído sem levar quase nada: "Se, pelo menos, eu tivesse tido um filho para carregar alguma coisa dessa relação...".

Quem permanece na casa sem modificar grande coisa pode passar um período maior sem se sentir dono da casa, com a sensação intensa da presença do ex-parceiro. A nova ocupação da cama expressa bem esse aspecto: há quem passe a dormir "em diagonal", ocupando todo o espaço; há quem

"Logo depois que a gente se separou..."

continue no mesmo canto da cama; há quem passe a ocupar o lugar do ex-cônjuge; há quem mantenha os dois travesseiros; há quem troque de cama. Nas etapas finais do casamento, o clima de tensão e conflito pesa tanto que permanecer em casa pode ser um pesadelo: "Eu tinha uma sensação horrível de desagrado quando entrava em casa. Não me sentia bem lá dentro. Nas primeiras semanas depois que ele saiu, eu ainda me aproximava da casa com a mesma sensação de horror, até que me lembrava de que eu já estava separada, que a casa agora era o lugar onde eu morava sozinha".

Alguns demoram a refazer a casa, aparentemente por ter pouco dinheiro (o que não costuma ser o motivo real, pois é possível reorganizar a casa do nosso jeito até aproveitando o que lá está) ou por depressão (não ter vontade de fazer coisa alguma) ligada à vivência da perda. A demora pode ser justificada pela necessidade de esperar um tempo para recobrar parte de uma individualidade sufocada ou para deixar emergir novas tendências e valores. Outros, ao contrário, se apressam em refazer a casa, numa ânsia de fugir à sensação de vazio e da falta deixada pelo companheiro e pelos objetos que levou consigo. As lacunas da casa, nesses casos, são prontamente preenchidas para aliviar a dor.

A arrumação da casa reflete muitas características do casal: quem domina, quem determina, para quem é a casa (para os filhos; para mostrar aos outros; para um deles, mas não para o outro), se há ou não lugar para a privacidade do casal e de cada pessoa. *Refazer a casa* reflete muito o refazer-se como pessoa fora desse casal, o refazer de aspectos da própria identidade: "A casa tinha sido toda decorada no estilo do meu marido, eu sempre me sufoquei a ponto de me perder, de nem saber mais qual era o meu próprio gosto. Quando ele saiu carregando as coisas dele, a casa ficou vazia e eu também. Meses se passaram, eu ficava olhando o vazio da casa sem saber o que colocar no lugar, eu também não conseguia me definir como gente sem ele como o centro de tudo. Até que fui conseguindo arrumar a casa e acabei descobrindo do que eu gostava, o meu próprio jeito. A casa ficou muito bonita". Essa mulher, paralelamente ao refazer a casa, passou por um processo de refazer-se: mudou o corte do cabelo, rejuvenesceu incrivelmente, como se tivesse passado muito tempo escondida, até conseguir aparecer.

É comum o vazio da casa refletir a sensação do vazio interior, o rompimento da vida em comum, a separação dos pertences e da história compartilhada: "Ele levou tudo de que gostava e eu não quis nem saber. Depois, fiquei sentindo a casa vazia, como se pedaços de mim tivessem ido embora. Era duro olhar o quarto só com uma mesinha de cabeceira. Foi difícil dividir os presentes de casamento. Afinal, foram quinze anos de convivência, quase metade da minha vida".

O aspecto comercial do casamento revela-se com clareza na separação: "Acha que eu vou sair sem nada?". As decepções são frequentes: o homem vê a mulher passar a ser assustadoramente mercantilista, querendo tirar dele o mais que pode; a mulher vê o homem assustadoramente mesquinho, querendo dar o menos possível, enganando quanto aos ganhos, arquitetando jogadas sórdidas a ponto de acabar pagando pensões irrisórias.

Nesse contexto, qualquer um dos cônjuges pode pedir pensão ao outro, basta que ocorra a necessidade de quem pede e a disponibilidade de quem será compelido a dar. E tudo isso se passa também no contexto da *união estável*, que pode ocorrer mesmo com as pessoas morando em casas separadas: é possível pleitear parte dos bens do ex-convivente quando não fizeram o contrato de convivência estipulando que os bens não se comunicam. Isso está deixando muitas pessoas assustadas, com medo de estabilizar qualquer relacionamento afetivo.

"Logo depois que a gente se separou..."

No entanto, as decisões quanto à pensão e à divisão dos bens costumam oscilar muito em decorrência do clima de emotividade intensa. Por isso, alguns preferem concretizar o contrato de separação tão logo chegam a um consenso por medo de que o outro torne a mudar de ideia e volte tudo à estaca zero.

É comum ocorrer uma sucessão de ataques e contra-ataques quando um se recusa a dar ao outro o que a este pertence e começa a se proteger, colocando-se na defensiva com medo da retaliação. A guerra pode ser encarniçada, desleal, com ações como juntar provas contra o outro, fazer jogo sujo, passar a ser traiçoeiro. O homem costuma usar o poder econômico para infernizar a vida da mulher ou para atrasar a concretização da separação, por exemplo, apresentando propostas inadequadas. A mulher, por sua vez, costuma usar o poder da guarda dos filhos para guerrear com o ex-marido. A dificuldade de chegar a um termo no contrato da separação (pensão, partilha, visita aos filhos ou guarda compartilhada) reflete a dificuldade de se separar, a necessidade de manter o contato e o vínculo nem que seja pela briga.

Por parte da mulher, há, muitas vezes, uma conduta de *exploração* por rancor e vingança por meio dos pagamentos: "Invento coisas para ele pagar para as crianças, assim não sobra dinheiro para ele viver folgado". Essa atitude alimenta a raiva e o ressentimento, e acaba transparecendo na relação com os filhos: "E digo mesmo a eles que o pai é um miserável, que se recusa até a botar aparelho nos dentes do menor". Acontecem situações em que a relação fica utilitária, inclusive na tentativa de reconquistar o ex-cônjuge: "Eu me senti muito usado quando cinicamente ela me propôs voltar para casa porque não estava mais a fim de continuar trabalhando. Ela me quer para sustentá-la. Disse a ela que preferia pagar uma pensão maior, mas não quero aturá-la de novo como mulher".

121

Há quem demande pensão para si sem real necessidade. O sentimento fundamental é o desejo de indenização do tipo "perdas e danos", sobretudo quando a pessoa foi deixada ou quando acha que investiu a melhor ou a maior parte da vida nesse casamento: "Passei toda a minha juventude com ele".

A questão da pensão torna-se ainda mais complexa quando não há filhos e a mulher solicita pensão para ela, alegando não ter meios para se sustentar por conta própria. Em geral, o homem sente raiva e revolta por ter de continuar provendo o sustento de uma mulher que já não é mais a sua e está solta na vida: "Eu ficava louco de raiva quando pensava que ela estava numa boa, com outros caras, à minha custa. Tinha vontade de fiscalizar as saídas dela. Afinal de contas, eu estava pagando caro e sem levar vantagem com isso". Vem o sentimento de posse: "A minha ex-mulher não pode ser de outro". É a raiva por ter de pagar pensão e, em consequência disso, dispor de menos dinheiro para si. É a revolta por ter de pagar pensão quando a própria mulher pediu a separação: "Tive de sair de um apartamento enorme e confortável, continuar sustentando filhos e ex-mulher e, apesar de ganhar bem, estou apertado, morando num apartamentinho, acampado, até ter dinheiro para montar uma casa decente". Essa revolta, muitas vezes, se expressa pela conduta de reduzir o pagamento, obrigar a mulher a manter contato frequente para cobrar ou reclamar do atraso ou do parcelamento ao longo do mês. Por outro lado, há homens que, por culpa de terem tomado a iniciativa da separação, se dispõem a indenizar a ex-mulher e pagam pensões altíssimas, assumem despesas e dívidas ou abrem mão de praticamente todos os bens.

Há mulheres que ficam aturdidas e surpresas com as tentativas de controle e de domínio do ex-marido em troca do pagamento da pensão: "Ele cismou que tem o direito de transar comigo só porque me paga pensão e, quando eu fiz pé firme

"Logo depois que a gente se separou..."

dizendo que não queria ir para a cama com ele, começou a atrasar o pagamento ameaçando não me dar mais nada. Ainda por cima, disse na minha cara que, se eu quisesse ser feliz, tudo bem, mas que não ia conseguir ser feliz tranquila".

O fato de o homem pagar pensão e continuar contribuindo para o sustento da casa pode dar a ele a sensação de ter o direito de continuar sendo o dono da casa onde os filhos moram e acaba tendo condutas interpretadas pela ex-mulher como invasão de privacidade: "Foi muito incômoda a situação logo depois da separação. Ele ainda tinha a chave de casa e às vezes eu chegava de noite e o encontrava confortavelmente instalado lendo jornal ou ajudando os filhos nos deveres de casa". Não é fácil para quem sai tomar consciência de que a casa da família já não é mais a sua. É difícil, para muitos homens, continuar provendo o sustento da ex-mulher e dos filhos sem exercer o controle de antes sobre os gastos. O ressentimento e as tentativas de reduzir a pensão tendem a aumentar na medida em que o homem compõe uma nova família ou necessita de mais dinheiro para seus gastos pessoais.

Capítulo 6

FAMILIARES E AMIGOS

A separação do casal repercute em toda a família. A mobilização emocional é intensa, sobretudo nas famílias que assumem a conservação do casamento como um valor central. Em contextos tradicionais, a mulher era educada para casar e até mesmo um curso superior ou um trabalho podiam funcionar como "espera-marido"; assim, tão logo acontecia o casamento, parte da missão da mulher estava cumprida, e completava-se pela maternidade. A ausência de filhos ou a separação eram vistas como um fracasso, uma infelicidade: "Não era isso que queríamos para nossa filha". Para algumas mulheres, a maior prova de valor pessoal é conseguir manter o casamento. A separação é, então, vivida como fracasso, provocando vergonha e baixa autoestima.

O sentimento de vergonha e fracasso pela separação atinge também os pais da pessoa que se separa, incluindo atitudes de autoacusação: "Que será que fizemos ao criar quatro filhos que se casaram e acabaram todos se separando?". A mãe, em especial, é tradicionalmente responsabilizada pela educação dos filhos. Dessa forma, para algumas mulheres, essa noção se eterniza numa tendência a culpar-se por tudo o que acontece "de errado" na vida dos filhos, numa recusa evidente de reconhecer a autonomia do filho adulto para fazer suas escolhas e arcar com as consequências.

No ciclo evolutivo da família, à medida que os filhos crescem, diminui o grau de dependência e, progressivamente, se instala a relação de interdependência dos vínculos adultos. No entanto, nem sempre esse ciclo se completa e entre pais e filhos adultos cristalizam-se padrões de controle-rebeldia/submissão. Há pais que não conseguem perceber que seus filhos pertencem à vida, e também filhos que não suportam a autonomia: "Eu tentei tudo para que minha filha mudasse de ideia. Apaixonou-se por um rapaz estranho aos 22 anos. Nossa família fez o possível para afastá-la do rapaz: fizemos uma viagem, proibimos que ela se encontrasse com ele. Acabou fugindo para casar e, como prevíamos, separou-se meses depois. Voltou para casa e, agora, continuamos preocupados com ela, precisamos tomar conta dela para que não torne a fazer besteira".

A vergonha de ter um filho que está se separando faz com que muitos pais tentem manter a separação em segredo para parentes e amigos. A dificuldade de aceitar a separação de um filho pode ser tão grande que alguns pais passam, simplesmente, a negá-la, acham que o casal vai voltar atrás, que é tudo uma questão de dar um tempo. A demora da oficialização da separação reforça essa crença: "assinar o papel" pode, nesses casos, ser a sacudidela de realidade para os familiares esperançosos de reatar o vínculo do casal.

A SEPARAÇÃO FERE O NARCISISMO DOS PAIS

A separação fere o narcisismo dos pais, pois é muito duro perceber que os filhos adultos acabam tomando rumos muito diferentes daqueles que os pais sonhavam: "Não me conformo de ter uma filha separada". Com o narcisismo ferido, tudo fica centrado em si mesmo: "Nossa filha se separou, como é que ela foi fazer uma coisa dessas com a gente?". Somente quando superar a postura narcisista, torna-se possível olhar para o outro e ver como ele realmente está. Como disse um pai com duas filhas separadas: "Eu encarei bem a separação de minhas filhas, principalmente porque as vejo mais felizes". Quando os pais deixam de ver os filhos como extensões de si próprios, conseguem percebê-los como pessoas com direito de escolher os próprios caminhos, merecedoras de respeito e de apoio: "Os filhos não são propriedade da gente, são eles que decidem o que fazer da vida. Quando minha filha mais velha resolveu se separar, foi o primeiro caso da família. Ela estava com receio da nossa reação, não tinha certeza de que iria receber nosso apoio. Chegou e disse que estava pensando em se separar. Eu perguntei por que ainda não tinha feito isso. Ela ficou surpresa e aliviada".

Muitos pais expressam ressentimento e acusação ostensivamente, recusando qualquer apoio: "Eu disse a ela que, se resolvesse mesmo se separar, não contasse conosco para coisa alguma". Nas entrelinhas, a mensagem é clara: "Casou, agora aguente, nem que seja para comer o pão que o diabo amassou". Pode também acontecer uma mistura de apoio e depreciação por parte da família: "Meu pai disse que eu podia ficar morando com eles, porque, já que sustentava tantos, não haveria problema de sustentar mais um irresponsável". E, com frequência, a censura toma a forma de "pena das crianças". É comum a reação de "sentir pelos netos" ao ver as crianças

Casamento, término e reconstrução

confusas e ansiosas por conta da separação, enfrentando as inevitáveis dificuldades dos primeiros tempos de adaptação: "São egoístas, só pensaram neles e não nos filhos".

A mulher que é deixada muitas vezes inspira pena, compaixão, solidariedade e proteção dos familiares. Mas, às vezes, de modo encoberto ou franco, passa a ser alvo de acusações: "Se ele a largou é porque boa coisa ela não fez"; "Ela nunca soube tomar conta da casa direito". A mulher que toma a iniciativa da separação fica, contudo, mais exposta às críticas abertas ou veladas, sendo tachada de louca, irresponsável e egoísta, sobretudo quando tem filhos.

O problema é que a separação gera, em muitos pais, sentimentos de inveja, medo e ameaça por verem os filhos ousando fazer algo que tantas vezes os pais pensaram ou quiseram, mas não tiveram a coragem de concretizar. Para algumas pessoas mais velhas, vem a sensação de não poderem mais recomeçar a vida de maneira satisfatória depois da separação. Familiares e amigos malcasados sentem que a separação de pessoas próximas pode trazer a ameaça de perda da estabilidade e também invejam as novas possibilidades de vida da pessoa recém-separada: "Eu aconselhei a minha sobrinha a aproveitar a vida da melhor maneira que puder, para não ficar idiota como eu e muita gente".

A separação de uma filha pode acionar, na mãe, a decisão incubada de separar-se: "Voltei a morar com meus pais e minha mãe, que há muitos anos vinha falando em se separar; resolveu fazer isso agora também, na esperança de que eu continue a morar com ela pelo resto da vida. Já avisei a ela para não se separar contando comigo. Quero ter a liberdade de poder morar sozinha mais tarde ou mesmo com alguém sem ter a obrigação de ficar fazendo companhia a ela".

Familiares e amigos são, por vezes, pegos de surpresa: "Mas eles pareciam se dar tão bem...". Ficam atônitos quando sabem da separação e não entendem o porquê: "Eu até entendo a reação deles, está todo mundo pedindo explicações, querendo entender por que um casamento que tinha tudo para dar certo durou menos de um ano". A decisão de separação de um "casamento perfeito" não raro explode com "podres": "De repente, largou a mulher e foi viver com uma moça que tem a idade da filha". Por outro lado, há separações que geram um coro de "até que enfim": "Eu nunca falei abertamente sobre isso, mas estava na cara que os dois já não estavam bem havia muito tempo". Mesmo numa época anterior à separação, os amigos podem ficar tão mobilizados com a crise do casal que começam a interferir, tentando "salvar" o casamento: "Ele resolveu dizer para os amigos que a gente não está bem. Pronto, é um tal de amigo telefonar para encher a gente de conselhos que só servem para confundir mais ainda: é fazer uma viagem, passar um fim de semana fora sem as crianças, sair em grupo para se distrair, cada um dá uma opinião. Eu sei que eles querem ajudar, mas isso, no fundo, atrapalha. Nessas horas, ninguém consegue deixar a pessoa pensar com a própria cabeça".

Após a separação, muitos amigos e familiares se movimentam para tentar promover a *reconciliação*: "Algumas amigas minhas me aconselharam a tentar reconquistá-lo: umas achando que eu devia ficar na minha, outras dizendo para eu ser sedutora e tentar sair com ele. Eu gostaria de poder fazer isso, mas não me sinto em condições de ser sedutora com ninguém, muito menos com ele, que me trocou por outra". As duas famílias podem se aliar, "fazendo torcida" para que os dois se casem de novo. Costuma haver pressão no sentido de voltar para o ex-parceiro ou logo estabilizar outro vínculo "decente". Mas há famílias que não se cansam de insistir em estimular uma reconciliação: "Três anos de separado e um casamento novo e feliz com minha segunda mulher não fazem minha mãe desistir de dizer que não quer morrer sem ver eu e minha ex-mulher juntos de novo. Até entendo, ela já está com 85 anos, não dá para ela aceitar que eu tenha me separado depois de trinta anos de casamento".

Por outro lado, os amigos casados costumam dar ao recém-separado conselhos do tipo "Aproveite e saia com mil mulheres!"; "Não se prenda a ninguém agora, cara, aproveite a vida", ou seja, não assumir compromisso e realizar às claras os desejos dos amigos casados que só podem fazê-los discretamente e com medo de serem descobertos. Já por parte dos amigos separados, o que predomina é a atitude de solidariedade, tipo "bem-vindo ao clube", a possibilidade de ter com quem compartilhar as vivências da separação.

HÁ AMIGOS QUE SE AFASTAM

"Os amigos se afastaram, principalmente os casais em que a mulher sabe que o homem tem uma vida leviana fora de casa. Os homens ficaram apavorados que eu influenciasse as ideias das mulheres. Mas o mais triste é que os comentários depreciativos partiam mais das próprias mulheres, que, no fundo, acham mesmo que toda separada acaba dando pra todo mundo."

A separação de um casal ameaça os amigos malcasados, que não querem se confrontar com a própria falta de coragem para mudar de vida e começar tudo de novo. Muitos se afastam e são muitas as ameaças, como a mulher que evita questionar o próprio casamento e teme que a amiga separada "fique de olho" no seu marido; o homem que teme que a mulher separada seja mau exemplo para a esposa, ou que o amigo separado "dê em cima" de sua mulher sem a menor cerimônia; ou a mulher que teme que o amigo separado vá incentivar seu marido a fazer o mesmo. É comum que os casais ameaçados exagerem nas demonstrações de afeto na frente da pessoa separada, tentando dizer: "Nós estamos bem!" e, assim, aliviam a angústia de olhar para as insatisfações de seus casamentos.

Esse afastamento é marcante quando, no círculo de amigos, o casal é o primeiro a se separar. É como se houvesse um pacto secreto de que todos tentariam manter suas vidas conjugais e, de súbito, alguém rompe o pacto e passa a não pertencer mais ao grupo. O casal desfeito passa a gerar inquietação e mal-estar. Logo, passa a ser difícil continuar se relacionando com os casais formalmente constituídos, que construíram a vida na base do "como deve ser". A pessoa separada está se desvinculando desse esquema tradicional, mudando valores e atitudes e, se passa a viver bem assim, o grupo antigo se sente ameaçado, balançado nas certezas e nas seguranças.

Diminuem os convites para sair com os casais em grupo. A pessoa separada fica como "um peixe fora d'água": "A situação fica delicada na hora da conta. Eu gostaria de pagar a minha parte e continuar saindo com eles". A pessoa recém-separada precisa reorganizar sua vida social e muitas se deprimem com um período de falta de programas, por se sentirem pouco à vontade saindo sem o parceiro há tanto tempo habitual. Nos fins de semana, especialmente, não há o respaldo da rotina de segunda a sexta em que o tempo passa rápido: "É uma sensação de que nada agrada: nem ler, nem escutar música, nem ficar em casa, nem sair".

Torna-se necessária a reestruturação do círculo de amizades. Velhos amigos, há muito esquecidos, são relembrados e contatados; amigos do convívio passam a ser estranhos e distantes; ex-namorados são às vezes buscados na esperança de recuperar um passado de romance. Intensificam-se os contatos com pessoas que também passaram ou estão passando por uma separação — são pontos de apoio, de referência, de identificação. São pessoas que também estão "avulsas", soltas para fazer algum tipo de programa. Há quem acabe até mesmo preferindo fazer um programa ruim a ficar sem programa algum: "Eu acabava saindo com gente que não tinha nada a ver. Era terrível a sensação de me perguntar o que eu estava fazendo ali".

A dificuldade de "sair da toca" pode ser maior quando a pessoa, enquanto casada, tinha uma vida social restrita. Após a separação, fica muito só, por não conhecer quase ninguém. O mesmo acontece quando a pessoa é de outra parte do país ou estrangeira e se sente sem raízes, sem apoio, com poucas perspectivas de fazer novas amizades. Por outro lado, a reclusão de um casamento pode despertar na pessoa recém-separada uma verdadeira fome de reativar contatos há muito adormecidos. A pessoa redescobre amigos de muitos anos, sai da hibernação e retorna à vida.

Há amigos que se afastam de um para continuar a ligação com o outro membro do ex-casal. No contexto da separação, formam-se facções, definem-se os campos: ter mais afinidade com um automaticamente exclui o convívio com o outro. Isso, muitas vezes, parte de exigências de lealdade e de fidelidade que a própria pessoa faz: "Amigos que continuam visitando meu ex-marido são sumariamente cortados: são traidores. Ou estão do meu lado ou do lado dele". É uma situação propícia para o uso de amigos na espionagem: "Tenho amigos que sempre acabam me contando o que ela anda fazendo por aí". A atitude de controle e espionagem pode durar anos, o que reflete a dimensão de quanto um vínculo pode durar após a separação de corpos e de casas.

ALIANÇAS E INIMIZADES

Com a separação, formam-se alianças e inimizades dentro de cada família, bem como entre as duas famílias e no grupo

Familiares e amigos

de amigos. Na fase "quente" da separação, os amigos costumam ficar divididos, solicitados a permanecerem aliados de um e de outro, confrontados com duas versões dos fatos. Dificilmente conseguem manter uma atitude neutra, de apoio e compreensão ao homem e à mulher. Muitos assumem ares de juízes, a julgar quem está certo e quem está errado. É comum fazerem jogo duplo, ora de um lado, ora de outro. Nas facções que se formam, surgem decepções, afastamentos, mágoas e ressentimentos, perdas e separações: "Eles que sempre foram meus amigos se voltaram contra mim"; ou "Na hora do sufoco, ninguém aparece para dar uma força".

Há repercussões também nas empregadas domésticas: no período que antecede a separação, boa parte dos conflitos e das tensões familiares se reflete no relacionamento com a empregada: o patrão ou a patroa explode com ela, ou um quer despedi-la e o outro não concorda. Por ocasião da separação, as empregadas são disputadas como se fizessem parte da divisão dos bens. A disputa se faz em termos de alianças e lealdades. Algumas resolvem procurar outra casa para trabalhar e assim não ficam nem com um nem com outro, para não ter de tomar partido; outras passam por um conflito de lealdade e acabam permanecendo com quem elas têm mais ligação ou com quem lhes ofereça mais vantagens; há também aquelas que ficam com um e fazem serviço de espionagem para o outro.

Os familiares também se dividem em dois campos, os que apoiam e os que criticam, achando que a separação prejudica a família. Forma-se a rede de informações e "serviço secreto" — telefonam para contar à mulher o que o homem anda fazendo ou dizendo, e vice-versa — e, dessa forma, intensificam-se as fofocas, os comentários, os mal-entendidos. Há uma curiosidade mórbida nesse leva e traz de informantes; muitas pessoas têm a necessidade de contar "as últimas do ex-cônjuge", mesmo quando quem está envolvido não quer saber. Sentimentos hostis e invejosos estão na base de alguns comentários: "É isso mesmo, nenhum homem presta"; "Eu disse a ela que vai ser ruim descasar, ela não vai suportar a solidão"; "É muito difícil uma mulher separada refazer um lar, ainda mais tendo filhos". São comentários carregados de amargura e pessimismo.

No jogo de pressões e alianças, surge a necessidade de definir bandidos e mocinhos. Há, por exemplo, alianças entre a ex-nora e os ex-sogros que se voltam "contra o cafajeste que largou a mulher por ter ficado de cabeça virada por causa de outra". Adotando a ex-nora como filha coitadinha, cortam relações com o filho tão errado. Há reações do tipo "esperar que o bandido receba o castigo que merece", mas, quando isso não acontece e o bandido se dá bem, há quem fique vivamente indignado e revoltado: "Muitas das minhas amigas não me perdoam por eu ter saído de casa para viver com outro e, um ano depois, voltar a casar com meu marido. Teve uma que falou abertamente que não entendia a pouca-vergonha dele em me pedir para voltar".

Por culpa ou atordoamento, acabamos tolerando maus-tratos, como uma espécie de penitência, e, por isso, escutamos o que não queremos, atendemos telefonemas de ameaça ou censura, sem esboçar reação: "Gente que eu não via há mais de ano passou a ligar lá pra casa porque ele se fez de vítima, de pobre coitado abandonado".

No jogo de alianças, os familiares podem sentir pena, revolta, indignação: "Dói ver minha filha tão abatida, tão desiludida. A gente sabe que, com o tempo, isso vai melhorar, mas dá pena e não se pode fazer nada. Meu marido está furioso, com vontade de matar aquele cara por ter feito tamanha sujeira com ela. Eu também fiquei chocadíssima, foi tudo tão de repente. Mas, no fundo, é isso mesmo, na vida nada é permanente".

Assim como podem atrapalhar, intrometendo-se indevidamente com conselhos e sugestões que não procedem, familiares e amigos podem oferecer ajuda valiosa, atuando de modo eficaz como mediadores entre o homem e a mulher, contornando as dificuldades de comunicação e de entendimento geradas pelo clima acalorado das brigas e das discussões. Os amigos também podem oferecer ajuda para que seja possível ver os acontecimentos sob outra perspectiva. A perplexidade do choque de uma separação faz a pessoa ficar presa a um determinado ponto de vista, pisando e repisando no mesmo lugar. Há amigos que ajudam a pensar de forma mais ampla e a enxergar outros ângulos: "Confortava muito ouvir amigos me encorajando a tomar providências para refazer minha vida, embora reconhecessem que eu estava muito machucada"; "Gosto de ajudar os amigos que estão se separando. Eu também já enfrentei uma separação e sei o que é pensar que aquele caos vai durar o resto da vida".

Os amigos ajudam a pensar em alternativas de ação, a concretizar decisões, a ver mais claro o que a pessoa ainda não entende. Há quem prefira conversar com amigos do sexo oposto, para perceber melhor a perspectiva do ex-parceiro: "Fui procurar uma amiga para conversar sobre meu problema. Ela é separada, o marido saiu de casa para viver com outra e eu acabei de fazer a mesma coisa. Ela me ajudou muito a entender o ponto de vista de uma mulher nessa situação". Amigos que também se separaram podem ajudar quando emergiram da situação com outra perspectiva e conseguem mostrar à pessoa que há luz no fim do túnel; amigos que também estão passando por uma separação podem ajudar-se reciprocamente quando falam sobre as angústias, as esperanças e os problemas que estão enfrentando. Podem ajudar quando oferecem apoio, companhia, convidam para sair ou para conversar.

A pessoa separada, por seu lado, pode aprender a solicitar mais os amigos, para dividir com eles o que está sentindo ou contar as transformações pelas quais está passando: "Perdi o orgulho e pedi ajuda, telefonava para os amigos e dizia que estava precisando conversar quando não me sentia bem. Aprendi muita coisa com muita gente".

Os amigos ajudam quando facilitam a adoção de um novo posicionamento para enfrentar melhor a situação, mas atrapalham quando reforçam a cristalização da queixa e da postura de vítima, bloqueando a busca de novas saídas. Nesse aspecto, o apoio costuma cessar após algum tempo, pois a paciência dos amigos com a vítima acaba se esgotando. A reação inicial pode até ser de enfileirar-se contra o "vilão". No entanto, quando a "vítima" repete incessantemente as mesmas queixas, acusações e reclamações os amigos se cansam. Da pena passam para a irritação, por ver que a pessoa, apesar de receber apoio e ajuda, não está disposta a sair de onde está.

O REGOZIJO DE ALGUNS PAIS

Secretamente, quando o filho se separa, alguns pais se regozijam devido à sensação de terem recuperado o filho perdido por ocasião do casamento: "Ah, que bom, agora estão todos os filhos de novo em casa!". Há até mesmo pais que encorajam e incentivam a separação com esse objetivo. Por exemplo, se intrometem demais na vida do casal, na tentativa de salvar a filhinha do monstro com quem se casou. Nesses casos, separação é entendida como um meio de recuperar a filha, tornando a estabelecer o vínculo pais-mocinha.

A rivalidade entre sogros, genros e noras passa por um novo *round*: a sogra que se sentia perdedora, com o filho roubado por uma mulher, fica vitoriosa e triunfante com o filho de volta. Em geral, essas situações ocorrem em casamentos marcados por tensões familiares muito fortes na questão de disputa e competição. A pessoa, ao separar-se, pode viver a sensação de ter perdido a batalha final pela posse e guarda do cônjuge: "Custei muito a me decidir pela separação; não queria dar o braço a torcer para a família dele, que nunca me aceitou. Eles sempre acharam que o nosso casamento não ia dar certo. Estou com meu orgulho ferido, derrotada, devolvendo o filhinho, admitindo que eles estavam certos". E a aliança entre mãe e filho separado se expressa por meio de ataques conjuntos à ex-mulher e ex-nora: "Quando nosso casamento começou a ir mal, ele passou a jantar todos os dias na casa da mãe; quando nos separamos, foi morar com ela e de lá não saiu mais. Os dois se uniram para falar mal de mim, inclusive para as crianças. A mãe passou a ser de novo a pessoa mais importante da vida dele; quando as crianças estão lá é ela quem manda porque ele acha que ela é quem sabe educar".

Pode acontecer que o casamento tenha sido apenas uma trégua do vínculo simbiótico com a mãe. Ao casar-se, vem a dificuldade de mudar-se para outra casa, como se estivesse traindo ou abandonando a mãe. Com a separação, muitos retomam a posição de filho, de volta à casa dos pais: "Quando me separei, senti medo de ficar sozinha e passei a comer na casa de meus pais; em seguida, comecei a dormir lá também, porque era mais perto do trabalho. Aí não tinha mais sentido manter um apartamento que ficava o tempo todo desocupado".

Há homens e mulheres que funcionam em nível tão regredido que as brigas adquirem características de brigas entre irmãos: "Sempre acabo indo contar para o pai dela o que ela anda fazendo por aí". Nesses aspectos, é um casal ou ex-casal de adultos infantilizados, ainda regidos por papai e mamãe. Evidentemente, o jogo de alianças e contra-alianças é alimentado pelas duas partes, tanto no decorrer do casamento quanto após a separação. Familiares e amigos só interferem e exercem influência ativa na vida do casal ou do ex-casal quando têm permissão para isso ou são até mesmo solicitados para essa função.

A tensão e os conflitos dos relacionamentos com familiares e amigos podem ser tão fortes a ponto de culminar em *rompimento*, pelo menos temporário: "Minha mãe é muito evoluída, mas, quando me separei para viver com a mulher por quem eu tinha me apaixonado, transformou-se por completo. Não só me censurou abertamente, achando que eu era irresponsável, como passou a hostilizar minha nova mulher. Papai entrou nesse esquema também e eu resolvi deixar de vê-los. Foi muito duro para mim, mas não gostei do jeito com que eles passaram a me tratar". O novo parceiro transforma-se em alvo das hostilidades: é a "vagabunda" que tirou o marido do lar, é o "mau-caráter" que virou a cabeça da mulher.

As atitudes e as opiniões negativas com relação ao ex-genro ou à ex-nora costumam repercutir nas crianças; desde dizer "Seu pai não presta", "Sua mãe é uma irresponsável", até ações concretas no sentido de dificultar ou até mesmo impedir o contato da criança com o pai: "Eu trabalho o dia inteiro e meus pais tomam conta da minha filha, que só tem dois anos. Quando soubemos que ele pegava a menina para passear com ele e as namoradas, passamos a inventar um monte de desculpas para afastá-lo da filha".

Os familiares podem mostrar-se totalmente receptivos aos novos parceiros da filha ou do filho separado, e isso acaba gerando mágoa, revolta e indignação no ex-cônjuge, provocando afastamento ou rompimento. A pessoa separada, por seu lado, às vezes busca alianças familiares contra o ex-parceiro e sente-se traída cada vez que malogram seus esforços de "arregimentar" as pessoas: "Deixei de falar com tios, primos e amigos que não se recusaram a receber meu ex-marido com a

Familiares e amigos

outra. Eles não foram leais comigo, não merecem consideração, estão cortados".

Há familiares que criam a expectativa de que a recém--separada se comporte como *viúva*: "Quando a mulher é abandonada, convém por um tempo guardar um certo decoro". Se quis se separar, o período de "viuvez" atua como castigo para garantir o bom comportamento: "A pressão foi tão grande que eu passei a ter duas caras, uma para a família e outra fora de casa. Não estava a fim de arranjar briga com eles". Um comentário típico é o "mas ainda está tão recente...". "Fiquei furiosa com mamãe no dia em que resolvi fazer uma grande festa de aniversário. Ela me perguntou como é que eu tinha coragem de dar uma festa se ainda nem tinha um mês de separada."

São comuns as visitas do tipo pêsames, com referência clara à expectativa de que a recém-separada arquive suas necessidades afetivas e sexuais: "E minhas tias vieram me dizer que ainda bem que eu tinha os filhos, a quem eu poderia me dedicar inteiramente". Alguns amigos também esperam que a mulher separada se comporte como viúva: na rede de fofocas e comentários se ressaltam os do tipo "Mas como, ela já se recuperou e está por aí saindo com outro?". Os homens, em geral, ficam atônitos e se sentem ameaçados com a mulher abandonada que rapidamente sai do buraco e arranja outro; já as amigas dividem-se entre a curiosidade e a inveja de saber como ela conseguiu isso.

Há familiares que, além de tratar a mulher separada como viúva, passam a tratar as crianças como órfãs: "Parentes que até então pouco contato tiveram com as crianças passaram a tratá-las como coitadinhas, enchendo-as de presentes, promovendo passeios"; como se elas precisassem ser compensadas ou indenizadas por conta da separação dos pais.

Outra situação é a das pessoas separadas que, por um tempo, permanecem legalmente casadas. Há mulheres que sofrem controle e pressão da família quando ainda não legalizaram a separação: "Eu canso de dizer a ela que legalmente ela ainda é casada, não fica bem aparecer em público com outro homem". Famílias mais conservadoras tendem a controlar a sexualidade da mulher separada, como antes do casamento. É como se fosse uma *segunda virgindade*: "Minha família passou a me encarar como donzela de novo, dizendo que eu tinha que me resguardar, porque, afinal, eu sou mãe e não posso sair por aí namorando como uma garotinha". Continua-se a cobrar o zelo pela própria reputação: antes, como moça de família, e, agora, como mãe.

Ainda vivendo o primeiro casamento, a mulher que teve um homem só costuma sentir curiosidade de saber como se sentiria na cama com outro. Muitas passam anos em conflito entre manter a fidelidade e ter ligações extraconjugais. Para muitas mulheres, a separação envolve ansiedades quanto à sexualidade idênticas às da época em que perderam a virgindade: o medo junto com o desejo não admitido de que — sem o hímen ou sem o casamento — vão sair por aí transando indiscriminadamente com todo mundo. É o medo da perda total da repressão, o medo de ficar sem nenhum tipo de freio. E daí a necessidade de ter um guardião.

O controle sobre saídas e namoros costuma ser exercido também pelos filhos, em aliança com outros familiares: "E então minha filha de dez anos contou para minha mãe que eu não tinha dormido em casa. Juntou isso com meu irmão dizendo a meus pais que me viu com uma roupa decotada demais na festa de sábado. Começaram a me censurar, dizendo que eu deveria me comportar como uma mulher de trinta e dois anos e não como uma adolescente".

Por outro lado, a mãe pode, por meio da filha, satisfazer desejos conscientes e inconscientes de ter outras experiências amorosas. Nesse contexto, atua como aliada, aliviando a culpa da filha, que busca um aval: "Dou força à minha filha; ela é mulher, é jovem, tem mais é que namorar!".

O processo de "digerir" o término do casamento é demorado, não apenas para o homem, a mulher e os filhos, mas também para os familiares. Em muitos aspectos, é idêntico ao processo de luto pela perda de uma pessoa querida: fala-se sobre o assunto muitas vezes, há períodos em que a sensação de perda é aguçada, há a possibilidade de redimensionar os acontecimentos com o passar do tempo ou a possibilidade de paralisar-se na tristeza e no inconformismo. As repercussões no círculo de amigos, são também bastante extensas, com o término de algumas amizades, a permanência de outras e o início de novas relações.

Capítulo 7

E os filhos?

As crianças são muito mais sensíveis e perspicazes do que a maioria das pessoas costuma supor. Elas percebem claramente o clima pesado de tensão e de mal-estar das etapas finais de um casamento ou das épocas de crises e dificuldades, ainda que os pais não gritem nem briguem na frente dos filhos.

Mesmo quando as crises conjugais sérias não são abertamente faladas, as crianças mais sensíveis apresentam sintomas e alterações de conduta, funcionando como verdadeiras "caixas de ressonância" dos conflitos do casal: "Embora ela tenha apenas cinco anos, percebe todas as nossas fases. Quando estamos mal, ela fica tensa, rói as unhas, tem pesadelos, só quer dormir na nossa cama". Aumenta a preocupação de controlar os pais: a angústia quando começam a falar mais alto, a tentativa de apaziguar as brigas, as doenças por somatização para atrair a atenção dos pais. A percepção das dificuldades costuma aparecer com clareza em brincadeiras e desenhos; por exemplo, uma criança de cinco anos, na época crítica que culminou na separação dos pais, passou a desenhar sistema-

Casamento, término e reconstrução

ticamente um boneco-pai separado da boneca-mãe por uma flor gigantesca; depois, começou a desenhar casas partidas em duas metades e um mar revolto afundando o barco.

Em muitos casos, as crianças presenciam cenas violentas de medo, angústia, insegurança. Algumas crianças se isolam, passam horas no quarto, quase não falam; outras aumentam a solicitação ou adoecem. Nesses períodos, pai e mãe, aturdidos com os conflitos do término do casamento, nem sempre percebem ou atendem as necessidades dos filhos. Outras pessoas — amigos, avós, empregadas e outros membros da família — podem ser de grande ajuda, quando se dispõem a conversar com as crianças, brincar ou levá-las a passear para que se aliviem temporariamente da tensão que predomina na casa.

Nesse momento em que os pais estão em meio a tanta confusão e têm tão pouca disponibilidade para os filhos, é essencial que a criança tenha uma noção de continuidade de vínculos afetivos e possa contar com o apoio de pessoas importantes para ela, que consigam ouvi-la e proporcionar proteção e aconchego, estabilidade e segurança em um momento de vida tão impactante. É importante que as crianças saibam que suas necessidades básicas continuarão a ser atendidas e que elas sejam compreendidas. Isso é válido tanto para as crianças cujos pais se separam (e vivenciam uma perda parcial, já que os pais continuam existindo) quanto para as que perdem pai ou mãe (que, pela morte, não estão mais acessíveis).

Há situações, mesmo na vigência do casamento, em que as perdas decorrentes da queda dos recursos financeiros estimulam ressentimento e revolta em crianças e adolescentes — ter de vender o carro, reduzir ou abolir as atividades extraescolares, perder espaço de privacidade: "O que eu gostei menos foi que a gente se mudou para um apartamento menor e eu agora divido o quarto com meu irmão, que saco!". Com a separação, as perdas decorrentes da diminuição do dinheiro

144

se somam às preocupações com o que mais será perdido com a falta da convivência diária.

A SENSIBILIDADE DAS CRIANÇAS

Mesmo quando bem pequenas, as crianças conseguem perceber o que está acontecendo ao seu redor: "Minha filha tinha nove meses quando nos separamos. O que eu noto é que ela ficou com pavor de briga, porque ela presenciou cenas violentas entre mim e o pai. Até hoje, com dois anos, quando ela vê na televisão um casal brigando, tapa os ouvidos e grita apavorada. Além disso, se escuta na rua alguém falar mais alto, ela chora desesperada".

Infelizmente, a maioria das pessoas subestima a capacidade da criança para perceber e entender o que se passa. Na verdade, a criança fica mais confusa e perturbada quando as pessoas lidam com ela com ambiguidade e mentira. A exposição clara dos fatos, numa linguagem simples e sucinta, ao alcance da criança, facilita o ajuste à nova situação. Assim, a criança passa a conhecer o terreno onde pisa e, desse modo, consegue utilizar melhor seus recursos para enfrentar mudanças e dificuldades.

A separação, para os filhos, é uma passagem de vida da maior importância. Muita coisa muda e a rearrumação é extensa: há a perda do convívio com pai e mãe na mesma casa; a possibilidade da perda do convívio cotidiano com os irmãos, no caso de alguns ficarem com o pai e outros com a mãe; a modificação de rotinas e do padrão de vida. Evidentemente, as dificuldades se intensificam quando os filhos ficam no meio da linha de fogo, sofrendo as pressões dos ataques recíprocos entre pai e mãe.

Os primeiros tempos de adaptação costumam ser difíceis. Há crianças e adolescentes que precisam de mais tem-

Casamento, término e reconstrução

po do que outros para digerir a separação e isso se expressa por modificações da conduta, tais como queda do *rendimento escolar*: "Eu passava horas deitado na cama, pensativo, tentando imaginar como ficaria minha vida depois daquilo tudo, não conseguia ler uma página dos deveres". Sob o impacto da separação, pensamentos e sentimentos se concentram nos acontecimentos familiares: a criança e o adolescente, temporariamente, ficam menos atentos às tarefas escolares.

Logo depois da separação, quando moram com a mãe e passam fins de semana com o pai, muitas crianças voltam agitadas, chorosas, agressivas, reclamando de tudo ou, ao contrário, encolhidas e cabisbaixas. Crianças muito pequenas às vezes apresentam reações de estranheza no olhar e ficam arredias ao sair e ao chegar: "Minha filha está com dois anos. Quando volta da casa do pai precisa de um tempo para se ligar de novo comigo. O mesmo acontece quando sai daqui para ir com o pai". A ausência do contato cotidiano pode dificultar a consolidação do vínculo da criança pequena com o pai: "Antes, vivia atrás de mim pela casa, me chamando de papai, uma das primeiras palavras que falou; agora eu chego para pegá-lo e ele nem liga. Passei a tarde com ele ontem, só me chamou de papai uma vez". Às vezes, essa estranheza é transitória e, numa etapa posterior do desenvolvimento, o vínculo se fortalece. Mas isso pode ser evitado quando o acordo de *guarda compartilhada* funciona devidamente e tempo e responsabilidade de cuidar dos filhos são repartidos entre pai e mãe. A separação é do casal, não entre pais e filhos.

Não é raro o aumento de sintomas como dor de cabeça, febre, diarreia, vômitos, perda ou excesso de apetite. O sintoma é uma linguagem que expressa a angústia pelas dificuldades de viver com os pais em um casamento conturbado ou no período de adaptação à separação. Há modificações da conduta comuns nesse período: grudar-se na mãe com medo de

146

que ela vá embora, dormir muito mais do que habitualmente para não tomar conhecimento dos problemas, sentir dificuldades de adaptação na escola. Crianças e adolescentes passam a apresentar condutas defensivas, às vezes intensificando determinados traços (a criança introvertida que emudece mais ainda, aumento da agressividade e da irritabilidade), às vezes se comportando de modo diferente do habitual (não conseguir mais parar em casa, trancar-se no quarto e não querer ver ninguém).

Esses sintomas tendem a atenuar-se ou a desaparecer quando um novo equilíbrio é alcançado. Passado o período de maior turbulência, na maioria dos casos, tudo entra nos eixos e se organiza dentro do novo contexto. O mesmo acontece em outras passagens da vida. Por exemplo, quando uma família muda de país, há necessidade de aprender o novo idioma, situar-se na nova moradia, começar a conhecer pessoas, enfrentar a perda de raízes e da proximidade com familiares e amigos queridos, assimilar novos hábitos, costumes e rotinas. No princípio, tudo é complicado, depois tudo se assenta.

No entanto, quando conflitos importantes persistem após a separação, pelo menos um dos filhos "liga a sirene", anunciando que muita coisa ainda está fora do lugar. Surgem, então, sintomas como roubar dinheiro e outros pertences, atirar coisas pela janela, telefonar para a mãe em prantos para que ela saia mais cedo do trabalho e volte para casa, ficar apático e "desligado", recusar-se a ir à escola. Esses sintomas falam da sensibilidade a perdas, de tristeza e de dor.

A adaptação à separação costuma ser mais fácil quando é possível manter o tipo de vida ao qual a criança está habituada e no qual se sente bem. Por exemplo, garantindo-se o equilíbrio entre o tempo de convívio com o pai e com a mãe ou mantendo-se as atividades que aprecia. O problema é que, em decorrência da separação, acontecem modificações repenti-

Casamento, término e reconstrução

nas e intensas, o que provoca um período de desorganização. Isso pode ocorrer também no casamento e provocar o mesmo tipo de perturbações. Por exemplo, a queda acentuada e brusca do nível financeiro, que aumenta a tensão familiar e traz numerosas privações para todos, ou uma doença grave e prolongada de um dos membros da família, o que altera a organização da casa. Situações como essas também acarretam ressentimento, revolta, tristeza e preocupação.

É difícil lidar com o sofrimento das crianças nas primeiras fases da separação. Na revolta contra o ex-cônjuge, juntamos nossa dor com a dos filhos: "Será que ele tem mesmo o direito de buscar a felicidade dele causando tanta infelicidade para os filhos? A menor acorda todas as noites com pesadelos e já me disse que o pai é feio porque foi embora. Eu não me conformo, não aceito a separação, ainda gosto muito dele e fica difícil ver as crianças sofrerem". A criança, com suas emoções à flor da pele, passa a ser a porta-voz dos pais.

A adaptação à separação é mais prolongada quando os filhos têm uma relação boa e agradável tanto com o pai quanto com a mãe. Nesses casos, a perda da convivência diária com ambos é mais difícil de aceitar, principalmente se o contato com um dos genitores for muito reduzido: "Minha filha sentiu muito a separação; ela gostava tanto do pai quanto de mim e a gente se evitava quando estávamos cuidando dela, brincando, passeando, e permanecíamos muito ligados a ela. Até hoje, um ano depois, de vez em quando ela desenha a 'verdadeira família': o pai e eu unidos por coraçõezinhos e ela no meio. E aí diz que tem saudades da época em que a gente era uma família feliz".

No entanto, há situações em que o relacionamento com um deles é cheio de conflitos, atritos e tensões, e o filho é controlado, cerceado, perseguido. Nesses casos, a perda da convivência diária é um grande alívio: "Depois que papai saiu de casa, as coisas melhoraram muito. Ele vivia brigando com

148

todo mundo, lá em casa o clima era de terror: a gente tinha de falar baixo, cada um no seu quarto para evitar confusão, mas mesmo assim ele ia atrás da gente para dar bronca por qualquer coisinha, era um tirano dentro de casa. Eu e meus irmãos nem levávamos os amigos lá de vergonha das grossuras do papai. Agora, está tudo muito diferente, a mamãe está até mais bonita e mais alegre".

Também para as crianças, a reorganização da vida e dos sentimentos leva tempo. Na construção de um novo rumo, mesmo quando muita coisa já se ajeitou, a criança fala, vez por outra, coisas do tipo: "Eu ainda estou chateada com a separação, queria papai morando lá em casa". É importante dar espaço e ouvidos para que tudo isso seja expresso, mesmo que a realidade não possa ser modificada.

As datas importantes, principalmente em ocasiões festivas — aniversário, Natal, Ano-Novo —, costumam reativar os sentimentos de perda e de saudade pelo convívio perdido ou pelo rompimento dos sonhos de família unida. No entanto, grande parte das famílias separadas acaba chegando a um consenso satisfatório com relação a essas datas, propondo soluções como dar duas festas, passar o Natal com um e o Ano-Novo com outro, acabar com as reuniões de família e ficar cada um "na sua" e assim por diante: "Tinha uma coisa que eu achava legal nesse negócio de ter pais separados: as festas de Natal. Tanto na casa do meu pai quanto na da minha mãe, o Natal era muito festejado e eles faziam as festas em dias diferentes. Tinha árvore de Natal com um monte de presentes e era bom ganhar presente de muita gente".

NEM SEMPRE A SEPARAÇÃO É TRAUMÁTICA

Nem sempre a separação é traumática para os filhos e nem a causa de problemas eternos. Pessoas malcasadas podem ge-

Casamento, término e reconstrução

rar problemas mais sérios nos filhos do que as que conseguem ter saúde e coragem suficiente para se separar quando desajustes e incompatibilidades conjugais são irreversíveis. Viver num clima de tensão permanente, com opressão e mal-estar, é pesado para todo mundo, inclusive para as crianças: "Meu casamento está tão insuportável que eu vivo aos berros dentro de casa, inclusive com meu filho, que fica impossível e provocador. Nos dias em que meu marido está viajando a trabalho, é impressionante como tudo muda: é outro ritmo, eu fico mais tranquila, grito menos com meu filho e ele fica ótimo".

Por isso, a separação representa, em muitos casos, um alívio em vez de um trauma: "Pelo menos não tem tanta briga lá em casa...". Isso não quer dizer que não haja dor nem perda. É comum, inclusive em filhos adultos, a mistura de sentimentos: "Eu não queria que meus pais se separassem, embora, no fundo, eu soubesse que não dava mais para eles continuarem juntos".

A mesma situação de vida pode ser traumática para uma pessoa e não para outra. Por exemplo, a separação dos pais pode ser um acontecimento traumático para alguns dos filhos e não para outros; isso depende de muitos fatores. Há pessoas mais vulneráveis, sensíveis ou fragilizadas, que se traumatizam mais facilmente; e há o trauma tipo "gota-d'água que transborda o copo", em que se apresenta um acúmulo de eventos difíceis de serem digeridos e a pessoa, com poucos recursos internos, não consegue enfrentar tudo isso junto. Há, por fim, a questão de como a situação é manejada, ou seja, se as crianças recebem uma ajuda adequada ou não.

O contexto social tem repercussões importantes na conceituação de "acontecimento traumático". Houve época em que ter "mãe que trabalha fora" era sinônimo de criança carente, abandonada e traumatizada, até que se viu que, mesmo a mãe fisicamente presente em casa o tempo todo poderia gerar carência e sentimentos de abandono, quando não há disponibili-

150

dade emocional. Por outro lado, se a mãe se ausenta, mas tem boa ligação com a criança, esta terá suas necessidades emocionais de proteção, amor e segurança satisfeitas. No entanto, na época em que raras mães trabalhavam fora, a criança era alvo de suspeitas: duvidava-se de sua possibilidade de se desenvolver emocionalmente bem.

O mesmo aconteceu com a questão dos filhos de pais separados. Na época em que estavam em minoria, eram alvo fácil de discriminação social: passavam a suscitar compaixão ou a serem vistos como má companhia, perdiam o convívio com os amigos e eram convidados a retirar-se das escolas conservadoras. Sofriam o mesmo tipo de pressão social que os filhos de pais não legalmente casados ou os filhos de mães solteiras. A situação de marginalização, o estigma e a desaprovação do grupo social contribuem muito para a vivência traumática. A separação, em tal contexto, acarretava perdas fundamentais nos relacionamentos sociais e nas oportunidades de vida. Os filhos, com razão, tendiam a sentir-se inferiorizados por terem pais separados. Sempre se paga um preço alto por ser minoria.

No entanto, na medida em que a separação ganha um espaço social de validação como alternativa de vida e até mesmo como opção melhor do que permanecer num casamento destrutivo, a situação traumática induzida pelo contexto social diminui.

Para homens e mulheres que decidem assumir publicamente uma união homoafetiva após uniões heterossexuais, a pressão contrária continua sendo muito forte: há filhos que, chocados, deixam de falar com o pai (ou com a mãe), com uma mistura de medo, vergonha, raiva e revolta decorrentes dessa escolha: "Depois de vinte e dois anos de casamento e de dez anos me relacionando com uma mulher, decidi assumir minha verdadeira condição e me separei para morar com minha companheira. Meu filho ficou traumatizado e deixou de falar comigo, dizendo que sentia nojo de ter uma mãe lésbica;

minha filha ficou chocada, mas depois entendeu que eu estou mais feliz agora". É muito delicada a questão de como e quando revelar a relação homoafetiva para familiares, amigos e colegas de trabalho, porque ainda vivemos em sociedades homofóbicas, apesar dos avanços da luta contra os preconceitos. Por outro lado, a manutenção do segredo também é complicada, uma vez que muitas coisas são captadas além e apesar das palavras: é comum vigorar o jogo do "Eu sei que você sabe, você sabe que eu sei, mas vamos fazer de conta que ninguém sabe".

Recompor famílias com uma relação homoafetiva e seus respectivos filhos de uniões anteriores ainda tem pouca aceitação social, despertando discriminação, críticas e marginalização fora do grupo de apoio. No entanto, "família", no campo das ciências humanas, não é definida apenas por laços sanguíneos, é também o grupo de pessoas que assumem o compromisso de cuidados recíprocos num vínculo de intimidade e solidariedade.

Muitas pessoas encaram a separação como causa de tudo de ruim que acontece com as crianças. No entanto, muito do que acontece na relação com os filhos, no período da separação, já vinha acontecendo antes: há a intensificação de algumas tendências, o surgimento de outras e, sobretudo, a conscientização de antigas dificuldades que surgem menos encobertas no novo contexto. De qualquer forma, tanto um casamento insatisfatório quanto uma separação desfazem — para os pais e para os filhos — o ideal, o projeto de ter uma vida familiar feliz, em que as pessoas se sintam bem. A perda desse sonho traz grande parte da dor e da tristeza na separação e do sofrimento crônico no casamento ruim. Em algumas pessoas, acarreta a tentativa de recriar, numa relação amorosa adulta, um mundo perdido no passado, na época em que os pais ainda estavam juntos: "Quando imagino a casa em que eu gostaria de morar

E os filhos?

quando casar, penso na casa da minha infância, com quintal grande, cheio de árvores, antes da separação dos meus pais, que me tirou a tranquilidade e a segurança".

Considerar a separação como responsável pela infelicidade das crianças dificulta o entendimento de que é insustentável o mito de que é possível criar filhos sem problemas, preservados de conflitos e de sofrimentos. A base desse mito é a esperança de oferecer aos filhos as coisas boas que tivemos ou tudo aquilo de que sentimos falta e expressa o desejo onipotente de ser um pai ou uma mãe "para filho nenhum botar defeito". Na verdade, sempre há algo de que se queixar, pois os pais não são deuses, mas humanamente falíveis.

Há casais que têm medo de se separar e, desse modo, colocar os filhos numa situação pela qual passaram ou detestariam passar: "Eu sou filho de pais separados e sofri demais com isso. Jurei a mim mesmo que meu casamento iria durar para sempre, porque não queria que meus filhos tivessem os problemas que eu tive". Muitos pais se frustram e se culpam por não terem sido capazes de dar aos filhos uma vida de convívio com um casal feliz. Esses sentimentos de culpa geram a necessidade de supercompensação, e, por acharem que não dão afeto e presença suficiente, muitas pessoas não conseguem dizer não aos filhos e lhes dão tudo o que pedem. Nesses casos, o dar-se é substituído por dar coisas materiais.

Os filhos, ao perceberem isso, passam a solicitar com voracidade benefícios materiais: "Mamãe sempre foi uma pessoa muito difícil. Não me dava carinho, mas me dava dinheiro e presentes caros. Fiquei com a ideia de que o amor se mede pelo preço dos presentes. Isso chateia profundamente meu namorado, mas eu não consigo disfarçar o meu desapontamento quando ele não me dá o que eu estava esperando".

Atribuir à separação os problemas da criança intensifica o sentimento de *ter pena*: "Coitada da criança, os pais decidem se separar, ninguém pergunta se ela concorda com isso e tem de se conformar com a decisão dos adultos". No entanto, o mesmo acontece em outras situações, em que a criança não tem escolha, mas, simplesmente, a tarefa de ajustar-se a uma realidade diferente: os pais se mudam para outro bairro, cidade ou país; vão passar o domingo na casa de gente que as crianças não curtem; quando resolvem ter outros filhos e a criança vai ter irmãos independentemente de sua opinião. E, por exemplo, o nascimento de um irmão também provoca enormes mudanças: no período de adaptação a essa nova realidade, acontecem alterações de conduta (pedir chupeta, querer ser bebê de novo, não conseguir dormir direito, ficar agressiva, recusar-se a ir à escola). Tudo se acalma quando a criança readquire a confiança de que continuará sendo amada e tendo seu lugar apesar da existência de um irmão. Da mesma forma, a separação é um processo longo e difícil que demanda tempo para ser elaborado e para que se reorganize a vida de todas as pessoas envolvidas.

É importante examinar criticamente a imagem estigmatizada dos "filhos de pais separados". Essa condição não significa, de maneira obrigatória, ficar com o lado emocional perturbado pelo resto da vida. A separação dos pais, como qualquer outra passagem de vida importante, gera muitas mudanças, não necessariamente catastróficas e nem sempre acarretando infâncias infelizes e destruídas. Muitos pais casados têm um relacionamento problemático com os filhos. A maioria dos problemas dos filhos não tem início com a separação, mas são fruto das dificuldades do vínculo pais-filhos, em parte devidas à própria história da pessoa com seus pais e também a reflexos da vida conjugal insatisfatória, na medida em que é comum descarregar nas crianças frustrações e insatisfações sob a forma de impaciência, irritabilidade, ódio e rejeição.

154

E os filhos?

Separar-se, em vez de manter um casamento destrutivo, pode melhorar a situação dos filhos, inclusive pela possibilidade de refazer um projeto de viver bem. Os filhos de pais divorciados são filhos de *casamentos partidos*, mas não de lares partidos. A recíproca é verdadeira: nos casamentos mantidos pela fachada, as pessoas vivem em lares partidos, em que faltam a integração e o convívio amoroso.

A separação dos pais deve ser elaborada no decorrer do tempo e com o manejo adequado. Há muitas situações novas a serem encaradas, entre as quais os novos relacionamentos amorosos do pai e da mãe, novos irmãos de casamentos subsequentes e até mesmo o término dessas novas uniões: "Acho até que eu senti mais quando mamãe se separou do segundo marido do que quando se separou do meu pai. O tio Augusto ficou tão magoado com a mamãe que se afastou completamente e eu me dava muito bem com ele. Com o papai, eu nunca perdi o contato, mas o tio Augusto, infelizmente, sumiu da minha vida".

Numa família com muitos filhos, observam-se diversas reações nas fases iniciais após a separação. Há aqueles que se tornam mais agressivos e irritadiços, outros se calam e nem tocam no assunto e há ainda quem piore ou melhore nos estudos: "Eu quis logo morar com meu pai porque mamãe me perseguia: sempre tive problemas na escola e ela vivia em cima de mim me criticando. Eu e meu pai nos damos bem, tenho até vontade de estudar, meu boletim melhorou". Pode ocorrer também que alguns filhos acentuem uma defesa de embotar os sentidos e os sentimentos para protegerem-se do impacto de uma vida caótica e tumultuada. Por vezes, essa defesa — que até foi eficiente num período difícil — cristaliza-se e começa a atrapalhar a vida da pessoa anos mais tarde: "Procurei uma terapeuta por causa de um bloqueio sexual. Mas estou descobrindo que o problema mesmo é eu não conseguir me

155

enxergar. As pessoas me dizem que sou superficial, e isso é verdade. Nunca parei para pensar nos problemas ou para ver o que estou sentindo de verdade. Da infância e mesmo do princípio da adolescência, não me lembro de quase nada. Acho que não tem muita coisa boa para lembrar daquela época... Meus pais se separaram, eu e meus irmãos fomos um para cada lado, a família se desintegrou, eu nem gosto de me lembrar disso".

Há crianças que querem obter o controle da situação recorrendo a ameaças, ordens e manobras de poder: "Eu não quero que meus pais fiquem separados"; "Vou sair de casa se eles se separarem mesmo". Os pais precisam poupar a criança da responsabilidade, da culpa e do poder de decidir sobre algo tão importante. É um peso muito grande ser responsável pela manutenção de um casamento infeliz ("A gente não se separa por causa das crianças") ou ser culpada pela separação. Em outras situações do cotidiano, também não faz bem à criança ter excesso de poder, por exemplo, quando diz que não quer que os pais saiam à noite e eles obedecem. Momentaneamente, é gratificante o sentimento de triunfo, mas, a longo prazo, a criança sente-se insegura e perdida com tanto poder.

A tendência do pensamento autorreferente da criança a faz imaginar que tudo o que acontece é por sua causa: "Meus pais passaram anos brigando, mesmo depois de separados. Muitas vezes eu me senti culpado de provocar mais uma briga entre eles porque casualmente eu comentava alguma coisa de um quando estava com o outro. Eu me sentia responsável por toda aquela tragédia". É claro que um manejo inadequado dos pais reforça de modo indevido esses sentimentos de culpa onipotente da criança. Quando pai e mãe, com firmeza amorosa, conseguem esclarecer que eles sabem que a criança não quer a separação, mas que isso é coisa que eles decidem e não ela, a criança é colocada em seu devido lugar e se alivia imensamente com isso.

Com a separação, a criança percebe sua falta de poder e de controle sobre a vida dos pais. Por mais que deseje, não consegue juntá-los, se eles não quiserem. A percepção dessa falta de poder é frustrante e dolorosa, porém necessária ao crescimento e ao posicionamento realista no mundo. Os pais ajudam quando esclarecem à criança que se separaram porque tiveram problemas, que não foi mais possível continuarem juntos e não vão querer ficar juntos de novo. No entanto, para algumas pessoas, os pedidos insistentes dos filhos para que os pais voltem a casar um com o outro é fator de peso na reconciliação, uma vez que não suportam a culpa de manter a separação frustrando os filhos. Há até quem chegue ao ponto de solicitar ajuda dos filhos como mediadores da reconciliação: "Não sei se estou certa ou errada, mas pedi à minha filha mais velha que pedisse ao pai para ele voltar para casa. Ele não vai ter como recusar". Porém, muitas vezes, as crianças passam, simplesmente, a solicitar uma definição de moradia do pai para terem, com ele, o canto próprio: "No início, eles me pediam para voltar para casa, depois me pediam para dormir lá de vez em quando. Aí passaram a me pressionar para eu sair da casa do meu amigo e ter meu apartamento, com um quarto arrumado para eles".

Sintonia com os sentimentos

Estar em sintonia com os sentimentos da criança e dar espaço para que sejam expressos com clareza é uma grande ajuda para digerir situações difíceis. Quando os filhos conseguem ter com os pais ou, pelo menos, com um deles um trânsito livre para falar do que de fato sentem e ser compreendidos em vez de criticados, muitas situações complicadas poderão ser manejadas de modo mais eficaz. Não adianta "proteger" os filhos ocultando, mentindo ou proibindo de falar das coisas difíceis. Isso não é proteção, mas sim criar uma barreira

Casamento, término e reconstrução

de isolamento que faz a criança ficar às voltas com tudo que percebe, mas não tem com quem repartir. Quando não estão se acolchoando com a "manobra do avestruz", crianças e adolescentes captam com muita clareza o que se passa com as pessoas que estão em volta.

Em qualquer passagem da vida, inclusive com a separação dos pais, a criança vivencia sentimentos intensos e variados — raiva dos pais por terem se separado, medo de deixar de ser amada, insegurança, alívio. Ela precisa ter alguém que possa ouvir tudo isso; com liberdade para expressar-se, a criança dirá claramente o que percebe. É importante confirmar essa percepção sempre que for verdadeira: "Mamãe, papai não é mais o seu príncipe encantado, né?"; "Mamãe quer se separar, mas o papai não quer"; "Mamãe ama o papai, mas o papai não ama mais a mamãe". É importante dizer à criança que o que ela está percebendo é isso mesmo e, se não for, esclarecê-la sobre o que está realmente acontecendo. As crianças têm mais capacidade de se adaptar a situações difíceis do que a maioria das pessoas supõe, desde que tratadas de modo adequado.

Quando usamos com os filhos a linguagem dos sentimentos, eles conseguem entender melhor o que acontece entre as pessoas: "Ah, já sei por que o papai vive perguntando coisas sobre a vida da mamãe: é porque ele sempre quer achar que ela está errada". É impressionante a capacidade de entendimento da criança quando a esclarecemos sobre os prováveis motivos da conduta dos outros: "Sabe, o papai anda falando mal da mamãe porque ainda está muito zangado com a separação". Esse manejo é fundamental para neutralizar os ataques ao ex-cônjuge por meio da criança; o problema é que, quando estamos emocionalmente perturbados, acabamos contra-atacando o ex-parceiro, também por meio da criança.

É importante ler nas entrelinhas das palavras e das condutas dos filhos para entender o sentido mais amplo de suas

158

E os filhos?

vivências: "Quando dissemos à nossa filha de seis anos que íamos nos separar, ela chorou muito e disse que queria morar com o pai para cuidar dele e fazer suco de laranja e comida para os dois". Ao mesmo tempo em que isso expressa o desejo edípico de ocupar o lugar da mãe que sai da cena do casal parental, a menina está falando também sobre sua preocupação — projetada no pai — de continuar recebendo cuidados e nutrição. Nesse momento, é essencial que a criança sinta que, embora tanta coisa esteja mudando na vida de todo mundo, ela continuará a ser cuidada e querida.

Sentimentos muito fortes — tristeza, angústia, medo —, quando não se escoam o suficiente pela expressão verbal, surgem em sintomas físicos e em alterações de conduta. Quando há oportunidade de colocar esses sentimentos em palavras, compreendendo a linguagem dos sintomas, estes tenderão a se aliviar ou até mesmo a desaparecer: "Semanas depois da separação, minha filha mais velha foi passar o dia na casa de uma amiga. Quando fui buscá-la à noite, estava triste e com dor de estômago. Na conversa, chegamos ao ponto em que ela falou que sentia inveja da amiga porque os pais moram juntos. Perguntei a ela se estava triste e chateada porque não via o pai todos os dias e ela começou a chorar dizendo que estava com saudade. E a dor de estômago passou".

Nem sempre as crianças se abrem diretamente com pai e mãe. Muitas "mandam recados" modificando condutas ou desabafando com outras pessoas, que acabam informando os pais a respeito do que está se passando na cabeça dos filhos. Temporariamente, uma terceira pessoa pode ser o canal de maior permeabilidade, pelo qual a criança pode se expressar: "Parecia que ele não estava nem aí, não comentava nada sobre a separação, nem sobre a venda da casa; um dia, desabafou com a empregada, dizendo que estava chateado por ter perdido a casa de que ele gostava tanto".

Há pessoas que sentem muita dificuldade de entender o ponto de vista dos outros. O máximo que conseguem fazer para "colocar-se no lugar do outro" é projetar suas próprias vivências, imaginando que a cabeça dos outros funciona exatamente como a sua: "Eu sei quanto sofri por ser filha de pais separados e não queria que meus netos passassem por isso". Só que a separação em questão ocorreu no século passado, em que os "desquitados" eram socialmente marginalizados: os tempos mudaram e os netos não são a vovó.

A PREPARAÇÃO DOS FILHOS PARA A SEPARAÇÃO

Ao preparar os filhos para a separação é importante agir com *clareza* e *sinceridade*. Quando a criança — mesmo bem pequena — é informada dos eventos importantes da vida familiar, consegue reagir melhor à situação do que quando tem de se esforçar para decifrar enigmas de informações contraditórias, mentiras e omissões. Mentiras do tipo "papai foi viajar", quando, na verdade, saiu de casa para se separar, instalam dúvida e desconfiança nas crianças e em nada ajudam a enfrentar a situação. É bem mais simples dizer que o pai foi morar em outra casa e que as crianças agora terão duas casas, a do pai e a da mãe.

Muitos casais que decidem experimentar uma separação provisória ("dar um tempo") enfrentam o problema de como comunicar isso aos filhos: "Dizer que a gente vai se separar por um tempo? E se depois a gente volta, como é que isso fica na cabeça das crianças?". Nesse "ensaio de separação", a maioria começa mentindo para os filhos: "Comecei dizendo às minhas filhas que eu estava trabalhando tanto que nem tinha tempo de estar em casa. A mais velha logo falou que o tio, que trabalha junto comigo, não estava trabalhando tanto assim.

Dias depois, contou para a mãe que tinha sonhado que nós estávamos separados. Aí resolvemos dizer a verdade, que a gente se gosta, mas resolvemos dar um tempo. A mais velha chorou muito; a outra disse que estava com dor de cabeça". Mas, pelo menos, o que a criança ouve se encaixa com o que está percebendo. Passa a haver coerência, em vez de mentiras e omissões.

Crianças e adolescentes ficam agoniados e confusos quando não são devidamente esclarecidos a respeito dos acontecimentos: colhem dados, elaboram hipóteses, tentam formar um quadro inteligível com base nos retalhos das comunicações oficiosas, não faladas, mas que sempre existem e estão fora do controle consciente. "E então nos mudamos para outra cidade e não vimos papai por três meses; mamãe dizia que ele estava trabalhando muito e não podia nos ver; mas depois voltamos para o Rio e fomos morar num apartamento mínimo, sem cama de casal. Fiquei calada, respeitando o sofrimento de minha mãe e tentando me adaptar à nova vida. Foi quando papai apareceu e nos chamou para ir à casa dele e nos apresentou a uma amiga. Tive a sensação de estar perdendo meu pai. E assim, sem mais explicações, meu pai viveu com essa mulher e teve três filhos com ela, com os quais aprendi a conviver. Meu mundinho cor-de-rosa desabou e tive de digerir a existência de uma cama de casal naquela casa."

As *diferenciações* também são importantes: esclarecer, por exemplo, que papai e mamãe vão se separar e, por isso, passarão a morar em casas separadas. O pai vai deixar de ser o marido da mãe, mas não vai deixar de ser o pai das crianças. Esclarecimentos concretos são úteis, em especial para as crianças pequenas: "Vocês vão continuar morando aqui com a mamãe. O quarto de vocês vai continuar sendo a mesma coisa, vocês vão continuar indo à mesma escola no mesmo horário e vão passar alguns dias por semana na casa do papai". Dizer à criança, na medida do possível, o que vai ficar igual e o que vai ser diferente na vida dela com a separação é importante na organização dos seus novos pontos de referência para ajudá-la a formar um novo chão. Para cada faixa etária, outras coisas poderão ser esclarecidas, desde que não ultrapassem o limite de privacidade da vida dos pais.

A comunicação oficiosa sempre precede a oficial e, assim, muitos indícios de que o casamento está terminado são captados pela sensibilidade das crianças. Antes de as pessoas falarem por palavras, falam por condutas: pais que se trancam no quarto com mais frequência para não discutir na frente das crianças; pai ou mãe que passa a dormir na sala; pai e mãe que mal se falam ou que brigam por qualquer coisa. A criança, nessa etapa, fala também de suas preocupações por meio de condutas e sintomas, como enurese, agressividade, fechamento, problemas de sono, queda do rendimento escolar.

Embora, sem dúvida, a comunicação oficial seja imprescindível, costuma trazer um impacto inicial bastante forte, ativando dor e culpa nos pais: "Nós sentamos em volta da mesa e começamos a falar. As duas choraram muito. Foi horrível, muito triste. A de nove anos pegou minha mão e a do pai, juntou as duas muito apertado, beijava uma, beijava a outra, sem dizer uma palavra, mas dizendo tudo, não é?". O primeiro momento da comunicação oficial pode ser um choque, mesmo para filhos adolescentes ou adultos: "Quando eles me disseram que iam se separar, senti um buraco no estômago e me faltou o chão de repente. É como se tudo o que se mantinha de pé tivesse desmoronado. Depois, meu pai me convidou para passar uns dias com ele e pudemos conversar sobre muita coisa. A partir daí, foi como se estivesse entrando num mundo novo. Meus pais deixaram de ser um casal para mim, passaram a ser duas pessoas".

Mesmo quando a separação tinha sido prevista há muito tempo, a concretização da decisão pode gerar momentos difíceis: "Meus pais brigavam demais e eu sabia que iam acabar se separando mais cedo ou mais tarde. Mas no dia em que eles realmente decidiram se separar foi um choque. Tentei não participar, me tranquei no quarto, fiquei lá fingindo que não queria nem saber".

O conhecimento das circunstâncias da separação é, às vezes, recebido com profunda decepção pelos filhos: "Fiquei muito chocada com minha mãe porque ela se separou do meu pai por estar gostando de outro homem. Cheguei a ficar quase um ano praticamente sem falar com ela, embora morasse na casa dela. Mal conseguia olhar para ela, não aceitava que ela tivesse posto chifre no papai". Outros, ao contrário, "encostam os pais na parede", ávidos por detalhes e esclarecimentos sobre "a verdade", por não suportarem a ambiguidade e a omissão.

Nos casos em que a mulher "bota o marido para fora de casa", é comum acontecer um jogo de culpa/acusação por "ter expulsado o papai". Quando esse jogo se cristaliza, a mãe corre o sério risco de se sentir devedora perante os filhos, que não param de cobrar e de pedir mil coisas. Soma-se, ainda, a culpa por passar o dia fora de casa trabalhando, principalmente quando não consegue fazer uma parceria parental satisfatória com o ex-cônjuge e acaba assumindo os encargos de provedora e chefe de família. Isso estimula as crianças a ficarem cada vez mais vorazes para que ela dê até o que não pode, intensificando o caos e a insubordinação na casa. Na medida em que ganhar presentes e vantagens passa a ser prova de amor, a mãe passa a ser desrespeitada e explorada por condutas abusivas dos filhos; se ela apenas se queixa, mas não exige respeito, quebra a hierarquia da família. É preciso um grande esforço para que todos se conscientizem de que a família é uma comunidade para a qual todos precisam dar contribuições positivas, com base na cooperação e na solidariedade.

O momento em que a decisão da separação é tratada pela primeira vez com os filhos está longe de esgotar o assunto. Na verdade, a comunicação da separação é um processo, mais do que um momento, da mesma forma que o término do casamento e a decisão de separar-se não acontecem de um minuto para outro. Esse processo desenrola-se gradativamente. Muitos pais se angustiam com a escolha do "melhor momento" para ter uma conversa com os filhos a respeito da separação. Surgem questões do tipo: pai e mãe devem falar juntos? Dentro de casa ou durante um passeio? É melhor falar com os filhos um de cada vez ou reunir todo mundo?

Não há necessidade de um "momento solene". O essencial é que fiquem atentos aos comentários que as crianças fazem, nas horas mais inesperadas, sobre o que captam do nível oficioso da comunicação, como observações sobre a mãe que passou a dormir no quarto das crianças ou a tensão, a tristeza e a hostilidade que transparecem no trato cotidiano. Pode-se aproveitar um comentário qualquer, responder a uma pergunta direta ou simplesmente colocar em palavras o que, pelos atos, já está sendo falado: "Vocês estão percebendo que papai e mamãe deixaram de dormir no mesmo quarto. Isso é porque já não dá mais para a gente ficar junto. Resolvemos nos separar e cada um vai morar em uma casa".

No processo de digerir a separação dos pais, muitos sentimentos vão surgindo: "Depois da primeira etapa, passei um tempo me sentindo muito afastada dos dois. Depois senti muita raiva deles. Com que direito poderiam fazer isso comigo? Passei a achar todos os casais falsos. Eu culpava meus pais por terem fracassado no casamento, ao mesmo tempo em que compreendia a situação e achava que a separação tinha sido o melhor para os dois. Com o tempo, fui aceitando melhor meus pais separados. Atualmente, estou bem próxima tanto

E os filhos?

de um quanto de outro, mais até do que na época em que estavam casados".

Em síntese, na comunicação "oficial" sobre a separação, os pontos fundamentais são dizer com clareza o que está acontecendo ("Papai e mamãe vão se separar"); possibilitar a expressão dos sentimentos da criança e dar a ela a perspectiva mais concreta possível de como vai ser a vida do dia a dia depois da separação. A criança se ajusta com mais facilidade à situação nova quando tem pontos de referência concretos.

No entanto, nem sempre é possível preparar os filhos de antemão para a separação. Há os casos em que, por exemplo, um dos cônjuges sai de casa de repente, sem aviso prévio, deixando o outro desnorteado e os filhos confusos, com dificuldades de enfrentar uma situação para a qual não foram preparados: "Foi o meu primeiro namorado; eu me casei achando que íamos ficar juntos o resto da vida e nos dávamos muito bem, ele era maravilhoso como marido e como pai. Há duas semanas, veio com uma bomba, dizendo que não dava mais para ele, que estava gostando de outra mulher e, no mesmo dia, saiu de casa. Só telefonou uma semana depois para saber se a filha tinha melhorado da gripe. Eu fiquei arrasada, sem saber o que fazer, eu nem suspeitava de que não estivesse bom para ele, participava de tudo na casa. Fiquei magra, abatida, não conseguia dormir. Nossa filha, muito agarrada a ele, anda pela casa procurando pelo pai, perguntando onde ele está, pedindo para vê-lo".

Às vezes, a separação acontece ainda durante a gravidez: "Ele nunca quis ter filhos. Quando engravidei, ele foi muito claro: se eu insistisse em não tirar a criança, ele sairia de casa. Saiu e nunca mais nos vimos". Ou, então, o casal se separa com um filho de poucos meses, que ainda não entende uma comunicação verbal. Os bebês também têm sensibilidade para detectar mudanças significativas e reagem basicamente

165

por meio de alterações de conduta (aumento do choro, agitação nas horas de dormir ou de comer, maior irritabilidade). Crianças maiores também reagem a eventos importantes com modificações de comportamento, embora disponham do canal verbal. Com criancinhas até em torno de um ano, a comunicação da separação é rudimentar. A criança vai crescer sem ter muita noção de pai e mãe vivendo juntos e a separação vai ser um fato a ser comunicado e digerido assim que a criança começar a ter acesso à verbalização.

Pode-se começar com um esclarecimento simples e fundamental: "Papai e mamãe são separados; papai mora na casa dele e mamãe mora aqui na nossa casa"; "Hoje o papai vem buscar você e o maninho para dormir na casa dele". Posteriormente, é possível dar à criança a noção de que houve uma época em que os pais estavam casados e moravam juntos. Ver retratos dessa época facilita o entendimento, permitindo à criança traçar uma retrospectiva da história familiar. Pode-se também ajudá-la a perceber as diferenças entre famílias: amiguinhos que moram com pai e mãe; outros que moram só com a mãe, o pai ou os avós; outros que moram com a mãe e o marido. A criança poderá entender com mais facilidade as diferentes formas de organização familiar, aprendendo a encarar a separação como um acontecimento e não necessariamente como uma tragédia.

Digerir a separação é um longo processo, mesmo quando acontece na época em que a criança era bebê. Mais tarde, vai surgindo a consciência da separação e acontecem momentos de tristeza pela constatação de que não é possível reunir pai e mãe. Um menino de cinco anos começou a expressar desejos de que o pai, a mãe, ele, os irmãos e o marido da mãe vivessem todos na mesma casa. Quando viu o pai na casa da mãe no dia do seu aniversário, ficou agitadíssimo: esse recorte da realidade se encaixou nos seus desejos. No fim de semana seguinte, ficou com o pai e, ao retornar à casa da mãe, o pai, como de costume, foi embora. O menino começou a chorar, não querendo entrar, dizendo que ia morar na casa dos avós. Chorou até quando a mãe começou a conversar com ele sobre sua tristeza de ver que não ia mesmo morar todo mundo junto, que o pai e a mãe viviam realmente separados e o que ele tanto desejava não iria acontecer. Falar diretamente sobre os sentimentos ajuda a criança a entendê-los e a se sentir entendida.

Às vezes, uma *ajuda psicoterápica* à criança ou ao adolescente faz com que conflitos e problemas intensificados pela separação venham a ser enfrentados com mais tranquilidade. A *orientação aos pais* a respeito do manejo das inúmeras situações que surgem antes e depois da separação é também importante, em especial no aspecto preventivo. Em muitos casos, a psicoterapia de família oferece ajuda eficaz, antes ou após casamentos, separações e novas uniões.

Para alguns filhos, a notícia da separação é não apenas esperada como também bem-vinda, especialmente quando vivem sob uma atmosfera opressora e tensa com os pais casados e vislumbram uma perspectiva de vida mais tranquila morando longe do pai e/ou da mãe: "Dei graças a Deus quando meus pais se separaram, não aguentava mais mamãe me enchendo o saco o dia inteiro. Assim que papai saiu de casa, fui morar com ele. É raro sentir vontade de ver minha mãe, a gente nunca se deu bem".

O *apoio dos filhos* à separação é, por vezes, muito claro. Diz uma moça de vinte e um anos: "Quando minha mãe nos disse que ia se separar e que estava gostando de outro cara, nós demos a maior força para a separação. Estava claro demais, há muito tempo, que com papai já não dava mais". O reconhecimento da dificuldade da separação vem junto com a percepção da dificuldade de ver mantido o casamento: "Sempre é difícil, pois gostamos dos dois, mas se eles não estão felizes juntos é

Casamento, término e reconstrução

melhor que fiquem felizes separados. Não adianta ter os pais dentro de casa se eles não vivem bem".

Com o passar do tempo, a maioria das crianças reconhece a validade do término de um casamento ruim. Uma menina de doze anos disse à mãe: "Sabe, no princípio fiquei chateada quando você resolveu se separar do papai. Mas agora eu acho que você deve arranjar outro marido". As crianças são sensíveis às necessidades e às dificuldades dos pais.

Filhos mais velhos formam alianças nítidas contra ou a favor de pai e mãe que se separam: "Meu pai trocou minha mãe pela secretária. Isso já faz quatro anos e até hoje ela não conseguiu se recuperar. Eu mal falo com meu pai e me recuso a recebê-lo em minha casa com aquela mulher. Já meu irmão ficou do lado dele, achou que se papai se apaixonou por outra tinha que se separar da minha mãe. Embora também tivesse ficado com pena da mamãe, meu irmão sai numa boa com meu pai e aquela mulher e eu acho isso o fim". Quando os pais se separam com mais idade, surge até mesmo controle sobre as relações amorosas dos "velhos", ligado à preocupação com a preservação do patrimônio: "Nós nos reunimos num conselho de família para tirar do papai o direito de dispor dos bens. O velho enlouqueceu, namorando garotinhas e dando presentes caríssimos. Assim não pode ser!".

Há casais que se separam e conseguem manter um bom contato, inclusive para curtirem os filhos juntos. Mesmo quando recompõem vínculos amorosos com outros parceiros, dão continuidade à convivência: um vai à casa do outro, ou saem todos juntos para um passeio. Quando a separação está bem definida para eles e a convivência amistosa é mantida para compartilhar a educação dos filhos, as crianças conseguem diferenciar entre essa forma de convívio e a decisão de não viverem juntos. O problema é que há situações em que a separação ainda está carregada de dúvidas e hesitação: os pais moram se-

168

parados, mas, às vezes, o pai dorme com a mãe e a criança esporadicamente o vê em casa "como nos velhos tempos". É claro que, em casos assim, ela custa a entender qual é a situação, se os pais continuam casados ou se estão separados.

SE A MAMÃE DEIXOU DE GOSTAR DO PAPAI, TAMBÉM PODE DEIXAR DE GOSTAR DE MIM

"Se a mamãe deixou de gostar do papai, também pode deixar de gostar de mim, e aí ela vai embora e eu vou ficar aqui sozinha." Na lógica da criança, que permanece atuante no adulto, o que predomina é esse tipo de generalização, que gera medo e insegurança. O problema se intensifica à medida que os pais, tumultuados com a separação, mostram-se menos disponíveis para os filhos. Em geral, eles estão tão envolvidos nas brigas e nos ódios recíprocos que nem se dão conta do que se passa com a criança e não se voltam para ela; após a separação, envolvidos em dores e confusões, também passam por períodos de desatenção. Nessa fase, outras pessoas podem conversar com as crianças e ouvir o que elas têm a dizer.

Ainda pior é quando a realidade acaba concretizando os temores e as fantasias da criança: pai ou mãe que se afastam, deixam as crianças de lado, escasseiam os contatos e se distanciam. É doloroso para a criança ver confirmado o temor de ser abandonada. "Quero deixar os dois!" Exasperado com as brigas intermináveis com a ex-mulher, o homem ora sumia da vida do filho, ora o submetia à violência de gritos e surras quando o cenário da casa ficava tumultuado demais. Com a vida complicada pelo conflito incessante, muitas mulheres se desentendem com os filhos, que ficam perdidos, confusos. Isso quase sempre resulta em dificuldades na escola, especialmente por falta de concentração e problemas de conduta.

Em períodos de maior insegurança, a criança intensifica as condutas de solicitação e de controle: "Onde você vai?"; "Com quem vai sair?"; "A que horas vai voltar?". O celular toca a cada cinco minutos e a criança não desgruda da mãe (quando mora com ela), se aflige quando ela não está por perto pelo medo de ficar desamparada, sozinha, sem ter quem tome conta dela. O controle se intensifica ainda mais quando a criança exerce a função de "espionar" a vida da mãe, atendendo aos pedidos do pai ainda interessado em saber da vida da ex-mulher.

A necessidade de controle pode estar ligada à impressão de ter uma "mãe voadora", que escapa das mãos como balão de gás, ou um pai inteiramente afundado em outros compromissos e interesses. Percebendo a falta de disponibilidade e a dificuldade de ter acesso ao pai e/ou à mãe, o filho sente-se perdido e abandonado mesmo, e entra em crises depressivas que podem se manifestar por meio de uma recusa em ir à escola, de passar dias inteiros trancado no quarto ou de manifestar desejo de morrer.

Não é fácil para a criança descobrir que pode continuar gostando do pai e da mãe embora eles não se gostem mais: "Mamãe odeia o papai, mas eu gosto dele porque é meu pai". A criança fica aliviada quando atinge essa diferenciação e consegue compreender que, embora pai e mãe não se amem mais, ela pode continuar amando os dois e recebendo amor de cada um deles. Esclarecer e demonstrar às crianças que o pai deixou de ser o marido da mãe, mas continua sendo o pai delas, ou que ambos continuam gostando delas, ajuda muito a aliviar a insegurança.

À medida que as crianças crescem, podem também procurar ativamente o pai "sumido". Passa a haver uma responsabilidade conjunta entre o pai e o filho, determinando os caminhos do relacionamento. Há casos em que o pai passa anos omisso e ausente, até que o filho começa a solicitá-lo e a procurá-lo com mais frequência e insistência. "Quem espera, desespera": em vez de ficar frustrado, lamentando que o pai não liga, o filho resolve "fazer acontecer" e toma a iniciativa do contato, propondo e combinando encontros e programas.

Por outro lado, é preciso considerar a *Síndrome da Alienação Parental*, conceito criado pelo psiquiatra americano Richard Gardner para descrever o comportamento de um dos genitores de "programar" a criança para odiar e desprezar o outro genitor, na tentativa de destruir o vínculo, sabotando o contato de todas as maneiras possíveis. Por vezes, essa "campanha contra" é tão massacrante que a criança passa a acreditar em tudo o que, por exemplo, a mãe diz contra o pai e passa a pensar do mesmo modo, resistindo ao contato.

Mesmo durante o casamento, é comum surgirem dificuldades com um determinado filho, em geral a criança mais sensível ou a que tem mais facilidade de contestar ou de tocar nos pontos vulneráveis dos pais. Da mesma forma, os filhos podem ser um alvo deslocado das agressões conjugais e, assim, muitas das brigas que não ocorrem entre o casal se escoam para conflitos e atritos com as crianças.

Após a separação, podem surgir dificuldades com o filho que mais se assemelha em físico, temperamento ou conduta ao ex-cônjuge agora odiado: "Ele faz aquela cara de raiva exatamente igual à que o pai fazia, é como se eu o estivesse vendo na minha frente, e isso é insuportável". Com o ex-cônjuge fora de alcance, a hostilidade e os maus-tratos recaem sobre a criança para, desse modo, atingir o ex-parceiro: "Por que a gente tem que ser uma arma?". Isso aparece nas lutas ferrenhas pela guarda dos filhos, em que o amor às crianças raramente predomina: "Eu ainda vou ter o gostinho de tirar os filhos dela!".

Com a separação, surgem algumas mudanças de *valores* e de *hábitos* que entram em contradição com o que pretendiam transmitir aos filhos quando ainda estavam casados: "Desde que meu filho era bebê, não dormia na nossa cama; agora, com dez anos, dorme na cama com o pai, que passou a achar isso muito natural". A convivência com os novos parceiros do pai e da mãe estimula questionamentos importantes para os filhos adolescentes: "Se o namorado da minha mãe pode dormir lá em casa, por que o meu não pode?".

O mais curioso é que muitos pais separados passam a ter com os filhos reações idênticas às que tiveram com os próprios pais: "Honestamente, fico perdida com isso. Queria transmitir valores mais tradicionais às minhas filhas, nada de trazer o namorado para dormir em casa e por aí vai. Mas minha cabeça mudou muito depois da separação. Estou namorando, durmo com meu namorado, é evidente, embora a gente ainda nem esteja pensando em casar. Aí me vejo mentindo para as minhas filhas do mesmo jeito que mentia para os meus pais — digo que vou ao cinema e vou para o motel; meu namorado só dorme aqui em casa quando as meninas estão na casa do pai. Acho tudo isso estranhíssimo, mas ainda não tive coragem de ser totalmente honesta com elas, ainda está tudo muito confuso na minha cabeça".

Acabam acontecendo *reversões de papéis*: o "será que os pais dela vão me aceitar?" da época anterior ao primeiro casamento transforma-se em "será que os filhos dela vão se dar bem comigo?" ou em "será que nossos filhos vão conviver bem?". A preocupação com os descendentes do novo parceiro predomina sobre a preocupação com os demais vínculos familiares. Num grau mais intenso de reversão de papéis, as crianças passam a tomar conta dos pais, vigiando e controlando suas condutas, querendo decidir coisas importantes na vida deles: "Meus filhos dizem que não querem que eu tenha outro homem, que estou bem morando só com eles".

Quando precisamos ser controlados, damos um poder excessivo aos filhos, que passam a atuar como *guardiões*: "Atualmente não tem pai, nem mãe, nem marido me reprimindo. Mas tem os filhos. Eu me sinto criticada, cerceada por eles, com as perguntas e os comentários que fazem sobre a minha vida". Os filhos são solicitados, de modo sutil, a tomar conta dos pais: "Outro dia mesmo, dormi fora de casa; quando cheguei, encontrei minha filha com cara de mãe me perguntando com quem e onde eu estava". Num extremo, o filho fica na posição de "dono da casa": "Parece até que sou eu quem moro com meu filho de quatro anos e não ele comigo. Reconheço que isso não está nada bom; ele se sente o rei do mundo".

É evidente que a vida amorosa dos pais, em especial quando separados e envolvidos com novos parceiros, aguça a curiosidade sexual de crianças e adolescentes: "Minha filha de doze anos quer saber com quem eu saio, se já estou namorando. De repente, eu sou uma competidora, uma mocinha interessada nos rapazes. Quando vai algum amigo lá em casa, ela sempre dá um jeito de ficar por perto para participar da conversa".

Com filhos adultos, costuma surgir mal-estar quando o pai ou a mãe se ligam amorosamente a pessoas da mesma idade ou até mais jovens que os próprios filhos. Em muitos casos, mal dá para sustentar uma aparência de bom convívio social, já que as correntes subterrâneas de ciúme, de competição e de rivalidade falam mais alto, dando origem a conflitos abertos ou ao distanciamento.

Nas vivências edípicas, comuns a crianças e adolescentes, sempre há o desejo de ocupar o lugar do pai ou da mãe. Quando os pais têm uma relação conjugal satisfatória, o filho acaba aceitando que o homem da mamãe é o papai e não ele. Resta-lhe, então, identificar-se com o pai, querer ser homem como ele para, mais tarde, vir a unir-se a uma mulher. No entanto, no casamento insatisfatório, o cônjuge não preenche a necessidade de companheiro e o filho passa a ocupar esse lugar, intensificando as vivências edipianas. Quando os pais

Casamento, término e reconstrução

se separam e, efetivamente, o rival sai de cena, a questão edipiana se acentua ainda mais, na mistura de medo, desejo e culpa por ocupar o lugar deixado vazio.

Por seu lado, os pais — carentes — tendem a reforçar essa tendência de o filho ser o companheiro amoroso: uma menina de onze anos dormia na cama com o pai, mas depois que este se separou, ela se mostrou preocupada por estar ocupando o lugar deixado pela mãe. Passou um período amabilíssimo com a mãe, na tentativa de aplacar a suposta raiva desta e a sua própria culpa; tentou também reaproximar os pais e arranjar namoradas para o pai, para se ver a salvo da tentação de ser a mulherzinha do papai.

Quando o pai ou a mãe passam a ter uma união homoafetiva, o cenário edípico modifica-se inteiramente. Em especial para os adolescentes, surge uma angústia muito intensa com relação à definição da própria sexualidade: "Será que eu vou ser homossexual também?"; "Se minha mãe mudou de ideia depois de casar e de ter filhos, o que será que vai acontecer comigo?".

Quando surge um novo parceiro amoroso, a criança —se ocupava esse lugar há muito tempo — reage com raiva e ciúme. É o caso de um menino cujos pais se separaram quando ele tinha seis anos: a mãe passou a transformá-lo em companheiro e ajudante para carregar compras ou abrir a porta do elevador. Aos dez anos, quando surgiu um namorado da mãe, ele começou a ter crises de ciúme; não queria deixar a mãe sair com o namorado, era hostil com ele, acordava à noite várias vezes para fiscalizar a mãe. Viveu intensamente a desilusão necessária da esperança de ser algo mais do que filho.

Com a carência amorosa de um companheiro, os filhos são encorajados a preencher a lacuna. Alguns se aliviam quando não precisam mais exercer essa função: um menino de cinco anos, logo após a separação dos pais, encheu a mesinha de cabeceira do pai com coisas suas. Um ano depois, quando a mãe tornou a casar-se e o novo marido foi morar com eles, o menino retirou suas coisas de lá dizendo: "Agora, a mamãe já tem marido de novo e eu não preciso mais guardar as minhas coisas aqui".

Cada filho preenche uma determinada função na dinâmica familiar. Após a separação, alguns permanecem com a mesma função, mas há, de certo modo, um remanejamento, inclusive com a criação de novas funções na etapa de recomposição familiar. Desse modo, por exemplo, o filho mais apegado à mãe pode exercer a função de companheiro que seus irmãos mais autônomos não estão dispostos a preencher. A mãe passa a prender esse filho junto a si, sobretudo quando ainda não formou outra relação amorosa. Absorvendo o filho, tenta afastá-lo do convívio do pai e até mesmo de amigos e irmãos.

Em geral, essa atitude se reveste de sedução por meio de benefícios e presentes, além das chantagens ("Se você for dormir na casa do seu pai, eu vou ficar aqui sozinha. Se ficar comigo, eu te levo para jantar fora") ou de posturas de vítima ("Você não tem pena de sua mãe?"). A criança fica presa pela responsabilidade de tomar conta da mãe e culpada quando deseja estar com outras pessoas ou viver uma vida própria. A relação com as demais pessoas entra em conflito à medida que a criança percebe a exigência de exclusividade e se julga desleal quando está longe da mãe. Essa aliança pode existir também entre mãe e filha adolescente: uma fica com a outra e, juntas, desprezam os homens. De certo modo, prometem fidelidade uma à outra, o que trava as possibilidades da adolescente de expandir-se no mundo, formando vínculos com gente da sua idade.

Uma das repercussões sobre a criança-companheiro é forçá-la a amadurecer, representando um papel adulto que não lhe cabe: "Com a separação dos meus pais, quando eu tinha seis anos, aconteceu um negócio ruim: eu fiquei sem direito de ser criança e de brincar. Claro que o casamento deles já não estava bom e a impressão que eu tenho hoje é que minha mãe preparou o terreno para que eu ficasse no lugar do meu pai. Meu irmão nasceu quando eu tinha três anos e me escolheram para ser o padrinho. Fiquei responsável pelo meu irmão, ajudei a cuidar dele. Minha mãe não se casou de novo e eu tive mesmo que ser o homem da casa". Um dos filhos — em geral o mais velho — assume essa função até mesmo de modo mais concreto, como o provedor econômico, "arrimo de família".

A carência, não apenas de companheiro mas também de amigos, transforma alguns filhos em *confidentes*. Esses filhos acabam funcionando como pais dos pais quando estes vivem contando seus problemas como uma maneira de solicitar atenção e companhia. A criança, em vez de ser cuidada, passa a cuidar. É uma carga pesada, pois ela passa a perceber os pais frágeis e incapazes de lhe oferecerem a assistência de que necessita. Nesses casos, ou elas amadurecem precocemente ou ficam alheias e arredias, sob uma fachada de gente grande abafando necessidades de receber proteção, carinho e aconchego. É evidente que essa reversão de papéis acontece quando o pai e/ou a mãe estão regredidos ou são ainda imaturos, mais infantis que os próprios filhos. Os filhos passam a ter uma conduta parental e os pais uma conduta filial; é o filho que se vê na obrigação de ser o apoio para um adulto que se sente desamparado e inseguro sem o cônjuge.

Capítulo 8

No meio da linha de fogo

O vínculo entre pais e filhos não é feito só de amor e carinho — há também inveja, raiva, rejeição, competição, vingança e condutas sádicas, estejam os pais casados ou separados. Com isso, muitos filhos se decepcionam e se sentem infelizes com os pais; em contraposição, os filhos às vezes apresentam condutas sádicas e persecutórias com relação aos pais, provocando neles também decepção e desilusão.

Esse desencanto com os vínculos familiares pode acontecer em qualquer época do ciclo vital da família, com pais casados, viúvos ou separados: filhos interessados pelos bens dos pais, querendo herdá-los ainda em vida e provocando brigas terríveis em torno disso; filhos que administram com desonestidade as finanças dos pais; rede de intrigas familiares gerando inimizades e maus-tratos. No âmbito da separação, isso ocorre com filhos que atuam como espiões do pai ou da mãe para saberem quanto ganham e, com isso, pedir aumento de pensão por meio de escândalos, chantagens, ameaças e ações judiciais, e filhos que se dedicam ao leva e traz de informações

Casamento, término e reconstrução

sobre pai e mãe, acentuando conflitos e desentendimentos, coisa que também acontece quando os pais são casados.

São cenas familiares que explodem em raiva, ressentimento, esfriamento, falsidade ou rompimentos: "Há dez anos meus pais se separaram e há oito eu não falo com minha mãe. Ela é uma louca, me espancava, chegou a me ferir seriamente, a ponto de o juiz permitir que eu saísse de casa. No princípio, tinha momentos em que eu chorava, sentindo falta dela; depois, senti muita raiva, até que passei a não me incomodar de ser órfão de mãe viva".

Há circunstâncias em que o vínculo entre pais e filhos perde muito em força ou em amor, a ponto de predominar a mágoa, o ódio ou a indiferença. Com a escassez voluntária do contato, acaba havendo a falta da falta. Isso mostra que a ligação amorosa entre pais e filhos não acontece nem por instinto nem pelos laços de sangue, mas é construída pelo carinho e pelas atenções recíprocas. Para muitas pessoas, é doloroso viver esse desencanto e constatar que nem mesmo a ligação amorosa entre pais e filhos tem garantia de eternidade.

No processo de separação, o desencadear de agressões e hostilidades quase sempre "sobra" para os filhos, aumentando a insegurança, o medo e a angústia: "Eu disse à minha filha que ela podia escolher: ou fica comigo e nunca mais vê o pai ou fica com ele e nunca mais me vê. E quer saber? Eu sofri muito, tive uma infância que foi barra pesada e não morri por causa disso. Então, por que ela não pode sofrer também?". As "sobras" do ódio envolvem a criança no jogo de culpas pela separação. Há pais que acusam os filhos de terem causado a separação: "Porque desde que nasceram estragaram nossa vida". Essa atitude vai ao encontro do pensamento autorreferente típico da criança, que imagina que tudo o que acontece é por sua causa. O reforço dessa fantasia torna difícil para a criança enxergar com mais nitidez os problemas dos pais.

No meio da linha de fogo

Em meio ao ódio e à agressão, quase sempre acontecem rompimentos com pessoas da família, e as crianças acabam sendo proibidas de ter contato com tios e primos aos quais estão muito ligadas. Isso intensifica as perdas. É claro que o poder dos pais é maior quando os filhos são pequenos; quando crescem, têm maior possibilidade de decidir pela própria vida e lutar para conseguir o que desejam.

Com a separação dos pais, o contato entre irmãos também pode modificar-se, com as transformações das estruturas habituais de funcionamento da família: "Meus pais se separaram depois de trinta e cinco anos de casados. Somos quatro irmãos, todos casados, e nunca nos visitamos. Nosso ponto de encontro era na casa dos meus pais. Com a separação, é como se a família tivesse se dissolvido. Não há mais reuniões de família, cada qual fica no seu canto, já não há mais um centro". A modificação da convivência entre irmãos também ocorre quando alguns permanecem morando com a mãe e outros vão morar com o pai. A perda da convivência diária não necessariamente diminui a intensidade do vínculo, mas antecipa uma etapa normal do ciclo vital da família, quando os filhos que se tornam adultos deixam de morar com os pais.

O tumulto emocional do homem e da mulher que se separam contagia a relação pais-filhos. Os sentimentos de raiva, insegurança, mágoa e vingança que circulam de um para outro na linha de fogo quase sempre envolvem também os filhos. Quando isso acontece, as crianças sofrem ainda mais a tensão e a sobrecarga da separação. Há muitas maneiras de colocar os filhos no meio da linha de fogo: utilizá-los como mensageiros, escudos e armas de ataque; instruí-los para pedir a um dos genitores mais dinheiro, brinquedos caros e benefícios que revertam em favor do outro; pedir informações sobre o ex-cônjuge, crivando as crianças de perguntas assim que voltam para casa. O filho utilizado como espião funciona

Casamento, término e reconstrução

como "controle remoto" sobre a vida do ex-cônjuge. A criança se sente mal com isso, sobretudo por entrar em um conflito de lealdade, mas, mesmo assim, algumas passam a utilizar essa função em proveito próprio e começam a fazer chantagens. Contudo, certamente a criança fica incomodada com a sensação de ser tratada como peteca, jogada de um lado para outro, disputada como aliada.

Com a proximidade da idade adulta, é possível criar situações embaraçosas, nos casos em que a mulher vive à custa do sustento que o ex-marido dá aos filhos: surge o pavor de que os filhos resolvam morar com o pai ou com outras pessoas, porque isso significa perder o sustento e precisar buscar outros meios para sobreviver. O que era uma situação cômoda na época dos filhos pequenos transforma-se em guerra: "Não quero continuar sustentando sua mãe, só você". Abre, então, uma conta bancária para a filha, lá depositando o dinheiro da pensão, antes administrado pela mãe, coloca o carro em nome da filha, sai com ela para fazer compras. Isso modifica a distribuição de poder entre mãe e filha — aquela ainda é a "dona da casa", mas é a filha que agora está com o dinheiro na mão. Se não houver entre elas uma relação de cumplicidade e companheirismo, os conflitos se intensificam: "E agora vive me jogando na cara que é ela quem decide o que vai botar dentro de casa!".

Estar no meio da linha de fogo aumenta a ansiedade e os problemas a serem enfrentados. Porém, convém ressaltar que a maioria dos problemas das crianças não decorre da separação em si, mas de aspectos conflituosos do vínculo do ex-casal que são expressos por meio dos filhos. Tanto no casamento quanto após a separação, sobre as crianças se descarrega a maioria dos conflitos conjugais e pessoais. "Pelo amor de Deus, parem com isso!", o filho suplica, desesperado. Se o casal se separou porque brigava demais, por que continua brigando do mesmo jeito? A criança e o adolescente sofrem com as "sobras" dos

180

conflitos. Daí o valor da psicoterapia do divórcio: ao clarear e aliviar os sentimentos pesados, facilita-se a desvinculação e a busca de melhores soluções para os problemas do convívio no pós-separação.

A tendência a dividir coisas e pessoas em bom/mau, certo/errado é universal. Nos relacionamentos familiares isso também acontece: "Pedrinho é um anjo, mas o Quinzinho é uma peste"; "Papai é bom, mamãe é chata". Com a separação, a tendência é acirrar ainda mais a luta entre bandidos e mocinhos por meio dos ataques recíprocos que colocam as crianças no meio da linha de fogo: "Seu pai não presta"; "Sua mãe faz tudo errado".

Isso acontece principalmente quando a pessoa não consegue ultrapassar os sentimentos de mágoa, raiva, ressentimento e desejo de vingança, formando a base da *Síndrome de Alienação Parental*: os aspectos positivos do ex-cônjuge são negados, ressaltam-se as dificuldades ou até mesmo cria-se a imagem de um monstro a ser evitado a todo custo. Os comportamentos mais comuns dessa síndrome são: evitar o contato telefônico, inventar desculpas para dificultar ou impedir a visitação, depreciar ou insultar o ex-cônjuge na presença dos filhos, sabotar informações ou tomar decisões importantes sobre a vida das crianças sem consultar o genitor. Em casos mais graves, o alienador chega até mesmo a fazer falsas denúncias de abuso físico ou sexual para afastar os filhos do convívio "perigoso" e permanecer na relação simbiótica com os filhos.

A CRIANÇA COMO ARMA

"Eu quero que você encha a paciência da sua mãe para que ela não seja feliz." É a expressão do ódio e do desejo de vingança: "Se ela não quer mais ser minha, vou atormentar a vida dela". As crianças são pressionadas para não aceitar o novo parceiro da mãe ou a nova mulher do pai e não se ligar a eles. É o ódio de ver o ex-cônjuge tentando refazer o amor com outra pessoa. As crianças passam a receber instruções no sentido de encher a paciência do namorado da mãe para que este desista. Além disso, o ciúme da criança também a orienta no sentido de tentar afastar os rivais para continuar tendo a mãe exclusivamente para si. Contudo, para o ex-cônjuge rancoroso, a infelicidade e o sofrimento do outro são o triunfo da vingança.

Pai e mãe se depreciam mutuamente diante da criança: "Sua mãe não cuida direito de vocês, ela só quer saber de se divertir"; "Seu pai é mesquinho, ele se recusa a dar mais dinheiro e por isso eu não posso comprar o que vocês precisam". A criança fica partida, com a sensação de não ser assistida nem pelo pai nem pela mãe. A depreciação é expressão do ódio, juntamente com a competição às avessas pelo afeto da criança; é a necessidade de demonstrar que o outro não vale nada para ganhar pontos aos olhos dos filhos. A criança forma dentro de si uma imagem ruim tanto do pai quanto da mãe, e isso pode comprometer sua própria autoestima, ao pensar que também ela não presta. Vem a sensação de ser pouco amada: "Se seu pai gostasse de você, viria vê-lo mais vezes, mas ele quase nunca vem buscá-lo"; "Se sua mãe gostasse de vocês, não sairia tanto à noite". A criança sente-se mal-amada por ambos, o que também compromete a autoestima: "Se eles não gostam de mim é porque eu sou ruim".

O filho colocado na função de "pombo-correio" é o que recebe a maior carga de tensão. O homem e a mulher mal se falam e mandam recados um para o outro por meio do filho: "Já falou com seu pai que vamos viajar nas férias?"; "Diga à sua mãe para não ficar me perturbando, só vou mandar o resto do dinheiro na semana que vem". Acumulando as incômodas funções de arma e de mensageiro, o filho deixa de ter voz própria e passa a viver estressado, repetindo o que a mãe e/ou o pai dizem, levando mensagens de um lado para outro.

Nos primeiros tempos após a separação, dificilmente o homem e a mulher conseguem se enxergar sem grandes distorções. É bom quando pelo menos um deles ou outras pessoas conseguem ajudar as crianças a entender como funciona a cabeça dos adultos nesses momentos: "Seu pai fala mal de mim porque ficou muito zangado com a separação"; "Não é fácil para sua mãe me ver com outra mulher e se sentir sozinha".

A outra face do problema de depreciar o ex-parceiro aos olhos da criança é fazer o oposto — a tentativa de preservar, a qualquer custo, uma imagem boa do pai ou da mãe, defendendo-os mesmo quando a criança está realmente sofrendo injustiças e abandono: "Eu tento convencê-los de que o pai é bom e gosta muito deles, embora se recuse a ver os filhos há quase um ano e não dê um tostão de pensão". A criança percebe a contradição nas entrelinhas da mágoa. O difícil, embora essencial, é procurar dar à criança — sem depreciar nem enaltecer — um entendimento de que existem pais e mães com tantos problemas que não conseguem dar aos filhos o que eles precisam.

Na disputa dos filhos como *aliados*, homem e mulher trocam agressões, chantagens e ameaças: "Vou contar para eles que a mãe quis me botar pra fora de casa, eles vão passar a odiá-la". Nesse clima, as crianças ficam perplexas, confusas e divididas.

A guerra pelos filhos pode chegar a extremos, como raptar as crianças ou proibir que o outro tenha contato com os filhos (a Síndrome da Alienação Parental). O ex-cônjuge passa a ser encarado como a fonte do mal e a pessoa tenta impedi-lo de ver os filhos por considerar o contato pernicioso — boicota telefonemas, foge com as crianças nos fins de semana, inventa doenças para que os filhos não possam sair. Na verdade, são raros os casos em que o pai ou a mãe, em crise de loucura ou com condutas de abuso, descarregam tanto ódio e violência nos filhos que se torna realmente desaconselhável o contato, e a visitação só ocorre em companhia de outra pessoa.

Querer os filhos por perto nem sempre tem razões tão nobres. Há a mulher que, por vingança, quer afastar o ex--marido do convívio com os filhos, alegando que ele não zela pela segurança das crianças e não cuida bem delas; há o homem que nunca ligou para os filhos, mas reivindica a guarda deles só para agredi-la. A luta pela posse do filho, disputado como se fizesse parte da divisão dos bens, quase nunca visa ao benefício da criança; serve, em geral, para determinar quem vencerá a batalha. Na posição de troféu disputado, a criança fica dividida e confusa: "O menino tem crises de choro, às vezes diz que quer morar com o pai, às vezes diz que quer morar comigo, mas ainda estamos brigando judicialmente para ver quem ganha". Enquanto isso, a criança fica sem saber onde é o seu lugar. É comum haver a guerra entre o pagamento da pensão e a visita aos filhos, em que as crianças passam a ser armas do duelo: "Meu marido passou a não pagar pensão e eu então o proibi de ver os filhos. A mais velha, muito ligada ao pai, anda muito tensa, agitada, quase não come e está muito arredia comigo".

As crianças tendem a reproduzir os padrões básicos de comunicação que os adultos utilizam entre si e com elas. Quando predominam brigas, chantagens e ameaças, logo a criança passa a lançar mão dos mesmos recursos para obter o que deseja. Quando percebe pai e mãe lutando por seu afeto, passa a tomar partido de quem, no momento, lhe oferece mais vantagens e estrutura jogos de relacionamento para fazer prevalecer sua vontade: "Se você não me deixar brincar com meus amigos, vou me mudar para a casa do papai". Com os pais casados, a criança também faz ameaças desse tipo: "Vou morar com a vovó; lá não tem hora de dormir", e a maioria dos pais não se preocupa muito com isso. Mas os pais separados se assustam quando o filho fala assim.

A disputa pela preferência do filho muitas vezes se faz presente ainda no casamento: "De quem você gosta mais, do papai ou da mamãe?". Com a separação, isso se acentua e os filhos ficam divididos, em conflitos de lealdade, como se só pudessem gostar de um ou de outro, mas não de ambos.

O pai encantado dos fins de semana surge no esquema tradicional de visitas quinzenais típicas da guarda unilateral; sem o contato frequente, alguns pais tentam atrair os filhos com ofertas de bons programas e poucas exigências, inclusive para sair vitorioso na competição com a ex-mulher. Há crianças que claramente percebem a sedução e o vazio afetivo que tantas vezes está por trás disso; outras, no entanto, ficam fascinadas com o que lhes está sendo oferecido: "No mês passado, comprou uma moto para o menino e no fim de semana seguinte viajou com ele para São Paulo de avião. O menino volta deslumbrado e no dia a dia comigo é tudo chato e sem graça. Eu queria vê-lo nesse dia a dia, sobretudo quando meu filho começa a dizer que quer morar com o pai. Coitado, acha que o conto de fadas vai durar para sempre. Nunca foi assim antes: eu sempre me senti muito sozinha, desde a gravidez. Agora, ele quer conquistar o filho e vive me ameaçando de que a criança vai acabar querendo morar com ele".

Muitas mulheres consideram a relação esporádica e sedutora dos pais com os filhos um "jogo sujo": "Sinto um troço aqui dentro quando vejo minha filha fazer um desenho caprichadíssimo para o pai ou falando com ele por telefone, contando todas as novidades que nem diz para mim. Ela dá o melhor para o pai, que só sai com ela umas horinhas aos domingos. Eu, que a levo para todo canto, aula disso, aula daquilo, que cuido de tudo, não ganho nada disso". Essa queixa também surge nos casais em que a mãe fica o tempo todo em casa, lidando com os filhos, e o pai só aparece à noite para "curtir" as crianças um pouco antes da hora de dormir. Com a maior consciência da importância da participação do pai no cotidiano dos filhos, fica mais difícil sustentar essa imagem idealizada do pai com quem "tudo é festa", dentro ou fora do casamento, possibilitando descobrir a riqueza dos momentos simples do dia a dia em que a responsabilidade da criação dos filhos é compartilhada.

Quando a criança percebe divergências expressivas entre pai e mãe, encontra campo para "colocar lenha na fogueira" e fazer cobranças; falando mal de um para o outro, procura formar com ambos o mesmo tipo de aliança mórbida que formam com ela, quando tentam "fazer a cabeça" da criança contra o ex-parceiro. Por outro lado, há filhos que se opõem firmemente a esse tipo de conduta e resistem, por exemplo, a estar com o pai quando este insiste em falar mal da mãe, à qual estão muito ligados. A disputa pelo afeto acontece também entre pai ou mãe e a nova companhia do ex-parceiro. Além do problema explícito da competição ("Você gosta mais da mamãe ou da namorada do papai?"), "fazer campanha contra" é um meio de expressar o ódio e o ressentimento pela separação.

A atual mulher do ex-marido é vista como malévola e traiçoeira, alvo das acusações de tudo o que aconteceu: "Eu proíbo meus filhos de gostarem daquela mulher. Ela é má, tirou o pai de casa e, por culpa dela, ele não mora mais conosco". As crianças ficam confusas por terem seus sentimentos comandados dessa maneira. O ódio aumenta ainda mais quando a "campanha" se revela ineficaz e a criança começa a gostar e a aceitar a companheira do ex-cônjuge. Surge, então, o medo de ser rejeitada e abandonada pelo filho, o pavor de que o filho acabe se ligando mais à outra pessoa. Isso aumenta a necessi-

No meio da linha de fogo

dade de controle, na tentativa de impedir que isso aconteça. A criança, por sua vez, se vê emaranhada num *conflito de lealdade*: se gosta da mãe ou do novo parceiro da mãe, desagrada ao pai e vice-versa.

Os adultos sabem que estão agindo de maneira inadequada com as crianças, mas, quando os sentimentos estão em ebulição, não se controlam. E muitos não se dão conta da natureza suicida desse tipo de conduta. Aparentemente, o objetivo de "fazer campanha contra" é atrair os filhos para si e afastá-los do ex-cônjuge, porém o que acontece, na maioria dos casos, é justamente o contrário. Se há uma boa ligação da criança com a pessoa atacada, ela fortalece essa aliança e se afasta do atacante. O mesmo acontece quando pai e mãe tentam incentivar o filho a aproximar-se, fomentando seus sentimentos de culpa, acusando-o de não estar a seu lado, de dar razão ao ex-cônjuge, e assim por diante. No conflito de lealdade, o filho recebe a mensagem de que só pode ficar de um lado: "E disse a todos eles: quem não está comigo está contra mim. Quando dão razão ao pai, estão sendo meus inimigos!".

No entanto, a maioria dos filhos acaba conseguindo enxergar a situação com seus próprios olhos. Percebem, por exemplo, que o pai fica furioso quando vê que eles se dão bem com o novo marido da mãe e tentam evitar conflitos maiores não revelando seus sentimentos: "O marido da mamãe é mais legal com a gente do que o papai, mas eu nem falo isso pra ele porque senão ele vai ficar furioso". No conflito de lealdade, a criança sabe que, se estiver bem com um, estará traindo ou provocando raiva no outro.

Mesmo quando casados, muitos pais divergem sobre determinados aspectos da educação dos filhos: um é contra castigos e palmadas, mas o outro é a favor; um acha que o adolescente tem de ter hora de voltar para casa, o outro acha que isso não é tão importante. Essas divergências são, não raramente, focos de brigas e desentendimentos do casal. Com a separação, essas divergências tendem a acentuar-se, pois, com a perda da convivência, alguns pais e mães resolvem educar os filhos de maneira independente, com valores, hábitos e até mesmo orientações religiosas diferentes. Embora no atual Código Civil se fale sobre o poder parental exercido em corresponsabilidade e decisões conjuntas sobre as questões mais relevantes da vida dos filhos, há ex-casais que não conseguem superar ódios, ressentimentos e divergências, criando incessantemente novos focos de conflitos, discussões acirradas e descargas de raiva, inviabilizando a adoção da guarda compartilhada. Esta só é possível quando o ex-casal consegue chegar a um consenso no sentido do compartilhamento.

Com a separação, as crianças passam a utilizar também, com relação à casa do pai e da mãe, a capacidade de diferenciar estilos de vida diversos, como costumam fazer em relação à casa dos avós, dos tios, dos amigos. O importante é que sejam devidamente esclarecidas a respeito dessas diferenças: "Existem várias religiões diferentes e muitas pessoas escolhem uma como a verdadeira. Sua mãe e eu não pensamos da mesma maneira em questão de religião, por isso você escuta coisas tão diferentes quando falamos com você sobre isso"; "Na casa do papai não tem hora de dormir, mas aqui na nossa casa tem"; "Você fica chateado porque tem coisas que a mamãe deixa você fazer e o papai não deixa, mas a gente não pensa igual".

No decorrer da vida, com pais casados ou separados, a criança vai aprendendo a diferenciar situações em que uma mesma conduta é proibida num dado contexto e permitida em outro: "Na casa da vovó não pode falar palavrão porque ela não gosta". As crianças percebem essas divergências, desde que são pequenas: "Papai me educa de um jeito, mamãe me educa de outro". Na verdade, as diferenças entre a casa do pai e a da mãe são o reflexo das divergências às quais as crianças estarão expostas na vida, ao perceberem que diferentes pessoas têm diferentes atitudes, valores, opiniões e crenças a respeito de tudo e que ela vai precisar aprender a estar sempre em busca de suas próprias verdades.

Entretanto, a divergência pode ser tão grande e irreconciliável que passa a ser não apenas motivo de separação como até de ações pela guarda dos filhos: "Nosso casamento começou a deteriorar quando ele entrou para uma seita que o deixou completamente fanático. Tudo passou a ser coisa do demônio, até mesmo o simples fato de as meninas passarem batom para ir às festas". Grandes contrastes entre a situação econômica do pai e da mãe também podem dar origem a muitos ressentimentos: "Não é fácil encarar o contraste de morar com minha mãe num quarto-e-sala, sem dinheiro até para pagar uma empregada, e ver meu pai confortavelmente instalado numa mansão". O ódio e a mágoa com relação à ex-mulher fazem com que muitos homens, embora ricos, contribuam com quantias irrisórias para o sustento dos filhos.

Quando os pais conseguem separar-se mantendo preservados os bons aspectos do vínculo, é menor o impacto da separação nos filhos, inclusive pela possibilidade de compartilhar a educação e o desenvolvimento das crianças. Os filhos precisam continuar recebendo carinho, assistência e proteção de pai e mãe, mesmo quando estes vivem separados. É importante que os filhos sintam que há lugar para eles na casa e na vida do pai e da mãe, antes e depois da separação. Esse é o clima que mais favorece um reajuste saudável após a separação. Por outro lado, a permanência de conflitos graves e a falta de estabilidade de quem fica a maior parte do tempo com os filhos são os fatores que mais contribuem para as dificuldades emocionais de crianças e adolescentes. Para algumas pessoas, é difícil entender que a relação conjugal terminou, mas que a função parental permanece.

No caso de algumas crianças, não é fácil adaptar-se a conviver separadamente com pai e mãe e não ter mais acesso aos dois juntos: "Quando estou com o papai, sinto saudade da mamãe, quando estou com a mamãe, sinto saudade do papai". Mas há mães e pais que conseguem superar as dificuldades da separação e prestar real assistência aos filhos, adotando eficazmente a guarda compartilhada: "Eu pego meu filho na escola e ele janta comigo todos os dias; depois do jantar, eu o levo para a casa da mãe. A gente se curte muito nessas horas"; "Meu horário de trabalho é flexível e isso me dá chance de ver as crianças quase todos os dias: a gente sai para passear, para almoçar, para ir a um cinema ou bater papo num fim de tarde". Um convívio regular com ambos os genitores pode ser mantido, principalmente quando há livre trânsito dos filhos entre a casa do pai e a da mãe.

Mesmo quando um deles se muda para um lugar distante, diminuindo o contato físico, a participação no cotidiano dos filhos pode ser construída com o auxílio da tecnologia: "Falo todos os dias com meu filho pelo computador, e nos vemos com a 'webcam': dessa forma, posso até ajudá-lo com os deveres escolares. Também me comunico com a mãe dele sempre que surge algo que precisamos resolver em conjunto". A guarda compartilhada pode ser exercida, mesmo quando os dois domicílios estão geograficamente distantes. O afeto não tem fronteiras.

É importante que os próprios filhos combinem o tipo de contato que desejam ter com os pais. Em especial quando os pais se casaram outras vezes e têm filhos de idades muito diferentes, surge a necessidade de reservar momentos de contato exclusivo: "Eu passei muito tempo me chateando porque só via meu pai com a atual mulher e a pirralhada; até que eu consegui convencê-lo a sair comigo de vez em quando para almoçar e conversar coisas da gente".

O desejo de que os pais tornem a ficar juntos é, em parte, derivado do desejo de intensificar o convívio com o pai: "Sinto saudades do papai, acho que ele não quer me ver; se vocês se casarem de novo eu vou ver o papai todos os dias". Ajuda, nesse caso, mostrar à criança os recursos de que dispõe para entrar em maior contato com o pai: telefonar para ele, dizer que quer vê-lo, e assim por diante.

Por outro lado, o desejo de recasar os pais deriva do sentimento de culpa da criança: no pensamento mágico-onipotente, predominante na infância, a criança sente-se o centro e acha que tudo acontece por sua causa: "Minha filha passou um bom tempo rezando todas as noites para que eu e o pai voltássemos a nos casar e vivia me perguntando quando isso iria acontecer". É um grande alívio para ela ouvir com clareza dos pais que eles estão se separando porque eles próprios assim decidiram, embora resquícios desse pensamento mágico permaneçam até a idade adulta: "Meus pais passaram a vida toda me ameaçando com a separação. Viviam mal, sempre brigando, papai tinha mil mulheres e mamãe fingia que não percebia. Eu me sentia responsável, até mesmo já adulta, por manter o casamento deles, impedindo que eles se separassem".

No decorrer do casamento em crise, pode acontecer de um dos filhos atuar como "guarda noturno" da casa. Sempre alerta para sinais de briga dos pais, entra em ação por meio de sintomas: insônia, ataques de asma, dores de barriga. Apresentando o sintoma, distrai os pais, que param de brigar para atendê-lo. Após a separação, há crianças que expressam claramente o desejo de onipotência: "Eu queria ser o mágico da televisão para trazer o papai de volta". Mas, no decorrer da reorganização da vida após a separação, a realidade vai mostrando à criança que ela não é poderosa o suficiente para definir o rumo dos acontecimentos ou decidir pela vida das pessoas. O processo de desfazer a ilusão de onipotência é longo e difícil, tanto que alguns adultos jamais conseguem aceitar isso e continuam acreditando que dispõem de superpoderes.

A DIMINUIÇÃO DA DISPONIBILIDADE

Ficamos menos disponíveis para os filhos em momentos do cotidiano ou em períodos da vida em que nossa energia vital está concentrada em outra direção ou dispersa pela angústia. Após a separação, há um caos temporário até a estruturação de uma nova organização. Isso envolve, pelo menos em algum grau, uma perturbação da função de mãe e da função de pai: "Não há muito espaço para a mãe quando a mulher ficou sufocada durante tanto tempo". A diminuição, ou até mesmo a falta de disponibilidade, reflete-se em alterações temporárias de conduta; assim, as crianças, mais carentes, ficam agitadas, irritadas, ansiosas ou recolhidas, e passam a solicitar mais atenção, inclusive por uma questão de garantia de que não vão perder tudo com a separação.

Para alguns pais, no entanto, apesar do estresse emocional e da sobrecarga de tarefas em decorrência da separação, não há perda da disponibilidade para os filhos: "Nos momentos de depressão e confusão, a presença das crianças melhorava meu ânimo, me ajudava a enxergar mais adiante".

Quando nos apaixonamos, a maior parte da energia afetiva se liga à pessoa amada e sentimos vontade de estar juntos o tempo que for possível. Com isso, a disponibilidade para os filhos também diminui. Temporariamente, podem sentir medo e ameaça de serem abandonados, de perderem a importância ao verem que o pai ou a mãe não estão muito voltados para eles. Na maioria dos casos, quando a relação amorosa se estabiliza e se consolida, o tempo dos filhos é recuperado e forma-se

No meio da linha de fogo

um vínculo com o novo adulto que chega. O problema é quando essa pessoa não se liga aos filhos do parceiro e estes não são absorvidos no relacionamento do novo casal, tornando crônica a questão da diminuição da disponibilidade.

Isso acontece com alguma frequência nos casos de guarda unilateral, com acordos de visitação que não privilegiam o equilíbrio de tempo com ambos ao genitores: os pais reduzem o contato com os filhos depois que se casam de novo e, principalmente, quando têm filhos na nova união. A dor desse abandono é muito forte. Pode ser tão insuportável que motiva a criação de uma capa protetora de indiferença: "Papai não me liga mesmo e eu não estou nem aí...". Um não procura o outro, a distância e a indiferença se acentuam. Em outras ocasiões, a dor gera ódio e rompimento: "Matei meu pai dentro de mim! Nunca mais quero olhar para a cara dele!".

É importante enfatizar que não é a separação em si que é traumática: o essencial é que os filhos sintam que pai e mãe, mesmo que não vivam juntos, continuam assumindo a responsabilidade de cuidar deles com amor, presença e atenção. O abandono, a negligência e os maus-tratos é que têm repercussões negativas, e isso pode acontecer mesmo quando os pais estão juntos. Há situações em que é o próprio filho que, incansavelmente, esforça-se por conquistar o afeto, apesar das repetidas frustrações. Alguns conseguem cavar esse espaço, outros acabam desistindo, acometidos de desesperança e muita mágoa.

Por outro lado, há pais que passam a se colocar em total disponibilidade para os filhos. Dessa forma, tentam preencher as lacunas da falta de parceria amorosa. Com isso, instala-se um campo fértil de competição entre pai e mãe: "Os filhos ficaram sendo o mais importante na vida dele. As crianças passaram a ter um pai maravilhoso, disponível, que os vê quase todos os dias e passeia com eles todos os fins de semana, enquanto eu fico com a sobrecarga de ter de trabalhar mais para me sustentar e arranjar hora para cuidar de mim, depois de tanto tempo de opressão. Comigo, as crianças não estão tendo vez e vivem reclamando da minha falta de tempo".

A *síndrome do pai encantado dos fins de semana* surge no esquema tradicional em que a visitação é limitada, encurtando o tempo de convívio. Em geral, essa relação com os filhos costuma ser uma mistura de competição com a ex-mulher, de compensação de culpa por estar pouco tempo com os filhos e, sobretudo, da intensificação da tendência — já presente durante o casamento — de deixar a criação dos filhos inteiramente a cargo da mulher. A mãe do dia a dia é a chata que manda escovar os dentes e fazer os deveres, e o pai é o que tudo permite, sem nada exigir. Contudo, esse cenário está se modificando com a expansão da guarda compartilhada: pai e mãe repartem a responsabilidade pela educação e o tempo de cuidar e de se divertir com os filhos.

Com a perda da convivência diária, costuma vir a culpa e a necessidade de supercompensação, o que cria uma relação de muita permissividade, em que a criança pode fazer tudo o que quer. Isso se reflete muito no contexto das novas uniões. O homem sente-se em débito com os filhos, culpado por ter se casado de novo e não ter a mesma disponibilidade de tempo e dinheiro para suprir necessidades e pedidos dos filhos: "É incrível, ela já é uma moça de vinte e três anos e vive pedindo dinheiro para supérfluos, mesmo sabendo que a gente não está em boa situação. Mais incrível ainda é que ele não tem coragem de negar nada à filha, acaba se endividando para pagar mais um cursinho ou mais uma roupa. Eu, na posição de mulher dele, tento ficar neutra e não me meter, mas é revoltante ver como ela se aproveita da culpa do pai".

Há homens que, acionados pela culpa de terem formado um novo casal, sempre querem incluir os filhos: "A minha maior queixa é que, assim que fomos morar juntos, nunca mais passamos um fim de semana sozinhos. Os filhos dele sempre pedem para ir lá pra casa e ele sempre concorda. Eu sinto muita falta do tempo de namoro, quando saíamos, viajávamos nos fins de semana e fazíamos os nossos programas". Alguns homens ficam muito divididos entre o contato com os filhos e a nova mulher. Esta passa a sentir-se mal-atendida e desrespeitada, gerando crises e desentendimentos no casamento: "É terrível quando os filhos vão lá para casa: ele permite tudo, assim não dá. Os meninos são muito mal-educados, em pleno jantar saem da mesa para jogar bola na sala, e as meninas deixam até as calcinhas espalhadas pela casa!".

Por outro lado, a mãe — vivendo sozinha com a criança — muitas vezes também tende a ser permissiva pelo desejo de preencher a falta do pai em casa, exagerando em atenções e cuidados com a criança, num esquema de superproteção, em que mais uma vez a criança se sente o centro do mundo. Quando pai ou mãe se casam de novo, a relação homem-mulher passa a ocupar um lugar importante na casa, gerando ciúme e raiva no filho por perder a exclusividade. Passa a atacar o novo casal até consolidar seu novo vínculo de afeto.

Qualquer relacionamento afetivo íntimo gera momentos de ambivalência, ou seja, mistura de sentimentos contraditórios; por exemplo, a criança gosta dos irmãos e brinca com eles, mas também briga e sente raiva e ciúme. Entre homem e mulher o mesmo acontece, assim como entre pais e filhos, estando os pais casados ou separados. Com a perda da convivência diária, no início a criança apresenta condutas intensamente ambivalentes: ora esconde a raiva e o ressentimento porque o pai se atrasou ou deixou de telefonar, com atitudes do tipo "não estou nem aí"; ora apresenta-se solícita e sedutora; ora resolve castigar o pai recusando-se a sair com ele.

E há crianças que de fato se comportam de modo muito diferente quando estão na casa do pai e na casa da mãe. Isso ocorre basicamente devido ao contexto e às características do relacionamento. Nossa conduta depende, em parte, das tendências pessoais e, em parte, do vínculo, assim, há crianças que ficam "impossíveis" com a babá ou com os avós e se comportam melhor com os pais. Na separação, acentuam-se as diferenças de conduta nos diferentes ambientes, motivo comum de queixas e acusações recíprocas: "Não entendo a educação que ela está dando às crianças; elas mal chegam aqui em casa e ficam o tempo inteiro berrando, chorando, me desobedecendo; estão muito diferentes do que eram antes. E o pior é que ela afirma que na casa dela as crianças ficam ótimas. Eu não acredito!". A acusação ao ex-cônjuge impede a reflexão sobre o vínculo da própria pessoa com os filhos: o que está expressando essa conduta? As crianças berram para serem ouvidas? Para ter pais mais atentos e disponíveis? Berram pela perda do contato diário?

A GUARDA DOS FILHOS: DA VISITAÇÃO À CONVIVÊNCIA

No esquema tradicional de visitação limitada, são comuns as brigas para demarcar o terreno das visitas sem a preocupação de saber o que as crianças querem: os filhos passam a ser objetos de disputa e ataques mútuos, em vez de serem respeitados como pessoas com suas próprias preferências e necessidades: "Não quero ir para a casa do meu pai hoje, quero passar o fim de semana no sítio de um amigo, mas o papai não quer deixar". Alguns pais exigem rigidamente a presença dos filhos nos dias regulamentares de visita, mesmo quando eles gostariam de fazer outro programa. O contato passa a ser obrigação; programas como sair com o pai para almoçar ou dar uma volta de carro passam a ser algumas horas muitas vezes vazias de sentido.

"A gente não passa de uns bonecos!", disse uma criança, referindo-se às idas e vindas entre a casa do pai e a da mãe, num fim de semana em que não queria ficar com o pai. Por um lado, isso reflete a dificuldade das visitas regulamentares em que pais e crianças cumprem um calendário; por outro lado, reflete a revolta por não ter autonomia, por ser levada para onde não quer ir, seja para a casa do pai, dos avós, seja de parentes. O mesmo acontece quando os pais estão casados e obrigam as crianças a fazer programas que não lhes interessam. A criança se vê diante da incômoda realidade de não ser dona do próprio nariz, de nem sempre poder fazer o que quer.

As visitas previamente determinadas, sobretudo com crianças pequenas, estabelecem uma regularidade de contato que se, por um lado, podem ajudar a reorganização, por outro, podem se transformar no problema do afeto de hora marcada. As visitas marcadas com rigidez respondem, quase sempre, mais à necessidade de delimitação do terreno na convivência dos ex-cônjuges do que propriamente às reais necessidades das crianças: "Às vezes, tenho vontade de ver meu pai no meio da semana, mas tenho que esperar o domingo". Esse engessamento do contato é o aspecto mais traumático da separação para a maioria dos filhos.

Em alguns acordos de separação, figura a cláusula do livre acesso às visitas, sobretudo no caso de filhos maiores, que decidem, por conta própria, quando querem ver o pai ou a mãe. O problema é que, com crianças pequenas, que ainda dependem de ser buscadas, a cláusula do livre acesso é com frequência utilizada não exatamente em benefício do maior contato com os filhos, mas como instrumento de controle e vigilância do ex-cônjuge. Há casos em que o livre acesso reflete a ambiguidade do relacionamento pós-separação: "Anos depois da separação, ele ainda chega e se instala de modo confortável, entra no meu quarto, se serve de uísque, lê jornal e vê TV. Aparentemente, ele vai lá para ver o filho, mas, na verdade, o menino fica de lado porque o pai nem brinca com ele. Não me sinto à vontade na minha própria casa, mas não consigo pedir que ele pegue o filho para passear".

Cabe aqui a questão de o homem e a mulher se darem ou não permissão de entrar nas respectivas casas. Se, de início, não se dão permissão de entrar um na casa do outro, as crianças costumam reagir com estranheza: "Por que papai não pode mais entrar na nossa casa?"; "Eu quero que ele entre no meu quarto para eu mostrar o desenho que eu pendurei na parede". Se, ao contrário, se dão essa permissão e não só frequentam as respectivas casas, como também fazem refeições e passeios juntos, as crianças costumam ficar confusas, com dificuldade de entender os limites da separação: "Se papai e mamãe são tão amigos, por que se separaram?"; "Por que papai não dorme hoje na nossa casa?".

Separar-se, construir uma nova união e preservar uma relação de amizade, carinho e consideração pelo ex-cônjuge não são tarefas fáceis. Mas, quando os adultos envolvidos se sentem confortáveis ao conversar e ter contato, podem formar uma rede consistente para cuidar bem dos filhos: nessa pequena comunidade de adultos, qual a contribuição de cada um para que as crianças sejam bem assistidas?

O ressentimento com relação ao afastamento do pai ou da mãe pode perdurar indefinidamente: "Sinto muita mágoa do meu pai porque ele não fez esforço algum para manter contato comigo só para evitar ver a cara da minha mãe. Mas, no fim das contas, ele tinha que se separar dela, não de mim". Esse ressentimento pode gerar vivências de *abandono* e *rejeição*, que, às vezes, perduram até a idade adulta: "Minha filha mais velha é a mais sensível. Quando ela se casou, o pai não deu o apartamento de

No meio da linha de fogo

presente, mas deu para a filha da segunda mulher dele. Minha filha ficou muito chocada com isso".

O afastamento do pai ou da mãe não acontece apenas em decorrência da separação, mas também em famílias em que os pais vivem juntos. Ter um pai ou mãe presente-ausente dentro de casa também cria vivências de abandono e rejeição. E há pais separados que continuam protegendo, cuidando e amando os filhos mesmo sem vê-los todos os dias. O que acontece é que a culpa ativada pela separação transforma esse evento no bode expiatório para todas as dificuldades do vínculo entre pais e filhos.

Um problema que às vezes acontece é o do *pai fantasma*: desaparece por muito tempo, as crianças acabam se adaptando a viver sem a presença regular do pai, quando, de repente, ele ressurge para, logo depois, tornar a sumir. É claro que isso gera raiva e frustração, pois cada aparição renova expectativas e necessidades que não serão preenchidas. Porém, como o pai não permanece presente, dificilmente se torna alvo dos ataques derivados da frustração e da carência, que costumam ser dirigidos à mãe, acusada de mentirosa e trapaceira, sobretudo quando insiste em defender uma imagem idealizada do pai, contrária à que a realidade torna evidente, justificando a conduta do pai de maneira falsa e irreal, que a criança claramente percebe.

O vínculo com a mãe, mais solidificado pela convivência, é também o que oferece melhores condições para receber a raiva, enquanto o contato esporádico e frágil com o pai permanece mais preservado. Há crianças que, nas raras ocasiões em que estão com o pai, permanecem arredias; algumas conseguem demonstrar com mais nitidez a perplexidade e a hostilidade, como a menina que, ao atender um dos raros telefonemas do pai, lhe perguntou: "E aí, você ainda não morreu?".

Há pais que se afastam do contato com os filhos por uma questão de vingança em relação à ex-mulher: dar-lhe mais tra-

199

Casamento, término e reconstrução

balho, sobrecarregá-la com as tarefas de cuidar dos filhos para que se arrependa de ter se separado. Dessa forma, descarrega-se, no vínculo com os filhos, o ódio pelo ex-cônjuge. Outros se afastam ao constituir nova família e se desvinculam dos filhos do casamento anterior, tornando reais os temores das crianças de serem abandonadas e esquecidas. Mas as crianças acabam transferindo seus afetos para pessoas substitutas: avô, tio, namorado ou marido da mãe, irmãos mais velhos. Quando existe a perda substancial de contato e de ligação, outras pessoas passam a ser eleitas como figuras importantes. O essencial é admitir e aceitar que a falta existe: "Eu posso fazer muitas coisas com e para as crianças, mas não posso substituir a falta do pai no dia a dia da casa". Encarar a falta e a frustração é condição indispensável para começar a busca de um novo vínculo afetivo.

Por outro lado, às vezes é a mulher que, por vingança e ressentimento, cria mil maneiras para impedir o contato dos filhos com o pai ou coloca grandes restrições ao convívio: "E é isso mesmo, não negocio coisíssima alguma, porque a culpa é toda dele! Não foi ele que arranjou outra mulher e saiu de casa? Se ele fez a cagada, por que sou eu que tenho que consertar? Pois agora é assim, eu proíbo os meus filhos de irem lá porque não quero que eles conheçam aquela vagabunda! Só pode se encontrar com os filhos nos restaurantes e olhe lá!". Está se vingando de quem? A dor dos filhos é grande: confusos entre o desejo de estar com o pai e a lealdade com a dor da mãe, que sofre com a traição, as crianças sentem-se imensamente mal. Quando o ataque ao pai é incessante e implacável, isso atua como uma "lavagem cerebral" para os filhos, que passam, muitas vezes, a vê-lo com o olhar da mãe, achando também que não há nada aproveitável nesse contato: é o que caracteriza a Síndrome da Alienação Parental.

No meio da linha de fogo

Frequentemente, os avós passam a ter maior contato e a assumir maiores responsabilidades com as crianças quando percebem que pai e mãe estão muito conturbados no período pós-separação. O risco é cair na tentação de "indenizar" as crianças por meio de superproteção e permissividade para compensar a carência.

A lei prevê que são deveres do pai e da mãe o sustento, a guarda e a educação dos filhos. Quando os ex-cônjuges não conseguirem chegar a um acordo quanto à guarda, esta será atribuída a quem tiver melhores condições de exercê-la: pode ser o pai, a mãe ou outra pessoa da família.

Tradicionalmente, a guarda dos filhos ficava, na imensa maioria dos casos, com a mãe. Ela só não ficava com a guarda quando comprovadamente sofria de doenças graves, tinha conduta considerada imoral, se voluntariamente abrisse mão de ficar com os filhos ou quando estes passavam a ter direito de decidir com quem queriam morar. Mesmo quando o homem queria ficar com os filhos pequenos, se a mulher não quisesse lhe conceder a guarda, ele tinha pouca chance perante a lei. A dificuldade de obter de forma legal a guarda dos filhos motivou alguns homens a dedicar muito tempo para acumular provas da incompetência da mulher como educadora das crianças, como gravações de conversas telefônicas, documentos, cartas, opiniões e avaliações profissionais sobre a criança, enfim, um arsenal bélico completo para digladiar-se com o inimigo pela posse dos filhos.

Tornou-se mais frequente para adolescentes e adultos jovens morarem com o pai. Para algumas mulheres, isso traz a oportunidade de dedicar mais tempo a outras atividades e interesses, já que não ficam tão ocupadas com as tarefas ligadas à maternidade. Porém, muitas ficam ressentidas, ameaçadas e inseguras quando os filhos preferem morar com o pai ou com os avós. A baixa de autoestima se intensifica: "É duro ser

201

abandonada, primeiro pelo marido e depois pelos filhos. Será que eu sou mesmo uma pessoa insuportável de conviver?".

Nesses casos, surge o sentimento de estar sendo rejeitada, desprezada, abandonada pelos filhos. Tristeza e insegurança se misturam com raiva e ressentimento, e as tentativas de "reconquistar" os filhos, fazendo-os mudar de escolha, acabam sendo desastrosas quando se baseiam em chantagens, queixas ou ameaças. O afastamento dos filhos se agrava, aumentando ainda mais o ressentimento da mãe por não ter sido a escolhida. O bem-estar dos filhos não é considerado e o que predomina é a mágoa pelo orgulho ferido; ao não ser preferida, passa a sentir-se preterida. Com isso, há um agravamento de tensões e conflitos do relacionamento com os filhos, dificultando o ir e vir entre a casa do pai e a da mãe e a alternância do local do "pouso principal": "Eu confesso que fiquei tão magoada que cheguei a dizer que não deixaria herança alguma para ele, que ficaria tudo para meus sobrinhos".

Quando tentamos enxergar através do nevoeiro da mágoa, podemos examinar com cuidado os entraves do relacionamento, procurando novas formas de convívio construtivo. Quando conseguimos olhar mais além das condutas culturalmente sancionadas, avaliamos melhor cada situação e buscamos as soluções mais adequadas. Nem sempre a mãe é a pessoa mais indicada para cuidar dos filhos; pode haver determinadas épocas em que os filhos estarão melhor em companhia do pai ou de outras pessoas próximas. As crianças se beneficiam ficando com pessoas capazes de lhes oferecer melhor assistência e apoio emocional e, às vezes, nem pai nem mãe têm essa possibilidade.

Há mulheres separadas que, quando formulam outras metas importantes além da maternidade, sentem a necessidade de reorganizar sua vida pessoal sem o convívio diário com os filhos: "Fiquei casada doze anos num esquema de total submissão, com uma insatisfação crescente. Ele tinha um ciúme louco de mim. Nos primeiros anos de casada eu nem podia sair de casa. Aos poucos, fui me impondo e me preparando. Comecei a estudar e arranjei um trabalho. Quando a situação ficou insuportável, resolvi sair, mas ele não me deu quase nada. Eu ia ter de me virar para sobreviver financeiramente e não tinha condições de levar as crianças comigo. Deixei os meninos com ele, com a condição de vê-los sempre que possível e fui à luta. Trabalho o dia inteiro e vejo as crianças nos fins de semana. Mas não é fácil, porque todo mundo culpa a mulher que deixa os filhos com o pai para fazer a própria vida".

A mulher que quer fazer sua vida fora da obrigação de cuidar do cotidiano das crianças ainda sofre uma pressão social e familiar muito grande: "Todo mundo fica me cobrando isso, me censuram porque acham que é a mãe que tem o dever de ficar com as crianças a maior parte do tempo". É pesada a carga de acusação de abandono, desinteresse, crueldade, egoísmo.

A relação mãe-filho, durante muito tempo, foi supervalorizada culturalmente; contudo, há algumas décadas, aumentou o número de pesquisas mostrando a importância da relação pai-filho no desenvolvimento saudável da criança. No entanto, muitos ainda se chocam ao ver a mãe afastar-se do convívio diário com as crianças: "Eles passaram as férias comigo e foi um barato. Mas, na verdade, ainda não dá para ficar o tempo todo com eles, cuidando da alimentação, das roupas, dos passeios. Eu me senti inteiramente ocupada com eles e ainda preciso de muito tempo para cuidar de mim, me estabilizar profissionalmente e assentar minha cabeça no lugar. Passei a vida inteira a serviço dos outros, agora é a minha vez!".

Quem mora com quem, afinal? Podem acontecer períodos difíceis quando fica aberta a possibilidade de decidir se vai continuar morando com a mãe ou se vai passar a morar com o pai: "A impressão que eu tenho é que ele está acampado nas duas casas; para ele, também é difícil perder o convívio diário com a irmã, que resolveu continuar morando comigo e quase nunca quer ir para a casa do pai". O desafio é reestruturar boas bases de convívio, mesmo com as perdas do contato cotidiano. Na guarda compartilhada, pode haver um único domicílio, mas procura-se um equilíbrio do tempo de convívio com ambos os genitores.

A outra possibilidade é a alternância de permanência nas duas casas, em especial quando pai e mãe moram perto um do outro e a criança já se locomove por conta própria. Há filhos que realmente querem dividir seu tempo com um e com outro. Nesses casos, é importante chegar a um consenso de repartir responsabilidades e tarefas que precisarão ser cumpridas em ambas as casas. Afinal, mesmo depois da separação, os pais continuam unidos pela função parental, apesar de todas as divergências que impossibilitaram a continuidade da relação conjugal.

Muitos problemas do relacionamento, antes existentes, continuam: "É um saco, a gente fica dentro de casa o dia inteiro vendo televisão e o papai passa o tempo todo fazendo as coisas dele e nem dá bola pra gente: não conversa, não brinca, não leva a gente para passear". As deficiências do pai ficam mais expostas sem a mãe por perto para tentar consertá-las.

Por outro lado, características apreciadas pelos filhos também tendem a ser preservadas após a separação: o pai brincalhão, que conversa abertamente com as crianças, e a mãe que gosta de brincar e contar histórias continuam existindo, em especial depois que o turbilhão emocional dos primeiros tempos se acalma. Há pessoas que se tornam melhores pais e mães depois da separação, sobretudo quando — livres das tensões e do sofrimento de um casamento ruim — estão felizes consigo mesmas. A relação com os filhos é afetada pelo estado de satisfação ou insatisfação dos pais: "Depois que me separei, fiquei mais em paz comigo mesmo. Meu contato com as crianças melhorou muito: fiquei mais paciente, mais disponível. Antes, a frustração e a insatisfação com o casamento me deixavam permanentemente de mau humor".

A ausência do contato "em horário integral, de domingo a domingo" também pode contribuir para diminuir conflitos e atritos da relação com os filhos, tornando-a mais agradável. Dispor de tempo livre para si enquanto as crianças estão com o pai ajuda muitas mulheres a se voltarem para outras atividades ou interesses pessoais; o homem dedica mais tempo aos filhos por não ter mais a mulher para escudá-lo em suas leituras à noite ou no sono da tarde de domingo. O que se perde em quantidade, pode-se ganhar em qualidade: "Desde o primeiro fim de semana sozinho com as crianças, descobri que a gente pode se divertir muito. Quase não há brigas. Descobri que eles gostam das minhas brincadeiras; não preciso de ninguém para me ajudar a tomar conta deles".

Presença física não é sinônimo de presença integral, amorosa. Há crianças que vivem com pai e mãe e são afetivamente abandonadas; há crianças de pais separados que são bem assistidas e muitíssimo amadas. Em qualquer época da vida, pais e filhos podem se descobrir: "Na verdade, passei a ter mais contato com minha filha depois que me separei. Antes eu era um pai ausente, mergulhava no trabalho e nos livros para fugir ao tédio e à insatisfação. Não tinha tempo para ficar nem com a mulher nem com a filha. Depois que saí de casa, as coisas mudaram. Comecei a me interessar pelas pessoas e só então consegui descobrir minha filha. E ela já estava com sete anos!".

Ao deixar de ver os filhos todos os dias, os pais se expõem a uma separação com a qual não estavam acostumados. Para a maioria das crianças, isso significa entrar em contato com maior número de pessoas, formar novos vínculos, inclusive com os parceiros da mãe e do pai. Para alguns pais, isso desfaz a segurança ilusória de que serão amados pelos filhos pelo simples fato de tê-los posto no mundo. Passam a entender que um vínculo amoroso — seja entre homem e mulher, seja entre pais e filhos — precisa ser construído com carinho e com cuidado atencioso e que não tem sobrevivência automaticamente garantida. Isso faz com que passem a tratar os filhos com mais consideração: "Briguei com meu ex-marido porque ele disse que ia trazer as crianças na segunda-feira de manhã cedo e só chegou às 11 h. Depois vi que não tinha nada a ver ficar tão furiosa. Afinal, eu não sou a dona das crianças, ele também tem o direito de curtir os filhos, não preciso ser tão rigorosa com os horários. Mas fiquei chateada, sem ter o que fazer, sentindo saudades deles, sabendo que teria pouco tempo para ficar com eles porque depois do almoço ia trabalhar. Mas esse é o ônus da separação, e mesmo quando os pais são casados, ao crescer os filhos vão fazer a vida deles. Os filhos não são da gente e a separação mostra isso mais cedo, quando eles ainda são pequenos".

O essencial é que pais e filhos entendam que, em decorrência da separação, precisam construir outro tipo de convívio, que até pode ser mais íntimo e afetuoso do que quando todos moravam juntos.

Capítulo 9

Os meus, os seus e os nossos

A formação dos relacionamentos afetivos envolve uma intensa mistura de sentimentos, inclusive temores, ciúme e ameaças. Diante dos novos parceiros da mãe e do pai, a reação inicial de crianças e adolescentes costuma ser ambivalente, não apenas pela ameaça de ter os pais menos disponíveis, como também pela diminuição da esperança de vê-los unidos de novo. Mesmo quando pai e mãe se reconciliam, ao lado da curiosidade e do entusiasmo de "ver papai e mamãe namorando", surgem reações iniciais de insegurança, incerteza e desconfiança: "Será que eles vão ficar juntos mesmo? Tenho medo de que voltem a brigar muito e resolvam se separar outra vez".

A relutância em aceitar o novo parceiro da mãe ou a nova parceira do pai também se deve ao medo de começar a gostar dessa nova pessoa e ela ir embora, desfazendo o par. Há filhos que se tornam hostis ou indiferentes para evitar a ligação e um possível sofrimento. Os ciúmes se expressam por condutas tais como permanecer em casa acintosamente atrapalhando a conversa e a intimidade do novo par, ter dores de barriga, de cabeça, náuseas e ataques de raiva quando o casal vai sair, fazer declarações explícitas de desagrado (mal cumprimentar a pessoa, dizer de forma clara que não a suporta).

No entanto, quando se fortalece a ligação entre os filhos e o novo cônjuge por meio da afinidade e do convívio amoroso, o término desse casamento pode significar uma perda importante: "No primeiro casamento, eu me sentia tão infeliz e ele era tão indiferente com os filhos que eu nem pensei muito neles quando resolvi me separar; mas eles se ligaram tanto ao meu segundo marido que eu agora faço um esforço especial para manter esse casamento, que também está complicado, porque eles sofreriam demais se a gente se separasse".

Além da diminuição da esperança de tornar a unir os pais e do medo de sofrer por ligar-se aos novos parceiros dos pais, a ambivalência dos filhos prende-se também aos conflitos de lealdade — a sensação de estar traindo o pai se gostar do novo marido da mãe e vice-versa. Algumas crianças pequenas, na tentativa de superar essas divisões internas, manifestam explicitamente o desejo de que o pai, a mãe e os respectivos parceiros morem todos na mesma casa. E muitas demoram bastante tempo para admitir, sem culpa, que podem gostar de todas essas pessoas.

A integração do vínculo com os filhos do parceiro é gradual. Inicialmente, as tentativas de agradar e conquistar os filhos do parceiro podem ser frustradas por hostilidade, ciúme e sentimentos de insegurança das crianças. Alguns adultos não entendem isso e se fecham, evitando o contato; outros abordam as crianças de modo inadequado, querendo "comprá-las" com presentes e agrados, mas sem se aproximarem genuinamente. O melhor que pode acontecer é que os novos pares consigam integrar os ex-cônjuges para formar uma pequena comunidade de adultos que cuidam bem dos filhos de todos, em clima de cooperação, corresponsabilidade e harmonia.

A FAMÍLIA RECOMPOSTA

É cada vez mais comum, com o aumento de separações e de novos casamentos, a família recomposta constituir um novo tipo de *família extensa*. Numa família grande, tradicional, não separada, laços longínquos de parentesco deixam as crianças inicialmente confusas: primos de vários graus, irmãos de criação, tios-avós, concunhados, irmão do cunhado do primo... Nas famílias recompostas, surgem novos laços de parentesco e uma multiplicidade de pessoas exercendo a mesma função — dois pais, duas mães, oito avós, meio-irmãos —, o que também provoca dificuldades iniciais de entendimento: "Eu sei que sou filha do papai e da mamãe, mas a mãe do meu irmão não é minha mãe também?"; "Por que meus irmãos têm sobrenome diferente do meu e do Pedrinho?"; "Vou ter um irmão que é filho da mamãe, mas não é filho do papai!". As coisas se complicam pela falta de "nome de batismo" para a imensa maioria desses relacionamentos formados pela família recomposta: os irmãos que nascem das novas uniões são "meio-irmãos", mas o atual marido da mãe não é exatamente "padrasto", como no caso do casamento da mulher viúva; também não é "tio". Por enquanto, o nome de batismo depende da criatividade de cada família: há crianças, por exemplo, que passam a chamar o marido da mãe de "vice-pai".

No primeiro casamento, a complexidade de integrar duas histórias pessoais e familiares diferentes num vínculo conjugal que provavelmente gerará filhos já é grande. Em casamentos posteriores, a complexidade aumenta, pois não somente há a influência das famílias originais e das histórias pessoais como também a experiência prévia de vida conjugal, a necessidade de harmonizar visões educacionais de filhos já existentes e que têm pai e mãe, a existência e a interferência dos ex-cônjuges e sua influência direta sobre os respectivos filhos.

Casamento, término e reconstrução

A presença dos ex-cônjuges pode ser desagradável e persecutória, ou do tipo "controle remoto", utilizando os filhos para atingir e atrapalhar o novo par; pode ser uma presença pouco atuante, restrita apenas a pegar e a levar de volta as crianças ou a encontros ocasionais para resolver assuntos específicos; pode ser uma presença de amizade e convivência, incluindo um contato amistoso entre os ex-cônjuges e seus novos parceiros; pode ser uma presença esporádica por ocasião de datas de aniversário dos filhos. Muitas vezes, o tipo de presença varia de acordo com o momento de vida pelo qual a pessoa está passando: "Meus pais estão separados há vinte anos e desde que eu era pequena sempre foi assim: quando meu pai estava numa boa com uma mulher, era ótimo. Deixava minha mãe em paz e pagava a pensão direitinho; mas quando ficava sozinho era terrível. Enchia o saco da gente e da minha mãe e vivia atrasando a pensão". A presença do ex-cônjuge na família recomposta é intensa quando perdura o clima de conflito entre o ex-casal com relação aos filhos: "Meu marido é quem administra a confusão entre mim e meu ex-marido. Quando as crianças chegam se queixando do pai, eu pego o telefone e a gente briga muito. Meu marido tenta me acalmar e conversar com as crianças, porque a vontade que eu tenho é de esganar aquele homem!".

Os ex-cônjuges, de um modo ou de outro, "rondam" o novo par, em um vínculo paralelo mantido por contatos, conversas telefônicas pacíficas ou belicosas a respeito dos filhos, em que tudo corre normalmente ou com muita interferência por meio das mensagens enviadas pelos filhos, atrasos do pagamento da pensão, novas ações judiciais, e assim por diante.

A questão do *tempo* na formação da família recomposta é também complexa: no primeiro casamento ou em casamentos subsequentes em que não há filhos de uniões anteriores, na maioria das vezes a vinda dos filhos acontece depois de um

210

tempo de convivência que permite um ajuste inicial do casal; na família recomposta, em que pelo menos um dos parceiros tem filhos, há vários níveis de ajuste ocorrendo ao mesmo tempo: o homem com a mulher, um com os filhos do outro, os filhos de ambos entre si e cada um com seus próprios filhos diante da nova situação, sem contar com a influência dos ex-cônjuges e as modificações das rotinas do cotidiano e da moradia. A nova família se constrói sobre os ciclos vitais interrompidos das famílias anteriores.

Quando um ou ambos os membros do par já passaram por vários casamentos com filhos de outros parceiros, a composição de uma família torna-se ainda mais complexa: "Somos eu, ele, três ex-mulheres, um ex-marido e nove filhos nessa história". O que pode facilitar é o amor e a experiência prévia com dificuldades conjugais, que dá à pessoa maior grau de tolerância e disposição para enfrentar as dificuldades que surgem. No entanto, o índice de separações de outros casamentos é muito alto. É difícil administrar essa rede de relacionamentos complexos e confusos: "Não é fácil aturar os filhos dos outros!".

Quando a passagem de um casamento a outro é muito rápida, as crianças não têm tempo de consolidar um vínculo e ficam perplexas, numa sucessão de perdas: "Agora que eu já estava me acostumando com o tio Pedro e os filhos dele, a mamãe resolve se separar de novo!". A dificuldade de enfrentar tantas perdas acontece também com filhos adolescentes que se ressentem com a instabilidade amorosa dos pais: "Com dezessete anos, dei um basta e resolvi morar com meu pai. Já não aguentava mais ver mamãe trocando de marido a toda hora, ela não consegue ficar com um cara mais de um ano; mal eu conhecia um, já não era mais aquele, aí vinha o seguinte, confusão total!". Difícil também é enfrentar uma situação já composta sem o preparo necessário: "Foi um choque terrível para as crianças quando o pai as levou na casa dele e elas perceberam que aquela mulher já estava morando lá com os filhos dela".

Por ocasião de um novo casamento de um ou de ambos os pais, as crianças passam por outra etapa de elaboração da separação. Isso, às vezes, se expressa pelo desejo de ter novos irmãos no contexto do ex-casal: "Mamãe, eu queria ter outro irmão, mas tem que ser filho do meu pai também". O problema é que há pessoas que se apressam a casar de novo por acharem que os filhos precisam ter a imagem de uma família completa. No entanto, é melhor que as crianças convivam com pai e mãe morando sozinhos do que num vínculo prematuramente composto, no qual não haja amor suficiente. Por outro lado, se o novo casamento é uma relação amorosa gratificante, as crianças passam a ter a reconfortante noção de que um vínculo desfeito pode dar lugar a outro vínculo construído de uma maneira boa, trazendo de novo a felicidade. Isso dá a dimensão da possibilidade de reconstrução, oferecendo às crianças outro modelo de casal com o qual possam identificar-se.

Muitas uniões não se fazem por uma escolha baseada nas reais qualidades e afinidades do par e, assim, construindo castelos no ar, as pessoas se juntam com a esperança de que, dessa vez, "tudo vai ser diferente". E, então, recria-se o circuito: uniram-se com grandes expectativas, sofreram grandes frustrações, se enraiveceram, se entristeceram, se magoaram, corroeram o tecido do vínculo. Em alguns casos, antes que seja tarde demais, é possível fazer uma revisão daquelas expectativas fantásticas e refazer a relação com base em objetivos mais modestos e, portanto, alcançáveis. Com isso, alguns casais optam por morar de novo em casas separadas, com os respectivos filhos, desistindo de formar uma "família instantânea" em que todos possam conviver em paz. Nem sempre a imagem do "par perfeito" se encaixa com o casamento: para muitas pessoas, manter a relação no nível de namoro é a melhor maneira de preservar o clima de intimidade, cumplicidade e solidariedade.

Quando nasce uma criança cujos pais estão juntos, ela cresce e vai formando a noção do *casal parental*. A partir de um determinado período do desenvolvimento, surgem as vivências edipianas com competição, ciúme, desejo de posse e atenção exclusiva. Quando o casal se separa e os pais demoram a casar-se de novo, as crianças vivem com mais intensidade a sensação de posse exclusiva, fortalecendo as vivências edipianas, em especial quando estimuladas pela carência amorosa dos adultos: "Eu vivo dedicada exclusivamente ao meu filho. Depois que o pai foi embora, eu me desiludi com os homens, não quero saber de nenhum. O menino é muito agarrado comigo, dorme na minha cama e diz que nunca vai ter namorada para não me deixar sozinha". No momento em que surge uma nova pessoa na vida do pai e/ou da mãe, muitos filhos manifestam raiva pela perda da posse e tentam atrair atenção de algum modo, nem que seja infernizando a vida do novo par com o intuito — consciente ou inconsciente — de provocar o término do relacionamento e recuperar o pai e/ou a mãe para si: "Quando eu via a felicidade da minha mãe, me sentia muito culpada por querer ficar alheia a essa nova realidade. Depois de dez anos de separação, até queria aceitar esse novo marido da mamãe, mas só conseguia acusá-lo de ter me tirado a tranquilidade".

Filhas mais novas demonstram ciúme se metendo no meio da conversa, solicitando atenção demais, tornando-se chatas e desagradáveis para atrapalhar o namoro da mãe; em algumas, surgem dores de estômago, de barriga ou de cabeça também com o intuito de atrair atenção e preocupação; há outras que adotam condutas sedutoras, de franca competição com a mãe, a ponto de criticá-la e depreciá-la: "Acho ridículo mãe namorar!". Isso reflete, entre outras coisas, o ciúme e a dúvida de continuar importante para a mãe quando um novo homem entra em cena.

Filhas mais velhas podem apresentar condutas de rivalidade e competição com a mãe como mulher, principalmente quando não estão bem em seus relacionamentos amorosos. Nesse contexto, ver a mãe apaixonada, iniciando um namoro, provoca ciúme, raiva, inveja e ataque ao "casal feliz": "Por que minha mãe conseguiu ficar bem com um homem e comigo nada dá certo?". Há filhos que se recusam a tomar conhecimento da vida do pai ou da mãe, na base do "se não vejo, não existe": "Minha filha adolescente passou um tempão sem querer conhecer meu apartamento e muito menos a minha namorada".

Ver a mãe e o pai com novos parceiros desmancha a esperança de ver os dois unidos de novo: "Eu já conhecia a atual mulher do meu pai há muitos anos porque ela era muito amiga da minha mãe e todos nós gostávamos dela. Mas, quando meu pai se separou e começou a sair com ela, eu senti muita raiva porque isso acabou com a minha esperança de que mamãe e papai voltassem a ficar juntos. Depois dessa fase, isso passou e agora a gente se dá muito bem".

Os filhos costumam reproduzir a *constelação edípica* com o novo par: aliança entre os filhos unidos para atacar e atrapalhar o novo casal, ciúme com a felicidade, medo da perda da exclusividade. Se papai roubava mamãe para si, o novo marido também é um ladrão: "Meu menino de cinco anos passou um bom tempo agredindo meu marido: passava por ele e dava um soco; depois, começou a inventar histórias de ladrões que vinham me roubar e ele ficava sozinho, sem mãe; aí se imaginava atacando os ladrões, mas ficava com medo do meu marido, achando que ia apanhar dele".

Na fantasia da criança, encadeiam-se ciúme, raiva, desejo de atacar e medo de ser atacada em represália, e tudo isso faz parte do cenário do desenvolvimento dos vínculos: "Por que só ele pode beijar a mamãe na boca e eu não posso? Quero ter noventa anos, quero ser maior do que ele pra casar com a mamãe!". Pouco a pouco, no caminho do crescimento, a criança vai aprendendo a deslocar seus desejos eróticos para outras pessoas compatíveis, solidificando o tabu do incesto.

O sonho de "formar par com papai" pode atravessar a adolescência, cristalizando atitudes de possessividade e ciúme com as namoradas do pai, sobretudo quando são muito jovens: "Eu até hoje não gostei de nenhuma namorada do meu pai". Isso pode gerar atitudes abertas ou encobertas de hostilidade ou, simplesmente, a recusa de manter contato: "Só saio com meu pai para almoçar se ele for sozinho, não quero conhecer mulher nenhuma!".

A questão da proibição das relações incestuosas é complicada nas famílias recompostas, já que os filhos de um e de outro passam a ter uma convivência fraterna, embora não sejam "irmãos de sangue" e possam até mesmo se casar: "É muito engraçada esta história: meu filho se casou com a filha dele, e de repente passei a ser sogra da filha do meu marido, cujo genro é meu filho e é tudo um bolo só. O melhor da história é que vamos acabar tendo netos em comum". O tabu do incesto derivado da problemática edipiana é também muito ativado, assim, a mulher do pai não é a mãe do adolescente, o marido da mãe pode ser muito atraente para a filha desta: "Deus me livre de botar homem dentro de casa! Eu tenho uma filha mocinha e a gente escuta muitas histórias de padrasto seduzindo enteada. A gente namora há cinco anos, mas morar junto, nem pensar!".

Na verdade, acontecem muitos casos de sedução e de abuso sexual, especialmente entre o homem e as filhas da mulher e entre os "irmãos de convívio". Isso gera sérios conflitos na relação conjugal e familiar: "Ele não reagiu como eu esperava

Casamento, término e reconstrução

quando flagramos o filho dele agarrando minha filha à força. Eu é que expulsei o moleque e o proibi de entrar lá em casa. Mas, depois disso, o nosso casamento ficou muito abalado". A proibição do incesto, nesses casos, tem apenas uma base social, mas sem o reforço biológico dos laços familiares convencionais.

Muitos filhos sentem dificuldades de perceber os pais como casal erotizado e isso mobiliza as fantasias e os desejos sexuais, em especial dos filhos adolescentes. É impressionante a rapidez da transferência das vivências edipianas para os novos personagens da cena; o que normalmente a criança e o adolescente vivenciam com o casal parental é deslocado para o parceiro da mãe e para a parceira do pai — ciúme, competição, identificação, todos esses sentimentos e processos acontecem nas novas constelações.

Na maioria das famílias com filhos adotivos, as crianças não têm vínculos biológicos, mas se adotam como irmãos pela convivência e pelo afeto; isso também costuma acontecer em famílias com filhos biológicos e adotivos, quando estes estão bem integrados na composição familiar; no caso de meio-irmãos, é comum o desejo de que tivessem o mesmo pai e a mesma mãe. Nas famílias recompostas, também surgem laços fraternais muito fortes entre os filhos dos casamentos anteriores, que acabam se adotando como irmãos, mesmo sem vínculo biológico: "Os meus filhos se dão muito bem com os filhos dele, saem juntos para fazer programas ou para viajar. E se dão muito bem com a ex-mulher do meu marido, estão sempre por lá reunidos com a turma". O vínculo afetivo construído pelo convívio pode ficar tão sólido que sobrevive ao término da união, podendo até resultar em opções de moradia inesperadas: "Quando eu tornei a me separar, meu filho de vinte e três anos decidiu continuar morando com meu terceiro ex-marido e eu fui morar sozinha".

Os meus, os seus e os nossos

As etapas iniciais

Nas etapas iniciais da recomposição de uma família com filhos de casamentos anteriores é difícil demarcar as fronteiras: "É problema dele com os filhos dele; eu não me meto nem dou opinião". Há sentimentos contraditórios entre o homem e a mulher com relação aos filhos um do outro: "Não quero que meus filhos sofram com a presença do filho dele, que agride e sacaneia todo mundo; ao mesmo tempo, quero me dedicar também ao menino, que é filho do homem que eu amo, mas é muito difícil".

Quando o parceiro não tem filhos, é comum que fique desautorizado da função paterna nas etapas iniciais do convívio, embora funcionalmente exerça a função parental no cotidiano da casa: "No início, quando ele tentava intervir com meus filhos, eu não deixava. Achava que ele não tinha o direito de se intrometer porque não era o pai deles e porque não tinha filhos; então como ele poderia entender a cabeça de uma criança?". Predomina a cerimônia ou o medo de ser incômodo: "Eu ficava controlando as crianças para que não fizessem barulho, não queria que ele se chateasse com meus filhos". Pouco a pouco, os vínculos se consolidam, a interação torna-se mais espontânea e diminuem as dificuldades de estabelecer a fronteira de atuação com relação aos filhos do outro, mas isso dependerá do grau de cumplicidade que o novo par vai conseguir estruturar, dentro da meta de cuidar em conjunto da casa e dos filhos.

No entanto, os sentimentos de culpa pela separação e pelo novo casamento, assim como a incompatibilidade das atitudes, podem tornar crônica a incômoda divisão de territórios: "O pai das crianças nunca deu palpites na educação, eu decidia tudo sozinha; meu atual marido faz questão de participar, mas ele é duro demais tanto com os filhos dele quanto com os meus. Chega até a ponto de dar palmadas: aí eu defendo os meus, brigo com ele e dá uma confusão danada. Ele fica furioso, diz que eu sou frouxa demais e que meus filhos são mimados e sem educação".

Em situações como essa, é preciso demarcar limites e fronteiras. Se, por exemplo, o homem vê mãe e filha se agredindo, em um jogo constante de provocações recíprocas, até que ponto pode se meter, tentando apaziguar os ânimos? E se as duas se aliarem contra ele? Cada família precisará definir a diferença entre intromissão e ajuda, entre participação e interferência, para que seja possível fazer bons acordos de convívio.

Na família recomposta, há um tipo diferente de autoridade (sem o poder do "tem que me obedecer porque sou seu pai"), com base na relação de respeito e no papel exercido dentro da nova família: "Mas você não é minha mãe, então não tenho que obedecer, faço o que eu quero!"; "Claro que não sou sua mãe, sou mulher do seu pai, mas acontece que eu posso dizer o que não pode ser feito aqui em casa!".

Com o passar do tempo, consolidam-se os vínculos com os novos parceiros do pai e da mãe. Um vínculo forte e importante não precisa da biologia: acontecem casos em que o marido da mãe desempenha muito melhor a função paterna do que o pai biológico. Há também filhos que decidiram morar com o pai por se sentirem muito mais ligados com a mulher deste do que com a própria mãe. As crianças acabam adotando os novos parceiros do pai e da mãe como outro tipo de pai e mãe: "Eu tenho dois pais: um que me fez e o outro que é do coração". Algumas, inclusive, passam pela dúvida de como chamar o marido da mãe de papai, paizinho, tio ou simplesmente pelo próprio nome. Os desejos da criança variam e ela precisa ter a liberdade dessa escolha.

Ser pai e mãe "de papel passado" não é garantia, pois não há obrigação automática de pais e filhos se gostarem. O vínculo amoroso é uma construção cotidiana e é impossível amar alguém por decreto. Quando pai e/ou mãe perdem o pé e começam a cobrar e a exigir afeto por meio de reclamações, queixas ou vitimização, o máximo que conseguem é manter os filhos por perto pela culpa.

Passada a fase inicial de adaptação, a maioria dos filhos sente-se muito melhor com os pais separados em novas uniões do que com os pais juntos e infelizes, gerando tensões e conflitos na família. Há filhos que até mesmo gostam de ter um quarto em duas casas e maior oportunidade de se relacionarem em contextos diferentes.

Na família recomposta, um dos principais desafios é descobrir o que as pessoas gostam de fazer juntas, o que agrada a todos ou a alguns, como podem participar da vida uns dos outros, construindo um núcleo de cooperação e solidariedade. Mas nem tudo são flores. Às vezes, em vez da gradual conquista recíproca que consolida os novos vínculos, torna-se crônica a animosidade com os "filhos difíceis" do cônjuge: "Eu fico numa posição muito complicada, entre meu atual marido e a minha filha de quinze anos. Eu reconheço que ela não é fácil, mas ele não tem a menor paciência e não entende que, quanto mais ela se sente rejeitada, mais ela ataca e fica chata. Os dois entram em brigas incríveis: ele reclama da conta do telefone, ela diz para ele parar de encher o saco e aí a coisa fica mal. Quando eu tento acalmar os ânimos, os dois dizem para eu não me meter. No fim das contas, fica todo mundo se sentindo mal".

Há também ciúme e competição entre os filhos de um e de outro, entre os que têm o privilégio do convívio diário e os que não têm: "Seu pai é muito mais meu do que seu, ele mora comigo e você só vem aqui de visita"; "Lá em casa só tem comida boa quando os filhos do tio Antônio vão jantar". Surge o desejo de ir junto com os "irmãos" para o fim de semana, o que nem sempre é viável: "Quero ir com eles para conhecer a mãe deles, por que não pode?".

Surge a culpa por estar convivendo com os filhos da atual mulher, dando assistência a eles, mas não aos próprios filhos, inacessíveis ao convívio diário: "Eu não consigo brincar com os filhos dela, fico pensando no meu filho sem pai, sozinho, a mãe trabalha o dia inteiro, ele mora em outra cidade e só nos vemos de quinze em quinze dias". Surge também a mistura de dor e contentamento, quando constatamos que o novo cônjuge é melhor para os próprios filhos do que o pai ou a mãe deles.

A complexidade aumenta quando, na casa da família recomposta, moram filhos de um e de outro. O novo casal já se forma não apenas com a existência, mas também com o convívio cotidiano, de filhos vindos de dois ex-casais e, portanto, com orientações diferentes em questões de hábitos e rotinas do cotidiano de uma casa. Além disso, há a diferença de faixas etárias em famílias que se recompõem com crianças pequenas, adolescentes e adultos jovens estruturando um convívio. A tarefa é complicada, pois o novo casal, já com a presença dos filhos feitos, precisa delimitar diretrizes próprias para o funcionamento da nova família.

É muito diferente de uma família composta de acordo com um "ciclo biológico": forma-se o casal, há a vinda gradual dos filhos, a inclusão de cada um no circuito familiar num ritmo evolutivo. Na família recomposta, o caminho evolutivo se faz de acordo com outros parâmetros. Modifica-se também o lugar ocupado pelos filhos nas famílias anteriores, gerando novos ângulos de competição entre dois primogênitos, dois caçulas e assim por diante.

O espaço ocupado pela nova família, a intensidade do contato ou a distância geográfica são fatores que influenciam a composição dos vínculos entre os filhos do homem e da mulher: se a casa nova oferece um lugar de convívio, mas também de privacidade para cada pessoa, há maior probabilidade de preservar a boa interação; mas, ainda assim, os filhos que moram longe e só aparecem de vez em quando demoram mais para serem absorvidos no novo sistema. Com a consolidação dos vínculos, há o medo de passar por uma nova perda, caso esse casamento também se desfaça: "Eu senti muito porque não vi mais os filhos do tio Ricardo depois que ele se separou da mamãe e eu gostava muito deles".

Assim como há pais e filhos que não se dão bem, há pessoas que não conseguem formar um bom vínculo com os filhos do parceiro. A falta de entrosamento, às vezes, se manifesta como indiferença e pode chegar ao ponto de discriminar, hostilizar e maltratar os filhos do outro. O sofrimento é intenso quando a mudança de vida é desfavorável para as crianças e, sobretudo, quando a mãe se alia ao novo marido e também passa a hostilizar os filhos ou quando o pai se alia à nova mulher e aos filhos desta e se afasta das crianças: "As meninas já nem ligam muito, acabam fazendo os próprios programas, mas o garoto, que sempre foi mais agarrado com o pai, fica muito magoado quando telefona para ele pedindo para que passem o fim de semana juntos e o pai diz que não pode. E a gente sabe que a mulher dele não gosta de ter trabalho com meus filhos".

Crianças e adultos com frequência expressam conflitos, angústias e temores por vias corporais: "Desde que o pai se casou de novo, tem sido um problema para as crianças. A nova mulher dele não aceita bem meus filhos e quase sempre as crianças chegam de lá com dor de cabeça, dor de estômago, ataques de bronquite. Ou então chegam insuportáveis, agredindo todo mundo, com um mau humor do cão".

A nova mulher, muitas vezes, ressente-se da existência dos filhos do parceiro não apenas pelas eventuais complicações com a ex-mulher, como também pela menor disponibilidade de dinheiro: "Minha vida seria perfeita se ele não tivesse dois filhos. Ele é um homem maravilhoso, a gente se dá super-bem, mas não há dinheiro que chegue para sustentar os dois que temos e mais os dois dele e a ex-mulher que não trabalha fora".

Há filhos que permanecem anos a fio ressentidos com os novos casamentos dos pais, sem aceitá-los: "Minha filha tinha quinze anos quando me separei e passei a viver com minha segunda mulher. Ela ficou magoada e, devidamente influenciada pela mãe, recusou-se a frequentar a minha casa e a ter contato com minha mulher. Agora ela está com vinte e cinco anos e eu tenho dois filhos que ela se recusa a conhecer. Nós só nos falamos de vez em quando, e ela me trata muito secamente. Eu gostaria que ela aceitasse minha situação, que convivesse conosco, mas até agora isso não foi possível".

Se o novo par decide chegar à etapa dos "nossos", a complexidade da família recomposta aumenta mais ainda. Em famílias com vários filhos, cada um tende a assumir uma função e a ocupar um determinado lugar dentro da dinâmica familiar. Comumente, sobre um deles se descarregam acusações e hostilidade dos irmãos e dos pais — "É o João que sempre faz as coisas erradas aqui em casa" —, enquanto outro aparece como modelo, prestigiado e preferido. Nesse jogo de preterido/preferido, o preterido acumula ódio, mágoa, ressentimento e acaba se comparando a amigos cujos pais são mais carinhosos ou menos massacrantes que os dele. Na família recomposta, essa dinâmica da dissociação entre quem é bom/quem é mau, esse jogo de preteridos e preferidos também acontece. Às vezes, a divisão é por grupos — um privilegia os próprios filhos e trata os filhos do outro com excessivo rigor, como as madrastas e os padrastos dos contos de fada. Há também situações em que a criança se sente preterida, em desvantagem perante o meio--irmão: "Ele tem pai e mãe morando juntos e eu só tenho mãe, meu pai não me vê todos os dias"; "Meu pai me trata com muita indiferença, eu queria que o pai de minha irmã fosse meu pai também, ele é muito carinhoso com a gente".

QUANDO O NOVO PAR ESPERA UM FILHO

Os filhos de um e de outro ficam muito mobilizados quando o novo par espera um filho. Até então, todos se identificavam pelo fato de terem pais separados e, de repente, surge ciúme e inveja por verem um filho nascendo dentro de um contexto de casal. Surge a ameaça de serem preteridos: "O meu pai vai ter um filho com a mãe dela e eu acho que a gente vai sobrar". Para o casal, as modificações também trazem repercussões enormes, exigindo uma abertura de espaço afetivo para todas as crianças: "Não é fácil conviver com o filho do outro, sobretudo no nosso caso, em que todas as crianças, as minhas e as dele, estão morando conosco e a gente está esperando um filho nosso. Há muita competição entre as crianças e entre nós também".

O nascimento de um meio-irmão suscita, no início, insegurança e ameaça, tanto quando vai morar na mesma casa quanto quando vai morar em outro lugar, inclusive geograficamente distante: "Minha filha está atravessando uma fase difícil agora. Vive chorando e se aborrece com qualquer coisinha. Eu entendo, porque a atual mulher do pai está para ter bebê e eles moram em outro estado, ela só vê o pai de três em três meses. Não é fácil para ela aceitar o pai convivendo diariamente com outra criança". Além disso, há os casos em que a criança precisa digerir o nascimento de mais de um irmão em pouquíssimo tempo: "Nosso filho nasceu e, dois meses depois, nasceu o neném da ex-mulher. O filho dele, de seis anos, ficou perturbadíssimo: o pai tendo filho e a mãe também, dois irmãos ao mesmo tempo; o menino ficou impossível, agredindo todo mundo".

Há filhos que se sentem exilados, numa "terra de ninguém", depois que pai e mãe formam novos núcleos familiares; com a sensação de terem "caído de paraquedas" na vida dos novos casais, não conseguem se encaixar em sistema algum. Sentindo-se mal tanto com o pai quanto com a mãe, sentem-se mal consigo mesmos, e esse sentimento gera uma enorme gama de problemas, que vai desde a dificuldade no rendimento escolar até atitudes de isolamento, provocação, hostilidade, desleixo: "Eu me casei pela segunda vez, meu marido foi transferido para Londres e meu filho de nove anos quis ficar no Brasil, morando com o pai. Mas, quando a mulher do pai ficou grávida, ele optou por morar conosco. Nessa altura, ele já estava com treze anos. Aí sentimos a enorme diferença entre o convívio de férias e o dia a dia, em que ele não quer assumir responsabilidade alguma: não faz os deveres, não estuda, deixa tudo espalhado pela casa, um horror. Meu atual marido não tem e nem quer ter filhos, nós levávamos uma vida de casal maravilhosa, viajando nos fins de semana e com mil compromissos sociais. Agora está um inferno, instalou-se o caos, são brigas intermináveis. Acho que esses anos sem convívio diário transformaram meu filho num estranho para mim".

A entrada repentina de uma criança numa família recomposta pode trazer transtornos a ponto de impossibilitar sua absorção: "Minha vida mudou por completo nos últimos meses e está um verdadeiro caos. Eu me separei da primeira mulher quando minha filha tinha dois anos e ela voltou para a casa dos pais, no interior. De seis em seis meses, a menina vinha passar quinze dias comigo. Aí eu casei de novo e tive um filho, que agora está com oito meses. O problema é que minha ex-mulher resolveu que não vai mais ficar com a menina, que agora está com cinco anos, e ela veio morar conosco. O clima da casa está péssimo, porque ela morre de ciúme do neném, bate muito nele e minha mulher, que já é nervosa, perde a paciência com ela e protege o garoto. A gente anda brigando feio e ela já deixou claro que não quer que minha menina continue morando conosco".

Nas famílias recompostas em que um já tem filhos maiores e surge um bebê, este em geral é bem-vindo como filho temporão: "A vinda da nossa filha foi muito curtida pelos meus três filhos, já quase adolescentes. Eles ficam disputando entre eles para ver quem cuida da irmãzinha: uma se encarrega de trocar fraldas, a outra de dar banho e o garoto gosta de brincar com ela. E eu me sinto mãe de outra maneira agora. Os três eu tive num casamento infeliz. Namorei meu segundo marido durante sete anos e estamos juntos há dois. Os três eu tive porque tinha de ser mãe, mas fazia tudo mecanicamente. Já essa nossa filha a gente quis, eu gosto de cuidar dela e estou me sentindo diferente também com os outros três, me acho melhor mãe com todos eles. O nascimento dessa última ajudou a solidificar nossa família".

Por outro lado, a vinda de um bebê "difícil", com pouca necessidade de sono e excesso de agitação, pode ser um peso para quem inaugura a nova geração de filhos, provocando grandes problemas conjugais: "Para ser bem sincero, o nascimento do Bruno acabou com minha paciência. Está com dois anos e acorda pelo menos cinco vezes por noite! E foi ela quem quis esse filho, o que é compreensível, porque é jovem e quer ser mãe, mas os meus já são homens feitos e eu não quero entrar nesse rodízio noturno. Ela fica magoada, porque também acorda cedo para trabalhar e eu não a ajudo em coisa alguma. Nosso casamento está em crise, a gente vive irritado e ela nunca tem ânimo para sair à noite: a vida de casal foi pro espaço; o Bruno solicita a mãe o tempo todo".

A necessidade de solidificar o novo par tendo filhos é uma motivação importante para muitos casais, especialmente quando um deles não teve filhos ou ainda não tem quantos desejaria: "Eu não pensava mais em ter outro filho, sempre achei que ter um menino e uma menina era o ideal. Mas eu me separei e casei com um homem solteiro, louco para ter filhos. De repente, não achei justo ele continuar sem filhos, tendo de lidar com os meus. Aí resolvemos ter o nosso".

E há os casais que, ao recomporem uma família, decidem não ter filhos em comum e se contentam em adotar afetivamente os filhos um do outro. Como casal, a procriação deixa de ser uma meta fundamental e passa-se a outro nível de criação; já não é por meio dos filhos que surge a renovação do casal, mas do contínuo cuidar da relação amorosa e do voltar-se para outros ideais de vida e de criação.

Capítulo 10

Refazendo

*T*oda grande transição da nossa vida traz uma revisão de valores e de metas que, às vezes, entram em choque com antigas crenças e valores transmitidos nas primeiras décadas de nossa vida pela família, pela escola e pela Igreja. Frases-chaves incessantemente repetidas ficam incrustadas em nossa cabeça, influenciando escolhas e sentimentos, apesar de, racionalmente, brigarmos contra isso: "Homem nenhum presta"; "Não vale a pena acreditar nas mulheres"; "Casamento vira rotina"; "Mulher sem homem não é ninguém".

Concretizada a decisão e enfrentadas as primeiras mudanças, nos perguntamos: "Valeu a pena?"; "Quem sou eu agora?"; "O que quero da vida?". Alguns retomam antigos ideais e atividades: "Voltei a ouvir as bandas que eu curtia quando tinha quinze anos". Muitos sentem que estão vivendo uma nova adolescência, preenchendo lacunas: "Namorei muito pouco, casei cedo demais e sempre senti falta de ter me relacionado com mais rapazes. Agora, vinte anos depois, estou fazendo justamente isso". Outros permanecem muito tempo

Casamento, término e reconstrução

hesitando entre a opção de continuar separado, saindo com diferentes pessoas, e a de tornar a casar-se, buscando estabilidade e segurança.

A opção entre segurança e liberdade depende muito da imagem que fazemos de nós mesmos dentro e fora de um casamento, já que, para alguns, casamento é uma relação renovadora, criativa, que pode promover crescimento, enquanto para outros casamento representa previsibilidade, monotonia, estabilidade-estagnação, e a vida da pessoa separada representa incerteza, surpresa, horizontes mais abertos. Há também quem fique muito tempo confuso e indefinido com relação aos novos rumos e às novas possibilidades: "Ainda não sei o que quero; só sei o que não quero".

Nesses períodos, ocorre uma reorganização da vida familiar: mulheres que passam a morar sozinhas com os filhos, trabalhando para ter renda própria, aprendendo a programar pagamentos, levantar empréstimos, organizar o orçamento e a agenda de compromissos, assumindo a função de chefe de família; homens separados que aprendem a cuidar bem da casa e dos filhos, realizando tarefas que jamais tinham repartido com uma mulher: "Descobri que gosto de enfeitar a casa; meu apartamento está lindo, cheio de plantas". Assumir novas tarefas e responsabilidades pode gerar ressentimento e sensação de sobrecarga, contudo, pode trazer a satisfação de descobrir capacidades novas: "Na primeira festa que organizei lá em casa, teve gente que se ofereceu para ajudar, mas eu fiz questão de organizar tudo sozinho: arrumei a mesa, saí para comprar vinho, torradas e queijos e o pessoal ficou conversando até de madrugada".

Há quem não se acostume com essa reorganização de vida. Diz um homem que, ao se separar, foi morar sozinho em um hotel: "Sinto uma saudade terrível, não da mulher, mas de ter uma casa com tudo funcionando e os filhos em volta". É o "canto da sereia", a tentação de retornar a uma situação uterina, em que tudo funciona sem a necessidade de nossa participação. O nascimento é doloroso, nos expõe à realidade de outra vida, nos obriga a assumir novas responsabilidades e tarefas, com tudo o que há para construir em meio ao que foi demolido.

REVISÃO DE METAS E VALORES

Diante de novas situações da vida, repensamos mitos, estereótipos, preconceitos e ideais: "Aprendi muito sobre mim, meu corpo, minha feminilidade. Percebi que me envolvo afetivamente de modo diferente com diferentes parceiros. Consigo ter uma ótima transa sexual por puro tesão. Sempre ouvi dizer que mulher não é bem assim, que só sente prazer mesmo quando está amando".

"Ensinam tanta coisa errada pra gente! No meio da vida é que começamos a descobrir que fomos tapeados! Precisamos aprender com os próprios olhos, com as próprias mãos e só resta recomeçar da estaca zero." Na revisão e na transformação das metas da vida, é comum termos pressa de recuperar o tempo perdido: "Vivo a mil por hora, agitando milhares de coisas, num ritmo louco, completamente diferente do de antes. Parece que passei a vida dormindo e aos trinta anos acordei e não tenho mais tempo a perder".

Na vida de casal, fazemos muitos acordos sem perceber. Um dos mais comuns é que apenas um dos membros do casal ocupe o espaço maior de crescimento, enquanto o outro se encolhe, e só percebe isso depois da separação: "Descobri que eu me fazia de burra para que ele brilhasse. Depois vi que sou capaz de fazer coisas que antes pareciam tremendamente complicadas". Sozinhos, conseguimos ver quanto nos colocávamos em segundo plano: "Dois dias depois que ele saiu de casa, fui ao mercado fazer compras. Foi chocante: não sabia o que iria comprar para mim, o que eu queria comer, não sabia do que eu gostava. Só então percebi que em todos esses anos a comida lá em casa era feita pelo gosto dele e não pelo meu".

A separação, para muitas pessoas, desmonta uma vida construída e pautada pelos moldes tradicionais e, assim, abre a possibilidade de buscar um equilíbrio próprio, de tentar encontrar o que realmente faz sentido. Essa busca interior não é fácil, é necessário pagar um preço por refletir a respeito de si mesmo e trilhar caminhos não convencionais, mas a recompensa é o encontro de um equilíbrio dinâmico e flexível, que nem sempre coincide com o que "deve ser".

A separação, assim como outras passagens da vida, abre novas possibilidades: "Uma das melhores descobertas foi a de poder ter tempo só para mim, sem marido e sem filhos, nos dias em que eles ficam com o pai. No princípio, eu me recriminava por gostar disso, achando-me egoísta, mas depois passou a ser uma curtição. Só então me dei conta de ter passado a vida inteira em função dos outros, esquecendo de mim, sem ter me dedicado tempo e atenção".

Acontecem separações que rompem com os códigos familiares, sociais, religiosos e pessoais. A pessoa "bota pra quebrar" e vai à luta para fazer a própria vida. Passa um tempo lutando pela sobrevivência, tempos depois, começa a se assentar e aí é inundada pela angústia por ter rompido com os códigos prezados. É o momento de construir seu *código pessoal*, passar da etapa de fazer a própria vida para a etapa de *fazer-se*: "Quando eu paro e penso na revolução que fiz na minha vida, me espanto profundamente: saí de uma hora para outra de um casamento convencional, no qual eu era a esposa submissa, dominada, dependente financeiramente. Não fiz faculdade e nunca tinha trabalhado, dedicava tempo integral aos filhos, à casa e ao marido. Saí com nada, para batalhar.

Deixei os filhos com ele e fui descobrir o que eu seria capaz de fazer para me sustentar sozinha. Consegui vencer na vida. Em um ano, estava muito bem colocada em termos de trabalho, morando sozinha e começando uma relação com um cara legal, mas que me deixa muito no ar. E aí é que veio a insegurança e a angústia que eu não tive tempo de sentir antes".

Quando questionamos o *modelo tradicional do casamento*, passamos a construir outros modos de relacionamento amoroso, buscando o que faz mais sentido. Embora seja difícil viver fora dos padrões socialmente aceitos, devido ao peso das pressões sociais e familiares, é crescente o número de pessoas que procuram alternativas de convívio amoroso: casamento aberto, monogamia em série, viver juntos em casas separadas. Muitas modalidades de parcerias estão fora das convenções, como amigos que decidem viver juntos, formam um par, porém nem sempre transam; maridos e mulheres que viraram amigos, continuam companheiros, mas perderam a atração sexual um pelo outro; um relacionamento amoroso duradouro, mas "sem nome" e sem contato regular; namoros em que os parceiros moram em estados ou até mesmo em países diferentes e se encontram de vez em quando; vários "casos" em paralelo, sem compromisso formal além do desejo de se verem de vez em quando e aproveitarem bons momentos juntos.

A maioria dessas alternativas existe há muito tempo, mas, nos dias de hoje, são vividas abertamente por um grande número de pessoas e não mais "por baixo dos panos". Atualmente, vivemos em sociedades marcadas pela diversidade e pela fragmentação. O desenvolvimento tecnológico, que resultou no encurtamento das distâncias e na possibilidade de conexão imediata, nos expõe a outros modos de vida, a diferentes culturas, crenças e tradições. Podemos, dessa forma, "passear" livremente por diferentes realidades. O que é certo, errado, melhor ou pior em todos esses estilos de vida? Que contraste com as sociedades pré-modernas, que, vivendo em relativo isolamento, conseguiam transmitir de geração a geração crenças, valores, conceitos e preconceitos!

Com essa maior mobilidade, formaram-se estruturas sociais mais complexas, com pessoas de diferentes contextos, ideologias, crenças políticas e religiosas. Com as crescentes demandas e pressões da vida urbana, surge a questão da "família saturada", cujos componentes — inclusive crianças e jovens — vivem com múltiplos compromissos, com agendas cheias e grandes deslocamentos. Na maior parte dos lares, as pessoas pouco se encontram, no permanente entra e sai que dificulta a prática de hábitos familiares tradicionais, como a conversa em torno da mesa de jantar para contar as novidades do dia. Com a fragmentação do tempo e a multiplicidade de horários e compromissos, é preciso reinventar as oportunidades de conversa: no carro a caminho da escola; no restaurante ou na lanchonete; arrumando a "bagunça" da casa em conjunto. É preciso evitar o risco do prejuízo da intimidade nesse contexto de laços flutuantes e de ideais desbotados.

Num mundo em rápida mutação em que, pela primeira vez na história do ser humano, existe a possibilidade de extinção da espécie e do planeta, as pessoas tendem a se preocupar mais com o momento presente, diante de um futuro que se mostra tão instável e incerto. Isso diminui a tolerância à frustração e a disposição para enfrentar grandes obstáculos.

A relação homem-mulher também sofre o impacto de todas essas mutações econômicas, políticas e sociais. Aprofundamos o questionamento do modelo convencional, marcado pela opressão e pela anulação da individualidade, quase sempre da mulher. Por que é preciso adotar o modelo da gangorra num relacionamento? Por que é tão difícil para os casais compartilhar o poder e sair de um esquema competitivo? Por que um precisa ficar por baixo, dominado, subjugado, submisso?

Por outro lado, os padrões tradicionais da relação homem-mulher "circulam no sangue" e estão profundamente arraigados dentro de nós. O machismo é uma realidade, sustentado e reafirmado por muitas mulheres. Nos homens, o mais comum são as reações contraditórias: os mais "abertos" acham que a mulher deve ser autônoma e dirigir a própria vida, mas, ao lado disso, tentam cerceá-la e controlá-la quando a relação amorosa se torna estável; outros ficam declaradamente dependentes e passivos, encolhidos pelas mulheres "fortes" que não querem um homem que as atrapalhe. Não é fácil construir uma relação amorosa que dê lugar para as duas pessoas; vários conflitos acontecem entre o código de valores internalizado ao longo dos anos, transmitido com o peso das autoridades familiares e sociais e o código de valores que, a duras penas, criamos para nós mesmos no decorrer da vida.

As mutações rápidas e, muitas vezes, apenas aparentes nos próprios padrões de relação homem-mulher estão gerando grandes confusões, uma vez que os modelos tradicionais, ainda arraigados, se mesclam e se chocam com as novas alternativas, fazendo surgir tensões e conflitos: que modelo vai vigorar? E a ambiguidade entre a intenção, o planejamento e a atitude emocional? Que nome terá essa relação?

A isso somam-se também as modificações dos costumes: mulher pode paquerar abertamente? Qual é a atual diferença entre ser "aberta" e "oferecida"? Onde está a fronteira entre ser livre e ser vulgar? Quais são os ambientes aceitáveis para conhecer gente nova? Fica feio para a mulher ir a festas organizadas para solteiros? É arriscado sair com alguém que se conheceu numa paquera de praia ou de bar? Quais os riscos e as oportunidades de encontrar seu par pelos *sites* de relacionamento? É mais seguro pedir aos amigos para apresentar gente disponível? Quem paga as despesas das diversões conjuntas?

Casamento, término e reconstrução

"Casei com dezesseis anos e fiquei quinze casada. Agora, com trinta e um anos, o mundo da relação homem-mulher já não é mais o mesmo, tanta coisa mudou, eu mesma mudei. Já não sou mais adolescente, sou uma mulher descasada, vivida, sofrida, com filhos, não sei como me situar diante dos homens disponíveis". Muitas pessoas se sentem desatualizadas após ter passado muitos anos casadas: "Depois de vinte anos de casada, não sei mais como se começa a namorar. Se o cara se atrasar para o encontro, é sinal de desinteresse? Fica feio eu ligar para ele? Tenho de esperar que ele me ligue? O que ele pensaria se eu fosse para a cama logo nas primeiras vezes?".

Quando um casamento insatisfatório representa uma espécie de pacto com a morte, a separação é o rompimento desse pacto e a escolha de viver de novo. Esse reposicionamento reflete-se fisicamente, com rejuvenescimento, nova disposição e vitalidade, maior energia produtiva; a pessoa fica mais bonita, irradiando vida em vez de depressão, tédio e desânimo. Outras, contudo, mergulham na depressão e no abatimento. Entretanto, a sensação de retornar à vida é acompanhada por percepções mais nítidas: "Foi uma descoberta de mim, dos outros, do mundo, da vida. Tenho a sensação de que só agora estou aprendendo a ver as pessoas, parece que vivi cega ou dormindo esse tempo todo".

Com diferentes oportunidades de vida, antigos problemas são redimensionados ou até mesmo desaparecem: "Fiquei casada onze anos, meu marido foi meu primeiro homem e o único durante o casamento. Eu nunca gostei de sexo, não conseguia gozar. Meses depois de separada, comecei a transar com outro homem e, de repente, descobri o sexo. Foi um espanto descobrir que sinto prazer, que adoro transar, que a parceria é que não era boa!". Num casamento em que vigoram restrições e limitações no encontro erótico, ambos se empobrecem sexualmente. Quando iniciam um novo relacionamento sem as mesmas amarras, conseguem se expandir: "Meu marido nunca admitiu que eu o procurasse sexualmente. Meu namorado me incentiva a tomar a iniciativa e eu me sinto muito mais mulher". Por outro lado, para algumas mulheres, a culpa e o atordoamento tornam a sexualidade assustadora, caótica e insatisfatória: "Nessa de me experimentar com outros homens, acabei dormindo com gente que não tinha nada a ver".

A esperança de encontrar algo melhor e a ânsia de "viver novas emoções", embarcando em experiências diferentes, podem vir mescladas com autodestrutividade. Ter a liberdade de sair das convenções não significa machucar-se além da conta por estar perdido dentro de si mesmo.

Nem sempre é fácil decidir quando e como apresentar os novos parceiros aos filhos, familiares e amigos, principalmente quando estamos em fase de "triagem", saindo com várias pessoas após o término de um casamento ou de um namoro duradouro: "É engraçado ver o pai da gente mentindo, não é? Eu descobri que ele anda saindo com duas mulheres, uma delas é mais nova do que eu. E ele teve a cara de pau de dizer que não tem saído com ninguém". Quando os filhos estão na casa, vem o dilema de "levar para dentro de casa": a partir de que nível de compromisso é aceitável dormir junto, fora ou dentro de casa? Isso pode ser feito às claras, ou é melhor esperar as crianças dormirem para que o namorado possa entrar "na calada da noite" e sair de madrugada?

Há pessoas que gostam de ficar casadas; outras preferem apenas namorar; e há quem prefira ficar só. Todas essas alternativas de vida são válidas, embora nem todas sejam convencionais. O importante é sentir a riqueza do fluxo da vida: "Não sou mais aquela pessoa que acha que amanhã vai ser igual a hoje, e hoje está sendo igual a ontem. Tento receber a vida do jeito que ela vem. Aprendi a gostar do imprevisível, do novo, da mudança. Acabou a anestesia e o embotamento e agora é mais excitante viver".

A reconstrução de metas é desafiante: "Com a separação, senti na pele o problema de ser uma mulher de quarenta anos precisando trabalhar. Abandonei os estudos para casar, não me profissionalizei e é muito difícil arranjar emprego nessas condições". O casamento foi a carreira; quando termina, a pessoa sente-se despreparada e perdida no processo de refazer a vida. Mas algumas conseguem, com garra e criatividade, descobrir novas direções e possibilidades.

No entanto, há pessoas que precisam passar pelo término de mais de um casamento para aprender lições que geram mudanças mais profundas e duradouras: "Pensei que eu tivesse mudado muito após a minha primeira separação; tempos depois, entrei num segundo casamento, com a esperança de que dessa vez ia dar tudo certo, mas deu tudo errado de novo. A segunda separação trouxe uma dor profunda, o rompimento de uma esperança que tinha sido renovada, mas foi aí que vi que eu tinha mudado muito pouco e que ainda precisava modificar muita coisa em mim".

A *queda do padrão financeiro* também nos obriga a uma extensa revisão: "O baque financeiro foi grande. Depois que me separei, meus pais quiseram me dar mesada, mas eu recusei porque não estava a fim de virar filhinha de novo. A pensão não dava nem de longe para manter o nível de vida que eu tinha. Mudei muitas coisas, passei a fazer outro tipo de programa. Deixei de ser madame e comecei a vender minhas joias, roupas caras e sapatos finos que já não tinham muito a ver comigo". A opção por uma vida simples, despojada de formalidades e compromissos sociais pode ser tão atraente, que a pessoa não deseja mais voltar ao estilo antigo, mesmo quando tem oportunidade para isso: "Ele tentou por muito tempo me reconquistar, prometendo carro novo, conforto, vida boa.

Mas minha cabeça tinha mudado, eu já queria outra coisa da vida, deixei de curtir os programas que o dinheiro dele nos proporcionava".

Por outro lado, a queda do nível financeiro provoca, em algumas pessoas, ressentimentos duradouros e a sensação depressiva de ruína: "Perdi muita coisa com a separação. Deixei o carro para ela e até hoje não consegui juntar dinheiro para comprar outro".

A mudança de valores, hábitos e estilo de vida não acontece apenas com a separação, mas também dentro do casamento, quando as pessoas decidem repensar a vida, quando precisam enfrentar uma queda grande de recursos financeiros ou passam por um período de desemprego.

A TRANSFORMAÇÃO DA IDENTIDADE

Quando passamos por transições importantes, nossa identidade se modifica em alguns aspectos, à medida que nos posicionamos de modo diferente diante de nós mesmos, dos outros e da vida: "O lema da minha vida era fazer tudo certo, pra ninguém botar defeito. Foi um susto perceber que para me manter nesse palco eu gastava uma energia absurdamente grande, com tamanha exigência de perfeição. Quando resolvi me separar, virei gente de carne e osso, com direito de errar. Foi com alívio e culpa que entendi que não preciso de aplauso o tempo todo. Cabe a vaia também. Casamento perfeito, pessoa perfeita, é tudo uma farsa".

A reconstrução da identidade é um processo longo e profundo. Os sonhos, em sua linguagem simbólica, apresentam sínteses da evolução desse processo: "Sonhei que estava numa festa, com muita gente, e aí uma pessoa veio me entregar um envelope fechado. Quando abri, encontrei minha carteira de identidade de solteira, velha e empoeirada". Nesse sonho,

Casamento, término e reconstrução

de uma mulher abandonada pelo marido depois de quinze anos de casamento, está a mensagem de recuperar aspectos de sua identidade antiga; ao sair do papel de esposa submissa, diferente da moça que sabia o que queria, começou a preparar-se para, de novo, dirigir a própria vida.

Mas há também quem regrida. Em muitos casos, voltar a morar em definitivo na casa dos pais significa reativar o vínculo de dependência infantil: "Quando me separei, precisei morar na casa de meus pais com meu filho. Foi uma adaptação difícil: às vezes me sentia filha, às vezes me sentia mãe". Muita gente volta ao lar dos pais na busca de proteção, segurança e apoio, por medo de tomar conta de si e de assumir novas responsabilidades. Morar sozinho requer coragem para enfrentar situações novas, aprender com elas e ser capaz de contar consigo mesmo.

Refazer aspectos importantes da identidade é criar uma pele nova: precisamos nos concentrar em nós mesmos por um tempo, até poder estar com os outros, saber o que queremos e o que pretendemos buscar. Quando nos comprometemos a ser amigos de nós mesmos, nos tratamos bem, procurando viver da melhor maneira possível. Aprendemos a nos olhar com nossos próprios olhos, sem pedir os dos outros emprestados, procuramos nos desvencilhar dos estereótipos, nos modelamos com nossas próprias mãos, sem cópia, sem obediência, abandonando a segurança do estabelecido para criar nossa própria vida. Não é fácil sair da casca do ovo, modificar antigos condicionamentos, repressões, proibições, limitações para encontrar nossa verdadeira essência, seja dentro do casamento, antes ou depois dele.

Às vezes, nos desapontamos com a vida porque criamos expectativas difíceis de satisfazer: antes de casar, imaginamos que vai ser idílio eterno, festa permanente, e a realidade cotidiana não corresponde a tudo isso; antes de separar, imaginamos uma vida de liberdade para fazer o que quisermos e, quando chega a realidade, a idealização cai por terra, lamentamos as dificuldades em vez de enfrentá-las e passamos a encará-las como intransponíveis: "Já se passaram dois anos e meio e nada de tão espetacular aconteceu, continuo levando uma vidinha medíocre, sem grandes emoções".

Quando exigimos demais da vida, nos decepcionamos; quando exigimos demais de nós mesmos, nos depreciamos. Em todas as transições, há um tempo de caos, de ajuste, de aprendizagem para enfrentar o novo; quando exigimos demais de nós mesmos, acabamos exaustos, enfraquecidos, com a sensação de não dar conta de tanta coisa ao mesmo tempo.

O circuito culpa-punição reflete-se em condutas de autossabotagem. A pessoa se deixa ficar feia, maltratada, ou se prejudica no trabalho, isola-se socialmente, se rói por dentro com a autocensura que acaba com a alegria de viver: "Para mim, a separação era uma questão de sobrevivência, mas eu olhava em volta e não via ninguém bem. Minha filha pedia para a gente não se separar, minha mãe ficou péssima, meu ex-marido, apesar de ter me maltratado durante tantos anos, achou-se o pobre coitado largado pela mulher. Eu me senti cruel, egoísta, e achei que tinha de pagar por isso. Passei um bom tempo me maltratando, cuidando mal do cabelo, das roupas, emagreci horrores, entrei em relacionamentos que não tinham nada a ver".

Repetições de "Eu não mereço ser feliz" estimulam uma busca incessante de castigo: "Vesti a roupa de adúltera, acho que tenho que ser apedrejada em praça pública". O sentimento de culpa pode resultar numa compulsão inconsciente de armar situações de fracasso e frustração; "metemos os pés pelas mãos", fazendo com que nada dê certo em algumas ou em todas as áreas da vida. Aprisionados no remorso e na culpa, atrapalhamos nossa própria vida até "zerar a conta", indenizando o ex-parceiro.

Muitos casais que se separam continuam se encontrando, inclusive para "transar". Vários são os caminhos da sexualidade de um casal antes, durante ou após o casamento, e não é raro que o desejo e a satisfação sexual diminuam de modo sensível no decorrer do casamento, inclusive por uma proibição inconsciente de ter prazer num vínculo oficial e abençoado; após a separação, o reencontro pode reacender o desejo, ou por ter se tornado uma relação oficiosa ou pela maneira diferente de se tratarem. Muitos relatam ter sentido prazer pela primeira vez com o parceiro somente depois da separação. Isso pode ser uma das razões para tentar recasar com o ex-cônjuge, principalmente quando outros níveis de harmonização também conseguem ser alcançados.

Por outro lado, reencontrar-se com o ex-cônjuge pode ser uma experiência dolorosa e confusa, sobretudo quando há uma grande diferença de expectativas e esperanças: "Ele já está morando com outra mulher, mas eu ainda tenho esperanças de que a gente volte. Por isso, às vezes a gente sai e fica junto; aí, ele some por uns tempos e a gente volta a se procurar. Ele não quer definir coisa alguma, diz que me adora, mas não consegue viver comigo porque eu tenho um gênio difícil de aturar. Eu gosto demais dele, quero voltar a morar junto, não consigo me ligar a outro homem".

O que fazer com as mágoas e as dores de tudo o que foi dito e feito no período das grandes crises? Muita gente se debate com esse dilema de "digerir" o sofrimento ou de tentar "colocar uma pedra em cima disso tudo": "Depois que ele voltou para casa, aparentemente ficamos bem, e os filhos pularam de alegria. Eu estava contente, porém apreensiva e ainda muito magoada. De dia, sozinha em casa, o pensamento de que ele tinha tido outra mulher nos quatro meses em que passamos separados me atormentava. Imaginar que eu poderia sofrer com essa insegurança o resto da vida me dava dor de estômago.

Agora, um ano depois, já não me angustio tanto, sei que é perfeitamente possível a gente se envolver com alguém, e o que aconteceu com ele também poderia ter acontecido comigo. Mas o ponto vulnerável sempre fica".

Voltar a casar com o ex-cônjuge

Voltar a casar com o ex-cônjuge provoca, tal como na separação, repercussões importantes no grupo familiar e dos amigos. Às vezes, a "torcida" é grande e o recasamento é bem-vindo; mas muitos se mostram descrentes por acharem impossível perdoar ou superar mágoas e ressentimentos envolvidos no término do casamento. É comum essa discordância se expressar por críticas e desencorajamento: "Ela não tem amor-próprio; aceitar aquele homem de volta depois de tudo o que ele fez! Quem é enganada uma vez pode ser enganada outras vezes". A pressão familiar e dos amigos contra a volta pode ser tão forte que o casal passa a namorar escondido até conseguir enfrentar a desaprovação.

A própria pessoa pode desejar uma volta e, ao mesmo tempo, combater essa vontade por questão de orgulho ferido e medo de sofrer de novo: "Há seis meses, ele insiste na nossa volta; eu até tenho vontade de tentar de novo porque acho que realmente ele está outra pessoa, é agradável a companhia dele, mas sinto um negócio dentro de mim que não me deixa fazer isso, acho até que é vingança mesmo, do tipo agora é a minha vez de fazer sofrer". E há quem ache estranho começar a sair com o ex-marido: "Ele me convidou para jantar e fazer um programa, mas para mim fica tão esquisito de repente ser programa do marido de tantos anos...".

Alguns casais continuam saindo, se encontrando e transando após a separação com o intuito de suavizar o impacto de viverem separados. Por um lado, tentam terminar o vínculo;

por outro, o prolongam por algum tempo, até que cada um defina seu rumo. Há pessoas que se sentem confusas e indecisas entre o desejo de reconciliação e o de manter a separação e, com isso, adiam indefinidamente a legalização do divórcio. Outras querem "curtir a vida", com o cuidado de manter uma aparência de disponibilidade e interesse de não perder o ex-cônjuge: "Eu tenho medo de que ela me veja com alguém e fique danada da vida comigo". Com um pé em cada lado, em novo estilo de controle e de fidelidade, a pessoa tenta preservar a possibilidade da volta.

Há casais que permanecem nesse ciclo de idas e vindas, sempre da mesma maneira, e a repetição impede a transformação, cristalizando a ambivalência e tornando impossível ficar bem, seja junto, seja separado do outro: "A gente já se separou não sei quantas vezes. Pensando bem, na verdade a gente nunca conseguiu se separar. Ele sai de casa, aluga um apartamento na esquina sob o pretexto de ver os filhos sempre; a gente acaba se esbarrando no meio da rua, ele começa a me visitar quase todo dia, nem eu nem ele conseguimos nos ligar a outras pessoas, ele acaba dormindo lá em casa quase todas as noites, em seguida vem de novo a esperança de dar certo, a gente se junta outra vez até que a gente não consegue mais se suportar e aí começa tudo de novo".

Nesse vaivém, o casal, paradoxalmente, se estabiliza na instabilidade; um sai de casa, depois volta, fica um tempo, depois sai o outro, arruma as malas, desfaz as malas: "Era um tal de jogar pedra, trocar beijo, dar porrada e abraçar. Encontros intensos, ternura profunda, trepadas incríveis e, logo em seguida, ódios, mágoas, jogar coisas um na cara do outro, um caos, uma loucura total". Os filhos sofrem com essa falta de chão estável e definido; não sabendo o que esperar, alguns se tornam apáticos e desligados, defendendo-se com uma atitude de "não estou nem aí"; outros ficam agitados, ansiosos e inseguros.

Para o casal tumultuado, fica difícil construir uma tecelagem firme no vínculo parental para que os filhos sintam que recebem assistência de ambos, independentemente das confusões da relação amorosa.

Não é fácil voltar a casar com o ex-cônjuge e, por isso, muita gente fica brincando de vaivém, sem refazer coisa alguma de verdade. O recasamento implica um trabalho sério de revisão e reconstrução de expectativas e possibilidades: reconhecer o que falhou, os "pontos cegos", as armadilhas que um faz para o outro; reconhecer também os recursos amorosos que ainda existem; examinar o que foi mudado e aprendido no decorrer do convívio e do período de separação; avaliar como poderão atender às novas necessidades e assimilar as novas características de um e de outro; assumir o compromisso de construir em conjunto essa nova etapa do convívio.

O casal que não consegue realizar esse trabalho fica "patinando" na indefinição ou em arranjos enganosos. Por exemplo, há quem oficialmente se separe e até more em casas diferentes, mas não consegue separar-se emocionalmente, e continua, por muito tempo, chamando o ex-cônjuge de "meu marido" ou de "minha mulher", colocando-o a par de tudo o que acontece na vida, sem conseguir vincular-se a outra pessoa.

O "pedir para voltar" nem sempre é recebido com entusiasmo, quando predomina a desconfiança: "Ele não me quer, ele quer a comodidade de ter uma mulher em casa para cuidar de tudo". Essa pode ser uma percepção verdadeira dos motivos do outro, do seu desejo de recuperar as mordomias da casa, tornando a lançar mão das antigas dissociações.

Considerar a possibilidade de volta pode implicar um longo período de testes, por exemplo, começar de novo namorando, saindo, conversando muito, redescobrindo e renovando a sexualidade, tentando repensar os velhos problemas

Casamento, término e reconstrução

encaixados nas novas posturas. No entanto, às vezes um fica "cozinhando" o outro indefinidamente, valendo-se da disponibilidade do outro numa hesitação sem fim, em cima do muro, sem conseguir aproveitar por inteiro a liberdade da pessoa separada nem assumir por inteiro o compromisso do recasamento.

Namorar o ex-cônjuge após um tempo de separação e de outros relacionamentos é uma tentativa de recompor uma relação que pode apresentar muitas surpresas, como uma realização sexual como nunca tinha havido antes, em decorrência de uma atitude diferente da pessoa com relação a si própria: "Deixei de ser senhora e virei mulher".

Há casais que, mesmo no período do "vamos dar um tempo", continuam se encontrando, embora sem compromisso fixo, o que lhes permite ter outros relacionamentos, experimentar sair com outras pessoas. Isso pode funcionar como um período de reavaliação do vínculo, longe do convívio cotidiano, e também pode ser importante para avaliar qual o melhor para eles — voltar a viver juntos, passar a ser amigos ou amantes. A fórmula pessoal encontrada, nesses casos, nem sempre coincide com os padrões convencionais.

Alguns casais optam por viver juntos em casas separadas para manter a privacidade e melhorar a qualidade do vínculo. Para algumas pessoas, não se expor ao desgaste do cotidiano de uma casa em comum facilita o bom trato, o carinho e a atenção. Em muitos casos, essa é a melhor decisão quando o casal não tem filhos em comum. Há pessoas que são como água e azeite: não se misturam. Nesses casos, torna-se inviável viver no mesmo território; assim, quando o convívio entre o casal e os respectivos filhos é complicado demais, é melhor morar em casas separadas. O homem e a mulher precisam definir com clareza o que querem manter e o que desejam modificar no relacionamento.

Um período de separação, para algumas pessoas, é necessário para ampliar o autoconhecimento e possibilitar mudanças que favoreçam o reencontro: "A gente se recasou um ano depois de separar. Muita gente perguntou: mas, então, por que se separaram? É difícil entender, mas precisamos desse tempo longe um do outro. Tínhamos coisas importantes para aprender na vida e não estávamos conseguindo fazer isso casados. Quando nos reencontramos, estávamos mudados e pudemos construir outro vínculo que faz muito mais sentido do que antes".

A vivência da perda provoca mudanças — duradouras ou transitórias — que fazem surgir recursos novos na pessoa, motivando em alguns o desejo de reatar: "Quatro meses depois, começamos a sair de novo e eu encontrei outro homem no meu ex-marido, com uma força, uma vitalidade, uma coisa encantadora! Nosso casamento estava entediante, não atava nem desatava. Mas está difícil porque junto com tudo isso tem muita mágoa, sofrimento e dor. Ele agora impõe as coisas e, pela primeira vez, sinto ciúme dele, fico doida só de pensar que ele está transando com outras, estou muito insegura, morta de medo de perdê-lo".

O recasamento com o ex-cônjuge pode ser fruto de uma elaboração e uma reconstrução do vínculo após a separação, o que permite que homem e mulher se reencontrem para viver bem. Mas nem sempre o recasamento acontece nesse nível. Há, por exemplo, quem volte a casar com o ex-cônjuge "por causa dos filhos". Estes passam a ser os responsáveis por uma decisão que não deve ser deles. No entanto, muitos pais usam os filhos na tentativa de "segurar o casamento" ou de convencer o ex-cônjuge a voltar para casa por meio do remorso e da culpa. Os filhos são também utilizados como escudo para encobrir a própria insegurança e indecisão: "Já me separei três vezes, mas sempre acabo voltando porque não tenho condições de sustentar as crianças sozinha. Mas aí fico casada e ele faz mil coisas que eu detesto, arranja outras mulheres, mente para mim, me maltrata". Na verdade, a dificuldade é sustentar-se sozinha, sem o companheiro como fonte de segurança.

A falta do convívio cotidiano com os filhos pode ser um motivo forte para voltar com a ex-mulher: "Sinto muita falta dos meus filhos. Já fiz algumas tentativas de voltar, mas realmente não é por causa dela, é porque eu tenho saudades das crianças. Cada tentativa dá errado, não dá para conviver com minha mulher. O que eu quero mesmo é ter os filhos morando comigo".

Voltar a relacionar-se com o ex-cônjuge tem, para algumas pessoas, o significado de confirmar a decisão da separação: "Transamos e foi horrível, não senti nada, não tem mais nada a ver ficar se encontrando desse jeito". A experiência do recasamento pode também reafirmar a impossibilidade de reconstruir o vínculo de modo satisfatório: "Eu não queria perdê-la e ela também não queria me perder, mas depois de duas tentativas de casar de novo chegamos à conclusão de que não dá para vivermos juntos. Nossos projetos de vida ficaram radicalmente diferentes, impossíveis de coexistir. Nossos caminhos são divergentes. Mas é um sofrimento perceber essa realidade".

A constatação da impossibilidade traz para algumas pessoas um misto de tristeza e calma pela segurança de estar no caminho certo: "Foi bom a gente ter voltado e passado de novo um tempo juntos para concluir que não dá. Estou me sentindo calma, porém triste. É a constatação do fim. Incrível como não dá nem para transar. Tentamos essa semana e nós dois brochamos, o que nunca tinha acontecido antes. Senti minha vagina apertada, como se estivesse realmente fechada, ele começou a me tocar, eu não consegui sentir nada, como se estivesse anestesiada. Conversamos sobre isso e ele também acha que não dá mais para continuarmos juntos. Ele passou a dormir no outro quarto, um alívio para mim. Semana passada comecei a sentir uma vontade enorme de procurar apartamento e já estou pensando nas coisas que vou levar comigo".

Há quem precise continuar tentando até desfazer, pouco a pouco, a esperança de dar certo e admitir a impossibilidade da reconstrução: "Cada tentativa de voltar é um caos, a gente se agride a toda hora. Agora a gente se vê dia sim, dia não. Quando não estamos juntos, sinto falta, mas não dela como é agora, e sim do tempo em que a gente namorava. Nesses momentos, penso numa fotografia dela daquela época, linda, magrinha, de cabelo comprido. Não é como está agora. Acho que quero recuperar o que já está perdido".

VIVER SOZINHO

Viver sozinho por um tempo é importante para muitas pessoas após a separação, principalmente para quem saiu da casa dos pais para se casar. É uma oportunidade de desenvolver autonomia e um centro de referência próprio.

Às vezes, uma *nova união* é consolidada logo após a separação, quando nos apaixonamos; porém, o mais comum é não estarmos disponíveis, de imediato, para um novo amor. Os relacionamentos logo após a separação costumam ser uma defesa contra a angústia da solidão e a baixa autoestima. Há uma enorme diferença entre escolher um novo parceiro por fuga à solidão ou por necessidade de sobrevivência ("alguém para me sustentar"; "alguém que tome conta da casa") e a escolha baseada no amor e na capacidade de encontrar alguém já sendo capaz de ficar bem consigo mesmo.

Há quem tenha horror de viver sozinho, precisa de companhia, nem que seja um rádio ou uma televisão permanentemente ligados: "Não tinha muitos amigos e quando me separei me senti péssimo. Fiquei desnorteado, não consegui me adaptar, nunca tinha morado sozinho antes e aí resolvi voltar para a casa de meus pais".

"Com a separação, estou descobrindo pessoas novas e vendo que existe muita gente mais carente do que eu. Um domingo à tarde me telefonou um colega de trabalho, com quem não tenho praticamente nenhum contato, convidando-me para sair. Pelo telefone mesmo, contou a vida dele, a separação, se queixou de viver sozinho, com saudade dos filhos. Fiquei chocada de ver tanta solidão." É difícil viver sozinho e solitário: "É duro morar sozinha, sobretudo para uma pessoa como eu, com dificuldades de se relacionar. Tenho pouquíssimos amigos, quase não saio. É duro não ter mais alguém com quem repartir o que acontece na vida. Fazer comida gostosa só para mim? Botar roupa nova pra ninguém ver? Ter sucesso no trabalho sem ter para quem contar?". Nesses casos, é preciso aprender a construir autossustento interior e a buscar pessoas em quem seja possível confiar, formando uma rede de contato consistente para aliviar o sentimento de abandono e desamparo.

Passar um tempo sozinho pode ter o sentido de se fortalecer antes de correr os riscos de machucar-se num novo envolvimento: "Eu prefiro me resguardar, passar um tempo sem sair com ninguém, sem namorar. Quando me sentir mais inteiro, saio em campo de novo. Ainda estou vulnerável, magoado e não quero me machucar". A pessoa se sente com pele fina, tomando o cuidado de resguardar-se: "Não quis logo partir pra outra, era uma questão de consideração por mim mesma. Estava tão desgastada, infeliz, sofrida. Precisava de descanso, de férias de sofrimento".

A necessidade de passar um tempo sem vínculo amoroso pode corresponder à necessidade de reconstruir uma identidade pessoal, achar-se de novo, refazer-se sem estar misturado com alguém. A ameaça ao ligar-se a um novo vínculo é tornar a

Refazendo

perder o fio da própria meada, em especial no caso de pessoas que não conseguiram preservar sua individualidade no casamento ou que passaram por uma união tumultuada: "Depois que eu saí de um segundo casamento muito confuso, meus filhos disseram que não gostariam que eu me casasse outra vez, porque não queriam ficar se mudando de uma casa para outra. Pensando bem, onde nós morávamos não era a casa de nenhum de nós: nem eu, nem ele, nem meus filhos, nem os filhos dele estavam se sentindo à vontade lá. Voltar a morar sozinha com meus filhos está trazendo muita paz e serenidade para todos nós. Acho que eles têm razão: namorar, sim; casar de novo, nem pensar".

Depois de um casamento sofrido e sufocante, viver sozinho traz de novo a capacidade de respirar: "Logo que me separei, ficar sozinha foi um tremendo alívio, uma sensação de liberdade incrível. A casa e a cama toda à minha disposição, um espaço enorme só para mim, sem que eu tivesse de dividi-lo com ninguém. Depois, fiquei com uma tremenda dificuldade de usar essa liberdade e, então, ficar sozinha começou a ser um peso; fiquei triste, passei a me sentir mal-amada por todo mundo".

A passagem da euforia para a depressão faz a pessoa sentir o viver só como uma sobrecarga enorme: "Nunca imaginei que ser só fosse tão difícil. No início da separação, reorganizei minha vida, me sentia poderosa. Mas, com o passar do tempo, as coisas mudaram, sinto um peso enorme nos ombros, a sensação de não poder falhar, tenho até medo de ficar doente, tenho de produzir como máquina". Porém, para quem viveu um casamento entediante, viver sozinho pode ser muito bom, apesar dos momentos de sofrimento: "Com vinte anos de casado, vivia com aquela sensação de continuidade, uma monotonia incrível dentro da incômoda e confortável sensação de estabilidade. É muito diferente viver sozinho: se eu quiser viajar na semana que vem, ajeito as coisas e vou; ou telefono para um amigo às onze da noite para sair daí a pouco. Não sei mais o que vai acontecer amanhã. Estou vivendo no presente. Fico menos acolchoado, mais exposto à angústia, à sensação de solidão, mas sentindo o prazer e a alegria mais intensamente. Usei o casamento para me proteger e acabei me sentindo sufocado". O tédio deixa de existir quando a pessoa abre mão das defesas protetoras e se permite sofrer de verdade. Só pode rir direito quem também pode chorar.

Muitos alternam entre a necessidade de estar com os outros, de descobrir novas pessoas e a necessidade de ficar sozinho, consigo mesmo: "Para pensar, pensar, pensar, para se reorganizar, se recuperar e se reformar". A reorganização implica também a escolha de outros modos de viver, como optar por ter uma casa só para si, por dividi-la com uma pessoa amiga, por alugar um quarto na casa de uma família: "Acho bom viver sozinho. Resolvi fazer minha própria comida uma vez por semana, uma comida variada que dá para vários dias. Quando me dá vontade, passo semanas comendo fora ou fazendo lanches. Não tem rotina e, por isso, acabo me respeitando mais, atendendo melhor às variações dos meus desejos".

Dividir apartamento com pessoas amigas implica um novo tipo de "casamento", construindo acordos de convivência nem sempre fáceis: "Eu sou muito organizado, gosto da casa arrumada, e meu amigo não está nem aí para essas coisas, zoneia tudo, faz uma bagunça incrível. Já conversamos sobre isso muitas vezes, mas ele não tem jeito". Ou a amiga é pessoa difícil, fechada: "Não dá para dividir apartamento com uma criatura assim, sempre de baixo-astral, se queixa de tudo, só abre a boca para reclamar da vida. Ai, que saco!". Há, inclusive, quem faça a experiência de morar com uma pessoa do sexo oposto, fazendo um acordo de não se envolverem sexualmente: "Ela cuida da casa e da comida, eu conserto o que precisa e ajudo na arrumação; eu levo quem eu quero pro meu quarto e ela pro quarto dela e a gente combinou de não transar, porque senão complica".

Podemos nos agarrar à vida solitária como *tábua de salvação* por medo de sofrer outra decepção; nós tentamos nos convencer das inúmeras vantagens de viver sem compromisso afetivo e negamos tudo o que houve de bom na época em que o casamento fazia sentido. Ainda incapazes de manter um novo vínculo estável, dizemos que "as uvas estão verdes" e fazemos de conta que não queremos amar nem ser amados.

O medo de amar de novo leva também a uma atitude de depreciar o sexo oposto: "Agora vejo as coisas de modo diferente, mulher é só mesmo pra transar, não tem essa de ficar respeitando"; "Homem nenhum presta, só quer usar a mulher, não tem a menor consideração".

Mas há quem realmente prefira continuar morando sozinho, organizando-se em torno dos próprios hábitos, rotinas e horários: "Eu me sinto muito bem vivendo sozinha e tendo minha vida própria, regulada de acordo com minhas necessidades. Não sei se algum dia eu me acostumaria de novo a repartir tudo isso com alguém. Não estou disposta a mudar o que quer que seja para ajeitar um lugar para outra pessoa junto de mim".

Dessa forma, prevalece a opção de viver sem parceria: "Não me casei de novo. Para o homem, é mais fácil casar-se outra vez, desde pequeno é acostumado a ser servido, a ter tudo na mão. Para a mulher, é mais fácil viver sozinha. Quando me separei, meus filhos eram pequenos. Eu sou muito católica e não queria ficar solta por aí, queria um companheiro que assumisse um compromisso mais sério, mas, com três filhos, não é fácil. Agora, estou mais velha e já me acostumei a viver sem homem, até prefiro".

A opção de viver sozinha envolve, em alguns casos, total renúncia ao encontro sexual: "Estou separada há seis anos e nunca mais fui para a cama com alguém. Já me acostumei, até esqueço que sou mulher".

Para algumas pessoas, a pressão social para ter um companheiro é muito incômoda; é, geralmente, a mulher que se envergonha de sair sozinha ou com amigos, como se ficasse desvalorizada por estar sem homem, despertando pena nos outros. O medo do que os outros pensam é uma projeção do que a pessoa pensa sobre si mesma, por exemplo, ter pena de si própria por estar sem companheiro. Isso provoca conflito: querer passar um tempo sozinha e desvalorizar-se por estar sem um homem a seu lado.

"NÃO CONSIGO FICAR COM NINGUÉM"

Essa é uma queixa comum de muitas pessoas, mesmo tempos após a separação. A postura da mulher forte, autônoma, financeiramente independente, longe da imagem da "rainha do lar", pode ser assustadora para o homem, modelado para ser o mais sabido, o dominador, ainda quando aparenta ser liberal e defensor da igualdade dos sexos. E há também as mulheres assustadas, com dificuldade de conciliar vida autônoma com vida amorosa. São as contradições entre os novos valores e os velhos condicionamentos.

Acima de tudo, predomina o medo do compromisso, o desejo de sempre ter ao alcance a porta de saída, pois, muitas vezes, o casamento é sinônimo de opressão e aprisionamento, e não casar de novo garante a liberdade de ir e vir. O *compromisso de não ter compromisso* passa a ser um projeto de vida, em que não há lugar para a relação amorosa por desconfiança e medo de uma entrega maior. Quem se sente mais seguro ao estar inteiramente nas próprias mãos, sente muito medo de enxergar uma perspectiva de futuro nos vínculos. "Nunca mais me caso de novo" revela o ressentimento perpétuo pela dor e pelo desencanto. É o medo do "gato escaldado", que não se entrega amorosamente para não encarar outra frustração: "Depois de separado, reencontrei uma antiga namorada. Começamos a sair e, quando me dei conta, já estava envolvido. Como antes a mesma coisa tinha dado tão errado, resolvi deixar de vê-la. Não quero correr o risco de sofrer de novo". Nesse clima de pós-separação, evita-se a intimidade, e o medo do contato pessoal é mascarado por uma aparência de liberação sexual, tantas vezes vivida como desencontro.

O medo de se envolver amorosamente pode estar ligado também ao medo de ferir de novo, além de ser ferido; a pessoa se sente cruel por ter tomado a iniciativa da separação e acha que não poderia fazer bem a ninguém. Surge também o medo de ficar sufocado, sem espaço, sem privacidade por ter de compartilhar território, gerando a ameaça de ser invadido, desrespeitado e tolhido em suas necessidades individuais.

O padrão predominante de relacionamentos afetivos após a separação é essa *dança do desencontro* — a proibição da intimidade e do amor pelo medo da asfixia ou do sofrimento. Quando um está muito interessado ou muito próximo, o outro sente medo, se desinteressa, sente necessidade de afastar-se, de "dar um tempo". Quando a relação amorosa começa a ficar quente, gostosa, aparece o medo e, com ele, o esfriamento. Por estar bom demais, pode acabar aprisionando, e daí a necessidade de manter distância para preservar a liberdade. Muitos relacionamentos são rompidos de modo brusco e inexplicável, quando fica assustadoramente agradável: "Essa namorada até que é uma pessoa muito legal e fácil de conviver. Mas, pouco a pouco, ela foi se instalando lá em casa: começou a deixar calcinhas, sapatos, roupas, se oferecendo para botar ordem na casa e me ajudar na cozinha. De repente, ela ficou uma semana direto e aí eu me apavorei, me vi correndo o risco de me casar de novo, e resolvi botar um ponto final nessa história".

Os sentimentos de revolta, mágoa, decepção, frustração e descrença podem perpetuar-se, traduzindo-se em medo, que faz a pessoa evitar qualquer envolvimento amoroso de intimidade e de entrega. Essa atitude tem muitos disfarces: "Não quero perder a minha liberdade"; "Não encontro uma pessoa que me mereça"; "Bom mesmo é não ter compromisso". O medo de ouvir e de dizer "eu te amo" faz com que, nessa etapa, até tenhamos intimidade física, porém fugimos e cortamos o relacionamento assim que nos percebemos gostando e sendo gostados. É o medo da intimidade completa, o medo do amor e da entrega.

Tão surpreendente como a tendência de arrastar indefinidamente uma relação insatisfatória é o ímpeto de terminar uma relação boa. Quando não conseguimos suportar coisas boas na vida, destruímos o que está dando certo. Essa autossabotagem pode ter origem na culpa, que nos faz pensar que merecemos castigo e privação, e no medo da inveja, que nos faz criar o próprio horror para não sermos alvo da inveja destrutiva dos outros e acabarmos pior ainda. A dificuldade de nos sentirmos amados vincula-se também à baixa autoestima, pois, no fundo, nos vemos como pessoas ruins e sem valor. Quem gosta de alguém assim passa a não ter valor. Daí vem uma sucessão de relacionamentos que começam com um esforço intenso de conquista e terminam quando o outro se aproxima: "Quando a pessoa começa a gostar de mim, eu me desinteresso por ela, e aí acaba tudo".

Às vezes, nos tornamos extremamente exigentes, intolerantes e seletivos. Ao surgir a menor dificuldade, achamos que nem adianta tentar resolver, partimos do princípio de que não vai dar certo. Mais exigência, mais impaciência, mais escassez, mais frustração.

Os relacionamentos são também facilmente rompidos pela falta de tolerância e de paciência para assumir com o outro o compromisso amoroso de refletir, enfrentar e resolver problemas que surgem. Não há um trabalho conjunto, um empenho para enfrentar obstáculos e frustrações no aparar das arestas e na integração das divergências. Logo preferimos descartar essa relação e partir para outra: "Começou a complicar, está na hora de cair fora". Passamos por uma sucessão interminável de relacionamentos rápidos, sem espaço para um aprofundamento maior. Não há disposição para o trabalho de construir um vínculo. Essa tendência está muito ligada à descrença no "amor eterno", ao término do sonho de envelhecer ao lado do companheiro. As histórias anteriores de frustrações e desenganos, "a consciência de não ter mais dezoito anos, com a vida pela frente", intensificam a atitude de não acreditar que um amor possa durar muito tempo e de achar que não vale a pena enfrentar dificuldades: "Quando começa a ficar enrolado, deixa de ficar bom e aí não tem jeito, é hora de acabar". Quando aumenta a intolerância, diminui a paciência e desaparece a vontade de fazer ajustes para facilitar o convívio.

De paixão em paixão, o que resta é um vazio incômodo. É comum, inclusive, que a primeira paixão após a separação tenha a função de acolchoar a tristeza pela perda. O outro não é visto tal como é, mas de acordo com o que desejamos, e isso faz o relacionamento durar pouco. Nesse contexto, no término dessa relação, há um deslocamento de tudo o que não foi vivido e chorado no término do casamento. Quando acaba a euforia da paixão que evitava a dor da falta e da solidão, irrompe a depressão, a amargura e o sentimento da perda: "Chorei e me descabelei pela perda de um namorado de dois meses, enquanto sacudia os ombros fazendo de conta que não estava nem aí por ter me separado do marido de doze anos".

A instabilidade, a insegurança e a sensação de estar perdido surgem, às vezes, com toda a força meses após a separação. No início, ficamos ocupadíssimos, tomando mil providências para rearrumar a vida e, tempos depois, emerge a confusão e as dificuldades de reorganizar-se. Quando isso acontece no decorrer de uma relação amorosa com um parceiro que também esteja passando por um período difícil, a relação pode romper-se sob o peso das exigências e das cobranças e, assim, o outro se afasta para se ver livre de pelo menos um problema.

É comum a repetição estereotipada e incontrolável dos padrões de relacionamento afetivo. Às vezes, o problema está no próprio ato da escolha, já que, a cada vez, é eleito um parceiro inadequado que vai dar no mesmo beco sem saída, no mesmo *unhappy end*. Algumas vezes, são jogos interpessoais armados para afastar o parceiro, como a compulsão de criticar, cobrar e reclamar incessantemente. E todos os relacionamentos acabam mal: "Descobri que só escolho homens complicados, distantes e inacessíveis, pouco disponíveis para ficar comigo; e aí nunca dá certo e acabo ficando sozinha de novo. Acho que tenho medo de amar ou de ser amada e então perder minha liberdade e ficar exigida demais". Sem se dar conta, a pessoa monta para si própria um *script* de fracasso no amor; a partir de um determinado ponto, a relação" desanda": "Mais uma vez, não deu certo".

Quando a separação é concretizada de modo impulsivo e impensado, não aproveitamos a situação para aprofundar o autoconhecimento. Tendemos a repetir escolhas inadequadas ou caminhos fracassados. Há também o problema do circuito culpa-punição. A pessoa que se sente culpada por ter se separado pode, inconscientemente, armar esquemas em outros relacionamentos para acabar sendo abandonada, sofrendo a dor da rejeição: "Senti na carne quanto eu tinha machucado meu ex-marido quando meu namorado me deu o fora". Nesses casos, é preciso refletir com seriedade sobre o que fazemos e arregaçar as mangas para mudar o que for necessário. Como convidamos o outro a nos tratar mal? Como sair desse circuito destrutivo? Que tipo de recursos precisamos desenvolver para aprender a cuidar de nós mesmos de um jeito mais amoroso e protetor?

Refazendo

Há pessoas que sentem necessidade de passar um tempo variando de parceiros, sem se prender a ninguém. A reação de "quem nunca comeu melado, quando come se lambuza" acontece com as pessoas que namoraram pouco antes do casamento e sentiram falta de aproveitar a vida: "Casei grávida com quinze anos, agora estou com vinte, separada. Largo o filho com os avós nos fins de semana e desapareço para me divertir". Com a separação, surge a necessidade de preencher lacunas de uma determinada época da vida. É difícil pular etapas sem que isso implique posteriormente frustração ou percepção da falta de experiências importantes para a evolução pessoal. Por essa razão, explica-se a necessidade de paquerar e sair com muita gente, adotando um critério de quantidade, com pouca seleção de qualidade. A impossibilidade de construir uma relação amorosa estável acontece também quando, após a separação, o tumulto emocional está intenso e não há energia disponível para um amor significativo em meio ao caos e à sensação de estar arruinado. Qualquer tentativa acaba redundando em novo fracasso, seja por intolerância, por sabotagem, ou por falta de espaço interno para alguém: "Passei cinco anos descasada e depois casei de novo. Tive muitos homens nesse período, senti que cada relacionamento me ensinou algo sobre mim mesma".

Muitas mulheres oscilam entre dois estereótipos — a santa e a puta —, e essa oscilação pode criar conflitos importantes em relacionamentos afetivos após a separação. O recato e a timidez revelam o medo de "o que ele vai pensar de mim?", que inibe a espontaneidade e a desenvoltura, resultando em inibição sexual pelo medo de cair na imagem oposta. Há também quem sinta medo de transar com quem não conhece direito; ou quem personifique a "puta" e restrinja os relacionamentos ao nível da transa sexual, proibindo a ternura e o envolvimento.

O medo da solidão nos faz permanecer em vínculos insatisfatórios ou escolher parceiros inadequados: "Antes mal acompanhado do que só". A dificuldade de construir um vínculo gera frustração e carência: "Como a gente precisa se sentir amada! Eu esperava encontrar um par afetivo. Não necessariamente um cara que assumisse meus filhos, casa e tudo, mas que me desse carinho. Estou desapontada. Os caras que se aproximam só querem brincar, não estão interessados em compromisso. E eu não estou a fim de virar garota de programa. Sinto os homens assustados, amedrontados. Os divorciados são complicados. Os casados estão mais disponíveis, mas só para programas rápidos e objetivos. Às vezes, acho que não há homens e me apavoro com a ideia de ficar só".

A multiplicidade de parceiros pode significar maus-tratos consigo mesma, uma fuga à depressão e ao sentimento de solidão. A escolha de parceiros inadequados pode estar ligada à pressa de arranjar alguém, quando estar sozinha gera medo, vergonha e humilhação do tipo "estou jogada fora", em vez de ser um período que pode ser aproveitado para refletir e buscar outras opções: "Quando ela se apaixonou por outro, passou um tempo indecisa, sem saber se ia com ele ou se ficava comigo. Por fim, decidiu me deixar e sair de casa. Foi uma dor enorme, eu me senti um lixo, achava que já estava ficando velho e feio, que nenhuma mulher ia me querer. Passei a precisar desesperadamente de companhia, houve uma época em que eu estava transando com dez mulheres. Era uma loucura, cada dia uma, e eu nem estava com tanto tesão, era o medo de não ter ninguém". O medo de estar sozinho assusta, fica como náufrago, pedindo socorro a qualquer um que se aproxime, passa a ser um peso angustiante. Os parceiros se afastam, aumentando a solidão e a carência num ciclo que se realimenta.

A baixa de autoestima vem de muitos lugares: a sensação de fracasso por um casamento que não deu certo; a culpa por querer se separar e a sensação de ser uma pessoa má, merecedora de castigo. Quando nos depreciamos, pensamos que não merecemos ser amados. Esse medo é tão intenso que, sem nos darmos conta, começamos a "bater em retirada": ficamos arredios, distantes, menos interessados, menos interessantes; desse modo, incentivamos os outros a nos abandonar.

Com isso, entramos numa série de relações fadadas ao fracasso, o que acentua ainda mais a baixa autoestima e a crença na incapacidade de conquistar alguém. Intensificamos a autopiedade e nos tornamos extremamente sensíveis a qualquer atitude que possa ser sentida como rejeição: "Eu me sinto coitadinha, abandonada, desprezada. O telefone não toca, ninguém me convida para sair e eu não tenho ânimo de ficar procurando as pessoas. Quero me sentir gostada, quero que as pessoas me procurem". Esse sentimento ocorre por razões óbvias na pessoa que foi deixada e se vê, portanto, desprezada; mas também acontece na pessoa que deixa e que, por culpa e autocensura, se sente desprezível.

A baixa autoestima liga-se também aos aspectos convencionais de padrão de beleza e juventude. Para a mulher mais velha, a separação pode ter repercussões muito intensas de desvalorização por não ter mais um corpo jovem: "Ele me trocou por uma mulher muito mais nova" vem com a incerteza de ser querida e amada por outro homem.

"Estou amando"

Amar de novo remexe fundo, toca em muitas coisas, como culpas, sensações de ser uma pessoa má, medos e remorsos por besteiras passadas, desconfiança e descrença nos bons sentimentos. Essas coisas surgem em meio ao encantamento, à beleza, à harmonia de um encontro amoroso, na nova promessa de vida plena e de felicidade, na sensação de estar se integrando ao se entregar como pessoa inteira em paz, vivendo bem, com muitos momentos de estabilidade, equilíbrio e satisfação.

Casamento, término e reconstrução

Gradualmente, a necessidade da multiplicidade de parceiros tende a dar lugar à formação de um novo relacionamento estável. Nesse momento, olhar para trás e rever as antigas relações amorosas, as paixões e os namoros fazem emergir sentimentos misturados de boas lembranças, culpas e remorsos por ter entrado em algumas situações nas quais não entraria hoje. Pode vir também a culpa e o remorso por não ter lutado o suficiente para manter o casamento anterior, sobretudo quando, na união atual, começam a surgir dificuldades e conflitos: "Eu era muito menina quando me casei e, dois anos depois, me separei. Só agora, com quatro anos de segundo casamento, é que eu vejo como era imatura, como foi precipitada minha separação. Eu sonhava com um relacionamento encantado, sem problemas, e só agora vejo que isso não existe. Se eu soubesse disso naquela época, não teria me separado".

Não é fácil construir uma nova relação amorosa "pra valer". Permanecer na etapa de compromisso de não ter compromisso facilita a externalização das próprias dificuldades, enxergando-as nos parceiros transitórios: "Ele só quer brincadeira, é muito imaturo"; "Ninguém quer mesmo saber de coisa séria". Uma relação amorosa profunda provoca a necessidade de revisões de nós mesmos, da nossa história, dos amores passados. A pessoa se vê diante das próprias dificuldades de modo mais implacável e é difícil disfarçá-las, atenuá-las ou negá-las. Ressurgem recordações de casamentos anteriores, muitas vezes sob a perspectiva do que poderia ter sido mas não foi. O novo vínculo é, então, vivido com contrastes de alegria e de restos de um luto, pendendo entre a perspectiva de renovar e o medo de repetir.

Para a nova união, a pessoa vai com os fantasmas das relações anteriores, com sua história, com seus sonhos desfeitos, com ilusões desiludidas, com disposição e crença na possibilidade de construir algo diferente, com esperança de renovação e de recuperar o que foi destruído. Em alguns ca-

260

sos, um casamento fracassado abala profundamente a crença na possibilidade de viver bem com alguém; o casamento passa a ser visto como algo que estraga, polui, deteriora o relacionamento. Em outros, no novo casamento predomina o desejo de consertar ou compensar deficiências, carências e frustrações da união anterior, da mesma maneira que alguns pais encaram a criação do segundo filho como oportunidade de evitar os problemas e as inadequações que tiveram com o primeiro, em vez de lidar com cada situação de maneira nova, especial, sintonizada: "Bom mesmo é a partir do terceiro casamento, porque no segundo a gente ainda cisma de consertar as cagadas do primeiro".

Um novo casamento pode ser fruto de um encontro amoroso e gratificante para ambos. Para algumas pessoas, essa capacidade de amar e ser amada só acontece na maturidade e, às vezes, é algo impossível de alcançar no primeiro casamento. O florescimento da sexualidade, muitas vezes, também só acontece nessas circunstâncias, após anos de um casamento em que nunca conseguiram sentir real prazer: "Nunca fui tão bem beijada!". A possibilidade de formar uma relação de amor após um casamento que não deu certo dá à pessoa novas perspectivas sobre si mesma e permite recuperar a crença na validade de uma união.

Na adaptação à vida de pessoa separada, há quem sinta dificuldades para decidir e pensar em termos individuais, depois de um tempo passado decidindo em conjunto ou submetendo-se ao parceiro, calando a própria voz. Ao construir uma nova união, surge a dificuldade de tornar a fazer a passagem do "eu" para o "nós", no terreno das decisões compartilhadas. Para quem passou muito tempo sozinho, vivendo de modo independente e autônomo, é uma reaprendizagem difícil, que dá margem a obstáculos e conflitos a serem enfrentados pelo novo par.

A construção de uma nova união é diferente nas etapas de *busca* e de *consolidação*. Na busca, imaginamos que o parceiro seguinte será melhor e não conseguimos ficar com ninguém por muito tempo, pois logo surge alguém mais interessante, atraente e promissor. Na consolidação, o interesse e o afeto estão centrados no processo de construir o vínculo no cotidiano, enfrentando medos e dificuldades, aparando arestas e fazendo vida de dois para dois.

Para algumas pessoas, é preciso passar pelo sofrimento de várias desilusões e términos de uniões amorosas para aprender a fazer vínculos com objetivos mais modestos e realistas, reconhecendo as próprias limitações: "Depois de três casamentos, optei por não me casar outra vez. Sei administrar os namoros, mas me perco nos casamentos"; "Parei de sair de uma paixão e entrar em outra, sempre naquela euforia louca e com a esperança de encontrar o grande amor da minha vida. Estou me sentindo muito bem com meu atual namorado; pela primeira vez, estou conseguindo construir uma relação de companheirismo, sem grandes expectativas, mas com muita estabilidade. É uma sensação gostosa, inteiramente diferente do brilho da paixão".

A manutenção ou a reconstrução do casamento ou de uma união é um trabalho diário de amor, que enfrenta crises sérias e difíceis, como em períodos adversos de desemprego e de falta de dinheiro, numa idade em que a pessoa sempre sonhou em desfrutar uma vida mais tranquila. O desânimo, a apatia e a inércia que se alternam com a atitude de ir à luta provocam tensões enormes no vínculo conjugal.

A renovação na relação conjugal se faz pela percepção e pela mudança de jogos interpessoais estruturados há muito tempo: "Antes eu era uma boba mesmo. Falava as coisas para ele toda insegura e ele cortava meus planos. Eu me encolhia, me sentia inadequada. Vivia me queixando dele, achando que eu era uma vítima. Com a terapia, fui enxergando que ele fazia isso comigo por causa da minha atitude de encolhimento.

Quando comecei a ficar mais segura, o meu jeito de dizer as coisas mudou completamente. Aí ele passou a me respeitar, a valorizar minhas opiniões. Agora a gente está se dando muito bem, eu me sinto melhor".

Não é fácil romper esquemas que vigoram há tantos anos e modificar modos de funcionamento solidificados de resolver (sem resolver) os problemas: "Só agora, no quarto casamento, estou tentando modificar as coisas. Os três primeiros terminaram exatamente do mesmo jeito: os problemas cresciam e, em vez de tentar resolvê-los com o marido, embutia tudo dentro de mim, me desiludia e ficava fazendo trabalho de cupim, demolindo tudo e deixando de gostar. Em pouco tempo, eu resolvia ir embora. Agora, a tendência a fazer o mesmo em cada crise que a gente enfrenta é muito forte, mas estou empenhada em ver isso de frente e batalhar com ele".

Pode até mesmo acontecer que o casamento se revigore com uma sacudidela violenta desencadeada por uma crise séria: "Foi um choque horrível descobrir que ele andava transando com a ex-mulher. Mas, com aquela mania de ser boazinha e compreensiva, eu tentei conversar com ele com calma. Ele se espantou demais, estava esperando que eu ficasse morta de raiva e avançasse em cima dele, já estava se preparando para o pior. Passei uma semana com dor de cabeça e dor de estômago, até que saquei que isso era a raiva que eu estava engolindo e não conseguia soltar por medo de perdê-lo de vez. Até que um dia eu estava no trabalho e senti um ódio subindo feio, um ódio violento, vontade de vomitar em cima dele. Quando cheguei em casa, explodi. Passamos a noite acordados, no maior quebra-pau. Eu disse tudo o que não tinha dito há anos e ele também. Pusemos as cartas na mesa, fomos duros um com o outro. De manhã cedo, dormimos exaustos de tanto gritar, discutir e chorar. Acabou a monotonia e o tédio de uma relação certinha, em que as reclamações eram engolidas em seco.

Conseguimos fazer amor gostoso, como há muito tempo. Estamos doloridos, mas com outra força, descobrimos de novo que a gente se gosta muito".

Muitos casais, ao continuarem juntos e ao atingirem outro nível de maturidade, acabam enfrentando antigos obstáculos com mais tolerância e maior possibilidade de resolução, seja no primeiro, no segundo ou no terceiro casamento: "Tempos atrás, eu morria de ciúme dele com a mãe e os irmãos. Ele perdeu o pai cedo, é o mais velho e logo começou a trabalhar e a ser o arrimo da família. Quando casamos, surgiu muito ciúme entre mim e minha sogra, eu o criticava muito por ele continuar sustentando a mãe e os irmãos, já maiores de idade, enquanto a gente vivia apertado. Com o passar do tempo, fui mudando e ele também, nesse ponto. Não posso dizer que eu me dê às mil maravilhas com a minha sogra, ela é uma pessoa difícil e eu também tenho um gênio que não é fácil, mas aprendi um jeito de conviver com isso sem fazer tempestade em copo d'água".

É a maturidade de perceber que sempre há problemas e dificuldades a serem enfrentados e que, se há uma base forte de amor e de cuidados recíprocos, é possível superar as adversidades. É assim que, pesando prós e contras nos pratos da balança, muitos casais sentem que vale a pena prosseguir.

Casamentos e separações, uniões, desuniões e reuniões envolvem nossa história, nosso contexto, nossas pessoas. As gerações se encadeiam e se entremeiam nesse suceder de repetições e transformações de cada aspecto do nosso ser, na medida em que temos e somos pais, filhos e cônjuges. A construção do nosso presente e do nosso futuro, e também o casamento e a separação, em grande parte, dependem de como olhamos para nós e para tudo o que internalizamos do nosso passado, bem como da noção da nossa própria responsabilidade nas escolhas que fazemos no decorrer da vida.